U0666794

中国著名帝王

忽必烈传

关继东◎编著

煤炭工业出版社

·北京·

图书在版编目（CIP）数据

忽必烈传／关继东编著. -- 北京：煤炭工业出版社，2017

（中国著名帝王）

ISBN 978 - 7 - 5020 - 6125 - 8

Ⅰ.①忽… Ⅱ.①关… Ⅲ.①忽必烈（1215-1294）—传记 Ⅳ.①K827＝47

中国版本图书馆 CIP 数据核字（2017）第 233757 号

忽必烈传

编　　著	关继东
责任编辑	马明仁
编　　辑	郭浩亮
封面设计	盛世博悦

出版发行　煤炭工业出版社（北京市朝阳区芍药居35号　100029）

电　　话　010 - 84657898（总编室）

　　　　　010 - 64018321（发行部）　010 - 84657880（读者服务部）

电子信箱　cciph612@126.com

网　　址　www.cciph.com.cn

印　　刷　永清县晔盛亚胶印有限公司

经　　销　全国新华书店

开　　本　710mm×1000mm¹/₁₆　印张　20　字数　300 千字

版　　次　2018 年 1 月第 1 版　2018 年 1 月第 1 次印刷

社内编号　9005　　　　　　　　定价　39.80 元

目录

第一章　金戈铁马频征战

降生黄金家族 …………………1

深受祖父赏识 …………………7

窝阔台继汗位 …………… 14

连年征战不休 …………… 18

秉承父母品格 …………… 20

蒙古第四大汗 …………… 24

第二章　藩邸卧龙待时机

集结汉族儒士 …………… 31

藩邸精英荟萃 …………… 34

声名远播漠南 …………… 41

挥师征服大理 …………… 44

汉人治汉策略 …………… 48

终有定居之所 …………… 53

敛锋退居藩邸 …………… 55

第三章　智勇无匹登帝位

饮马长江统东路 ………… 59

蒙哥染病归黄泉 ………… 64

班师北返登汗位 ………… 67

争权大战平余波 ………… 75

第四章　一统天下建元朝

鸿雁突至传音信 ………… 86

南宋腐败日沉沦 ………… 89

浴血鏖战取樊城 ………… 94

乘胜追击灭南宋 ………… 97

留取丹心照汗青 ………… 107

万里江山成一统 ………… 114

第五章　鼎新政治重汉化

权衡利弊行汉法 ………… 117

确立太子免争端 ………… 123

遵照汉法定机构 ………… 127

各族参用稳地方 ………… 131

选用贤能重管理 ………… 137

沿袭使用等级制 ………… 142

维护特权立新法 ………… 145

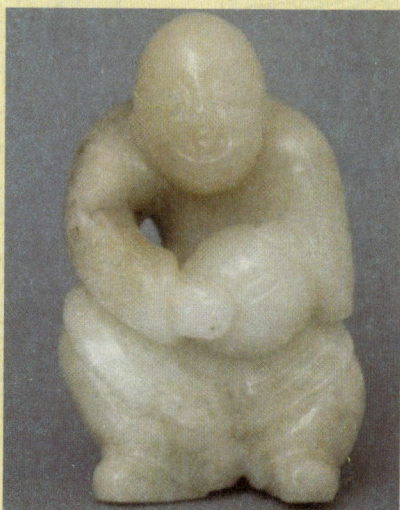

兼采杂糅重汉化 …………147

劝课农桑理税赋 …………148

深化改革重决策 …………156

第六章　运筹帷幄统大军

精锐部队守京师 …………168

严密部署镇地方 …………169

建设水兵和炮兵 …………172

四通八达设驿站 …………176

决胜千里显奇谋 …………178

第七章　内争迭起皆戡定

海都之乱被平定 …………182

随机应变罢世侯 …………193

王著锤杀阿合马 …………204

理财失败丢性命 …………221

重蹈覆辙亦丧身 …………228

第八章　驰骋扬威伐海外

钦察汗国终独立 …………237

旭烈兀统伊利汗 …………241

两国联姻缔奇迹 …………245

舟师未返毁飓风 …………251

两征安南皆败北 …………258

征伐占城显神威 …………263

进攻缅国大激战 …………265

南征爪哇中敌计 …………267

南海诸国尽招抚 …………269

一十七载著奇书 …………271

第九章　齐家治国显大略

兼容百家重儒学 …………276

知人善任选英才 …………279

喜听忠言能纳谏 …………283

仁恕公正得人心 …………288

节俭为上促兴邦 …………290

伉俪情深助治国 …………294

治家有方严教子 …………297

第十章　千秋功罪任评说

元朝职官简表 …………313

忽必烈重臣表 …………314

元朝世袭表 …………315

忽必烈大事年表 …………316

第一章 金戈铁马频征战

降生黄金家族

八月的漠北草原景色十分优美，无垠的草地仿佛一张无限延伸的绿毯漫无边际地铺展开来，由近及远，颜色由墨绿渐变淡黄。秋风在草原脊背上吹起层层银灰色波浪，又宛若带着无尽演变的历史，送入古老的记忆。

这是八月里的一天，在漠北草原上一个漂亮的蒙古包里，几位蒙古妇女站在接生婆身后，用喜悦和焦急的目光，看着在大毡床上呻吟的孕妇。接生婆忙得额头上沁出细密的汗珠，不久，一声婴儿响亮的啼哭，冲破了草原上的静谧，一只落在马厩上的雄鹰振翅飞向远方，仿佛要把这个不同寻常的喜讯告诉整个草地的生灵，草原上的黄金家族中又添了一个黑黝黝的男孩，他是成吉思汗的嫡孙，也就是后来闻名遐迩的元世祖忽必烈。这一年是元太祖十年（1215）。

忽必烈出生于蒙古黄金家族。

据说，蒙古民族的共同祖先是一个受天命而生的孛儿帖赤那（意为"苍色的

元世祖忽必烈

1

狼"），他娶了受天命而生的豁埃马阑勒（意为"白色的鹿"）为妻，生了一个儿子，取名为巴塔赤罕。

巴塔赤罕第十一代孙名叫朵奔篾儿干。朵奔篾儿干娶了美丽漂亮的阿阑豁阿为妻，两人生活十分和谐美满。但好景不长，朵奔篾儿干生了两个儿子以后就死去了。乞颜孛儿只斤氏族就是"黄金家族"。

1162年，黄金家族的也速该与妻诃额仑生下了成吉思汗。

那时，蒙古高原分成许多部落，各部为了争夺人口、牲畜和财产，不断进行战争。世界翻转，诸国攻伐，社会已经没有安宁之日了。

成吉思汗长大以后，开始进行统一蒙古各部的斗争。

1202年，成吉思汗击溃了以札答阑部首领札木合为首的十一部联盟，随后，乘胜出兵灭掉了塔塔儿部，又降伏了弘吉剌等部。

1203年，灭亡了克烈部，漠南汪古部惧其威势，闻风而降。1204年，出兵灭亡了乃蛮太阳汗部。继而，兼并了蔑里乞残部和乃蛮不欲鲁汗部，最后完成了蒙古草原的统一。

1206年，成吉思汗统一蒙古各部以后，见时机已趋成熟，就召开"忽里台"。"忽里台"又作"忽邻勒塔""忽里勒台""库列尔台"等，是大聚会的意思。

最初是部落和各部联盟的议事会，成吉思汗统一蒙古以后把它变为

神岳琼林

一种决议国家事务和推选大汗的聚会。

在这次忽里台上，成吉思汗被蒙古贵族推举为全蒙古的大汗，正式建立了大蒙古国，标志蒙古民族共同体正式形成。

成吉思汗统一蒙古以后，不是把主要精力放在经济建设上，而是对外发兵，挑起了一系列战争。

在对外战争方面，成吉思汗首先锁定的目标是中原地区的金朝。

原来，成吉思汗的祖先俺巴孩（也译作"咸补海"）任蒙古部首领时被塔塔儿人偷袭捉住，押送金朝，金朝皇帝用残酷的刑罚把俺巴孩钉死在木驴上。其时，蒙古人皆泣。自从那时起，蒙古就与金朝结下了不共戴天之仇。后来，金人又经常出兵掳掠蒙古人，并把他们卖为奴隶。金世宗害怕蒙古强大后对其构成威胁，遂每三年就遣兵向北剿杀一次，这更使蒙古人对金朝恨之入骨。

但在金世宗、金章宗统治时期，金朝强大，蒙古尚未统一，力量弱小，不敢轻举妄动。

成吉思汗统一蒙古，建立大蒙古国不久，金章宗完颜璟就离开了人世。由于金章宗无子，只好遗命其叔完颜永济（原名完颜允济）继位，完颜永济就是卫绍王。

完颜永济是个优柔寡断、懦弱无能的平庸之辈，遇事很少有自己的主见。1206年，成吉思汗曾经与他有过一次交往。那时，蒙古向金称臣。一天，成吉思汗将金银、毛皮等贵重贡品送往金朝，金朝边境接受贡品的官员就是完颜永济。

成吉思汗见完颜永济一副装腔作势的样子心中不悦，便不愿意按规矩向他行礼。这下可惹恼了完颜永济，他回朝后就要求出兵攻打蒙古，由于朝中大臣竭力反对，才不得不作罢。

1206年，卫绍王即位以后，按照惯例，派遣使者到蒙古下诏书，告诉蒙古人卫绍王即位的消息。

金朝使者到达蒙古，按照以前的规矩，要求成吉思汗拜接金朝诏书，

3

并向中原皇帝祝贺。

这时的成吉思汗，就萌生了进取中原、报仇雪恨的念头。可是他对金朝虚实不清楚，不敢轻率出兵。他见金朝使者又来下诏书，很不客气地问道："你们中原谁当了皇帝？"

金使回答说："卫绍王完颜永济。"

成吉思汗闻之大笑，随后，向金使轻蔑地说："我原来以为中原皇帝皆为天上人做的，像完颜永济这样平庸懦弱之人居然也做了中原皇帝，我岂能臣服于他？"

金使听了，生气地说："这是臣子应该说的话吗？"

成吉思汗愤愤地说："臣子，谁是你们的臣子？"说罢，骑上战马，扬长而去。

卫绍王听说成吉思汗不拜，气得浑身发抖，告诉边境官吏，等到成吉思汗再来上贡之时，把他抓来杀死。

成吉思汗与完颜永济的关系向来不睦，听说完颜永济当了金朝皇帝十分气恼。现在听说完颜永济要杀他，更是气愤万分。成吉思汗知道完颜永济是个懦弱无能之辈，认为攻金报仇的时机已经成熟，于是下决心与金朝闹翻，先发制人，派兵攻打金朝。

元太祖六年（1211），成吉思汗在克鲁伦河河畔聚众誓师。他按照蒙古族古老的传统习惯，解下腰带挂在脖子上，向苍天祈祷说："长生天啊！金朝皇帝杀害了我的祖先俺巴孩等人，肆意掳掠我的民族和财物，假如您允许我去复仇，就助我一臂之力，并让已经死去的人和各位神仙来帮助我获得成功。"

祈祷完毕，成吉思汗亲率大军威风凛凛地杀向中原。

成吉思汗发动攻金战争以后，一路势如破竹，顺利夺取昌州（今内蒙古太仆寺旗九连城）、桓州（今内蒙古正蓝旗东）、抚州（今河北张北）等地，于野狐岭（今河北万全西北）击溃金朝三十万大军，追至浍河堡（今河北怀安东），将金军主力歼灭大半，接着攻入怀来

（今河北怀来），大败金朝完颜纲的精锐部队，迅速逼向金朝的首都中都（今北京）。

面对蒙古军队的进攻，金卫绍王早已惊慌失措。

金崇庆二年（1213），卫绍王急忙起用胡沙虎为右副元帅，率领武卫军五千人驻守中都城北，以防蒙古军队进攻。

胡沙虎实际上是一个政治流氓，专横跋扈，不奉法令，任意胡为。他在大敌当前的形势下仍然不做战斗准备，一味地到处寻欢作乐。

卫绍王听说胡沙虎整天不务正业，不恤军事，十分着急，便派遣使臣到军中告诫胡沙虎加紧训兵，准备战斗。

卫绍王的使臣来到胡沙虎军中，看到胡沙虎正在饲养鹞鹰，逗趣取乐，便对胡沙虎说："皇帝有旨，赶快操练军队，准备战斗。"胡沙虎正玩得不亦乐乎，听卫绍王的使臣这么一说，大怒道："就凭你也敢同我如此说话！"说罢，随手抄起一个花盆，对准卫绍王使臣的脑袋砸了过去，使臣顿时鲜血直流，瘫倒在地，不一会儿就死去了。

胡沙虎知道大祸临头，干脆一不做，二不休，率领军队攻入中都，把卫绍王也杀了。

胡沙虎杀死卫绍王以后，为了掩人耳目，自己没敢称帝，只称监国都元帅。随后，他加紧准备想自立为帝。丞相徒单镒等人看出了胡沙虎的诡计，害怕皇位落入胡沙虎之手，遂建议立金世宗的孙子完颜珣为皇帝。

察合台汗国银币

第一章 金戈铁马频征战

5

胡沙虎见没有一个人主张立自己为帝，心里甚是不悦，但也无可奈何，只好表示同意立完颜珣为帝。

就这样，完颜珣在蒙古军队兵临城下的危急关头，登上了皇帝宝座，完颜珣就是金宣宗。

金宣宗即位之后，面对蒙古咄咄逼人的攻势非常害怕，就派出使者请求议和。

成吉思汗攻金虽然连连获胜，但他知道金中都城防坚固，难以一时攻取，有意喘口气之后再攻。正好这时金朝遣使前来求和，成吉思汗便对金朝使者说："要想议和也可以，但必须献纳童男童女各五百人，绣衣三千件，御马三千匹，大批金银珠玉及公主等，否则定要攻下中都。"

金朝使者连连点头称是，赶忙向金宣宗报告了这一情况。

金宣宗大喜过望，全部答应了成吉思汗的议和条件，并派人把完颜永济之女岐国公主送给成吉思汗。

成吉思汗见到如花似玉的岐国公主异常高兴，立即拥着岐国公主，满载战利品，离开中都北去。

蒙古军队退兵以后，金宣宗惊魂未定，害怕蒙古军队再次南下包围中都，就于贞祐二年（1214）把都城迁到汴京（今河南开封）。成吉思汗听说金宣宗抛弃中都南逃汴

九峰雪霁图

京，认为金朝缺乏议和诚意，大怒，再次举兵南下。

成吉思汗的军队所向披靡，旋风般攻至中都城下。

元太祖十年（1215）五月，金中都元帅完颜承晖在粮尽援绝的情况下服毒自杀，专管兵事的抹撚尽忠弃城南逃，成吉思汗不费吹灰之力就占领了中都。

成吉思汗占领金中都以后，知道金朝经营多年，难以一时灭亡，于是设置达鲁花赤等官镇守中都等地，派遣三木合拔都等进攻河南，自己则率领部分军队退回漠北。

就是在这种背景之下，忽必烈诞生了。

深受祖父赏识

成吉思汗占领金朝中都以后，派遣三木合拔都等率军攻入河南，逼近金朝新都汴京城西十二里的杏花营，准备进围汴京。成吉思汗自己则率领军队返回漠北，回归之日，正是忽必烈出生之时。

忽必烈是成吉思汗的孙子。

成吉思汗的正妻孛儿帖共生四子：长子术赤，次子察合台，三子窝阔台，四子拖雷。

忽必烈是拖雷的第四子。当时，蒙古人中流行一夫多妻制，"每一个男人，能供养多少妻子，便可以娶多少妻子。有的人有一百个妻子，有人有五十个，还有人有十个"。但其中只有一人为正妻，相当于汉人的嫡正妻。

忽必烈是拖雷的正妻唆鲁禾帖尼所生。唆鲁禾帖尼一共生有四个儿子，即长子蒙哥、次子忽必烈、三子旭烈兀、四子阿里不哥。

忽必烈的生母唆鲁禾帖尼是克烈部首领王汗的兄弟扎合敢不之女。成吉思汗在击败克烈部以后，见扎合敢不的三个女儿貌美如花，赛过天仙，就把他的大女儿阿必合娶作自己的妻子，而把二女儿必黑秃惕迷失许配给

7

了长子术赤，三女儿唆鲁禾帖尼给了幼子拖雷。

　　成吉思汗见刚出生的忽必烈黑黝黝的十分高兴，风趣地说："我们的孩子都是火红色的，这个孩儿却生得黑黝黝的，真像他的舅父们。"然后，成吉思汗派人去告诉唆鲁禾帖尼，让她"把他交给一个好乳母去喂养"。

　　唆鲁禾帖尼遵从成吉思汗的旨意，派人去为忽必烈寻找好的乳母。后来听说乃蛮部落的一个妃子撒鲁黑再有两个月就生产了，而且人又特别温顺，就把忽必烈交给撒鲁黑喂养。

　　过了两个月，撒鲁黑生下一个男孩，取名为末哥。撒鲁黑把末哥交给一个唐兀惕部落的乳母去喂养，自己则精心喂养忽必烈。

　　撒鲁黑心地善良，把忽必烈视同己出，尽心竭力地照顾和抚养。小小的忽必烈也非常懂事，不但听她的话，还非常尊敬她。如此生活了三年，忽必烈的爷爷、父亲和叔叔、大爷们又要出征了。

　　就在这时，有位从中亚回来的蒙古人求见成吉思汗。成吉思汗传令接见，一看才知道是他派到西域中亚地区打听古出鲁克消息的人。

　　原来，成吉思汗统一蒙古各部时，于1204年击败乃蛮部，乃蛮人大部分归顺蒙古，只有塔阳汗（亦译作"太阳汗"）的儿子古出鲁克（亦作"屈出律"）率领一部分人逃跑。成吉思汗一直耿耿于怀，因此，便派人去打听古出鲁克的下落。

　　如今，成吉思汗派出去的人回来了，成吉思汗迫不及待地问："怎么样？打听到古出鲁克的下落了吗？"

　　"打听到了。"那位蒙古人回答说："乃蛮被我们打败以后，古出鲁克仓皇出逃，后来辗转逃到西辽境内。"

　　"西辽是哪个人的政权？"成吉思汗问。

　　"是耶律大石建立的政权。"那位蒙古人接着说："当金朝灭亡辽朝时，契丹贵族耶律大石率领一部分人西迁虎思斡耳朵（今俄罗斯吉尔吉斯托克马克以东楚河南岸），建立西辽，也称'黑契丹''哈剌契丹'等。

后来，古儿汗直鲁古继承了西辽汗位。这个直鲁古，昏庸无能，不理政事，使西辽的事业一天天衰落下去。

"古出鲁克就是这个时候逃到西辽的。古出鲁克很会耍手腕，不久就骗得了直鲁古的信任，又把直鲁古的女儿浑忽弄到了手，当上了西辽的驸马。古出鲁克当上驸马以后并不满足，又设计打败直鲁古，把西辽的政权全部夺了过来。现在，古出鲁克正在西辽发号施令，过着花天酒地的生活呢。"

成吉思汗一听非常气恼，立即下令，准备剿灭西辽。

于是，成吉思汗命令木华黎率领偏师骚扰金朝，自己率主力去攻打西辽。

元太祖十三年（1218），成吉思汗派遣大将哲别率军二十万人征伐西辽，哲别的军队们以迅雷不及掩耳之势攻入今天的新疆西部及中亚一带。

古出鲁克听到蒙古军到来狼狈西窜。

哲别面对当地多种宗教流行的情况，公开宣布："每个人都可以有自己的信仰。保持自己祖先的宗教规矩。"

这一信教自由的政策得到了当地人民的热烈欢迎和拥护，他们陆续起来同古出鲁克的士兵进行斗争，很快，"住在城里伊斯兰教徒家里的古出鲁克士兵全部被消灭了"。蒙古军穷追古出鲁克，最后在巴达哈伤山中将他擒杀，最后灭亡了西辽。

成吉思汗杀死了古

青白釉龙虎花瓶

出鲁克，算是解了心头之恨，长长地吁了一口气。就在这时，两位被剃掉胡须的使臣慌慌张张地跑来求见。

两位使臣见到成吉思汗，扑通一声跪倒地上，放声大哭起来。成吉思汗见两位使者这副模样，知道事情不妙。

原来，西辽西边有个花剌子模国，西辽势力强大时，曾受西辽控制。后来，势力逐步发展，跃居为中亚地区的一大霸主。

成吉思汗率兵占领金朝首都中都以后，花剌子模算端摩诃末（又译"马合谋"）十分关注，派出巴哈丁使团前来探听虚实。

天地石壁图

成吉思汗在中都接见了巴哈丁使团，表示愿意与花剌子模友好往来，并让巴哈丁使团回去告诉摩诃末算端，成吉思汗承认摩诃末为西方的统治者，正如他自己是东方的统治者一样，双方保持和平友好关系。巴哈丁使团回国以后，花剌子模就派出一个商队进行贸易活动。

为了回访，成吉思汗也派出使臣前往花剌子模，并派出一个四百五十人的伊斯兰教商队，带着满载金银、丝绸、毛皮的五百头骆驼，前往花剌子模进行贸易。

成吉思汗让使臣去告诉花剌子模算端摩诃末说：

贵国商人来到了我们这里，现在正如你们所听到的，我们又将他们遣回来了。此外，我们还派了一些商人跟着他

们到贵国来，想将贵国的珍品和当地出产的珍贵织物运到我国来。您的家族的伟大和姓氏的高贵是尽人皆知的！大多数地区上的平民、贵族全都知道您的国土的辽阔和您的命令的威力。

您是我的爱子和最好的穆斯林。现在，当您消除了敌人，将同我们邻接的地区全部占领和征服后，我们两国就成了邻国。

为了两国沟通协作一致，要求我们拿出高尚明达的态度来，担负起患难相助的义务，将两国之间的道路安全地维护好，避免发生险情，以使频繁的贸易往来且关系到世界福利的商人们得以安然通过。当我们之间建立起亲睦关系以后，就没有人使坏念头了，也没有人支持纷急和叛乱了。

在使者见到摩诃末并离开花剌子模的同时，蒙古商队到达了花剌子模边境讹答剌城。

讹答剌都督亦纳勒出黑（又译作"亦纳勒术""亦难赤""哈只儿只兰秃"）见商队携带这么多从未见过的财物，垂涎欲滴、十分眼红；加之商队的人夸耀成吉思汗的伟大，没有对他表示应有的尊敬，便将商队作为间谍扣留，遣使向摩诃末报告。

亦纳勒出黑是摩诃末的异母兄弟，号称"海儿汗"，在花剌子模有一定势力。摩诃末相信了亦纳勒出黑的鬼话，下令将商队的人全部处死，财货没收。

只有一名商人巧妙逃脱，把这一消息报告了成吉思汗。

成吉思汗听到这一消息大发雷霆。但他还是遏制住自己的感情，派出伊本·哈福剌只·布拉与二名塔塔儿人组成的使团，对摩诃末进行责问，并要求交出凶手。摩诃末不但不予理睬，而且下令杀死为首的蒙古使臣，并将其余两名使臣剃掉胡须后驱逐出境。

于是，就出现了前面提到的一幕。

成吉思汗听了两位使臣的叙述既震惊，又愤怒，气得眼泪也淌了下来。他登上附近一座山头，脱下帽子，虔诚祈祷起来，他对主说道："伟

大的主啊!大食人和突厥人的创造者啊！我不是挑起这次战乱的肇祸者！请佑助我，赐我以复仇的力量吧！"

据说，成吉思汗不饮不食，祈祷、号泣了三个昼夜，才下了山。

成吉思汗下山以后，立即点集军队，亲自率领诸子及二十万大军，杀向花剌子模。

1219年秋，花剌子模国王摩诃末听说成吉思汗亲自率领大军来攻，马上将其四十万军队分散到国内各个城堡坚守，企图用坚壁清野战略迫使蒙古军队不久退走。

成吉思汗统一漠北图

成吉思汗首先率领大军围攻讹答剌城，讹答剌城防坚固，短时间内难以攻克，成吉思汗于是改变战略，将军队分为四支：由次子察合台、三子窝阔台统率一支军队继续围攻讹答剌城；由长子术赤率右路军进攻锡尔河下游诸城；又派出左路军攻取锡尔河中上游诸城；自己则与拖雷率领主力，横越沙漠，直趋西南方的不花剌城（中亚名城，今布哈拉），以形成对撒麻耳干（花剌子模国都，今俄罗斯撒马尔罕）的包围。花剌子模军队虽多，但内部矛盾很大，哪里抵挡得住冲锋陷阵的蒙古勇士，连连败退，不花剌、撒麻耳干等城接连失陷，摩诃末不断逃遁，最后逃到里海的一个小岛上死去了。

摩诃末死后，其子札兰丁继位，想重整旗鼓，抗拒蒙古精兵。但是，他哪里是成吉思汗的对手，很快就被成吉思汗打败了。

元太祖十六年（1221），在蒙古军队追击下，札兰丁无路可逃，只好跃马跳进印度河中。也许此人命不该绝，河水并没有把他淹没，竟然活着逃到了印度。

成吉思汗西征灭掉了花剌子模，进入了南俄罗斯，大获全胜，1224年凯旋而归。

这时，忽必烈已经十岁。蒙古民族是一个善于骑马射猎的民族，无论男女，都能骑马如飞。为了训练人们的高超骑术，蒙古人从小就要学习骑马射箭。忽必烈在母亲唆鲁禾帖尼等人的精心培养下，不但学会了骑马射箭，也学会了尊敬别人，懂得了礼貌，成为一个具有优秀道德品质的孩子，大人们都十分喜欢他。

忽必烈经常听人们讲他祖父成吉思汗的事迹，幼小的心灵便产生了崇敬羡慕之情。然而，自他懂事以后，还没有见到祖父，只是听人们讲才觉得祖父高大威严，到底是个什么样子，根本不知道。所以，他很想见到自己的祖父。

成吉思汗西征班师回朝的消息传到蒙古草原，留居蒙古草原的亲属们便忙忙碌碌地准备前往迎接。忽必烈和弟弟旭烈兀听说祖父要回来了，也争先恐后地嚷着要去，大人们只好破例带上这两个孩子。

一行人众走到乃蛮境阿拉马克委之地，见到了成吉思汗班师而回的军队，双方见面，彼此都很高兴。

在一次围猎中，忽必烈拈弓搭箭，将一只飞跑逃窜的野兔射倒在地，旭烈兀则射到了一只山羊。

按照蒙古人的风俗，儿童第一次在行猎中射获野物时，要举行称之为牙黑刺迷失的隆重仪式，儿童要以初猎禽兽之血染在长者拇指上。

仪式开始后，忽必烈轻轻地捧着成吉思汗的手，很有礼貌地将野兔的鲜血涂在成吉思汗拇指上。

轮到旭烈兀拭指时，他紧紧地抓住成吉思汗的大拇指，使成吉思汗颇

为反感，说道，"这个坏蛋要将我的手指掐断了"，"吾为尔耻之"。

成吉思汗对旭烈兀粗鲁的行为给予批评，同时，对忽必烈恭谨有礼的行为给予热情赞扬。

十岁的忽必烈，以其特有的礼貌和聪明，赢得了成吉思汗的喜爱，也赢得了其他父祖们的赞扬，成为成吉思汗最为赏识的一个爱孙。

窝阔台继汗位

成吉思汗建立大蒙古国时期，南方主要的政权有两个，一为西夏，一为金朝。金朝与蒙古仇怨极深，是成吉思汗的主要攻击目标。但西夏臣附于金朝，成为金朝的左臂。成吉思汗为了攻金，曾三次进攻西夏，迫使夏襄宗献出爱女请求纳贡称臣。

青玉莲托蹲龙

成吉思汗西征之时，请求臣国西夏发兵从征，西夏王李遵顼不肯。不久，西夏又与金朝重新缔结和约，转而联金抗蒙。

成吉思汗西征东归，听到这一消息气冲牛斗，立下誓言，非灭掉西夏不可。

元太祖二十一年（1226），成吉思汗以西夏曾经接纳仇人克烈部桑昆以及不送质子、不服从征调为借口，亲率大军，兵分两路大举伐夏。

西夏军民顽强抵抗，怎奈寡不敌众，频频败北。蒙古军迅速攻取甘（今甘肃张掖）、凉（今甘肃武威）、肃（今甘肃酒泉）等州，于灵州（今宁夏灵武西南）附近黄河边上歼灭西夏主力。十一月，大军包围了西夏首都中兴府（今宁夏银川）。

成吉思汗下令切断外援，把城池死死围住，一围就是半年。

元太祖二十二年（1227）六月，中兴府城内无粮草，外无援兵，又遇上地震，已是走投无路。西夏末帝李睍眼看守城无望，向蒙古投降，要求宽限一个月，再献城池。成吉思汗满口答应。

成吉思汗在征战西夏期间，仍然经常围猎。一天，他骑着一匹青色豹花马，手弯劲弓，围猎野马。突然，许多野马没命地跑过去，青豹花马受惊地一跳，把成吉思汗重重地摔在地上，成吉思汗挣扎了半天才从地上爬起来。

上了年纪的成吉思汗，经此一摔，身体状况急剧下降。

六月，成吉思汗来到六盘山避暑，伤势日渐加重。成吉思汗自知死事难逃，秘嘱众人，不要把他病重的消息泄露出去，死后也要秘不发丧，以免西夏末帝中途变卦。

元太祖二十二年（1227）七月十二日，一代天骄成吉思汗病死于清水县西江。不久，西夏末帝李睍来降，被蒙古军队执而杀之。西夏灭亡。

一代天骄成吉思汗，西征南讨，为蒙古民族创下了举世震惊的辉煌家业。

成吉思汗生前，曾将一部分疆土和民户分封给诸子和兄弟。诸弟中搠只哈撒儿的分地在也里古纳河（今额尔古纳河）、海剌儿河（今海拉尔河）和阔连海子（今内蒙古呼伦湖）地区，合赤温封地在兀鲁灰河（今内蒙古东乌珠穆沁旗乌拉根果勒）南北，幼弟铁木哥斡赤斤封地在哈勒哈河以东，另一异母弟别里古台封地在怯绿连河（今克鲁伦河）中游，受封兄弟总称"东道诸王"，或称"左手诸王"。

成吉思汗又将自海押立（巴尔喀什湖东南，今卡帕尔西）到花剌子模地区，西北延伸至撒哈辛、不里阿耳（两处均在伏尔加河流域）的边境，并顺这一方向直至蒙古人马蹄所到的地方，分封给长子术赤；将畏兀儿之地西至河中地区的撒麻耳干、不花剌等地区分封给次子察合台；将额尔齐斯河上游与巴尔喀什湖以东地区分封给三子窝阔台，总称"西道诸王"，

或"右手诸王"。

拖雷则随成吉思汗管领其余民户及鄂嫩河至克鲁伦河等蒙古中心地区的大斡耳朵（意为宫帐）。

成吉思汗亲自统领的蒙古诸部军士共计为十二万九千。他分赐给术赤、察合台和窝阔台各四千军；弟合赤温三千，铁木哥斡赤斤五千，搠只哈撒儿之子一千；母亲诃额仑三千；另一个非正妻所生的幼子阔列坚四千。所剩十万一千，全部留给拖雷。

在蒙古民族中，有幼子守灶习俗，即由幼子继承家庭财产。一般情况下，儿子长大成人之后，都要离开家庭过独立生活，只有幼子和父母生活在一起，并在父母死后继承家庭的全部财产。

这里所说的幼子，当然指正妻所生而言。"当时，按照蒙古人的风俗，同父诸子的地位与他们生母的地位相一致，因此，长妻所生的子女，享有较大的优待和特权"，"按照札撒（意为法律）和蒙古人的习俗，父位是传给幼子的"。因此，拖雷所分财产最多。

按照这种风俗习惯，忽必烈的父亲拖雷不但应该继承成吉思汗的家庭财产，也应该继承汗位。但成吉思汗却只让拖雷继承了家庭财产，没有让他继承汗位。

成吉思汗最初也想把汗位传给拖雷，后来看到争夺汗位的人很多，不想让他操心费力，加之拖雷继承的土地、人民和军队等事务过于繁忙，就不想把汗位传给拖雷了。

成吉思汗不想把汗位传给拖雷，也不想把汗位传给术赤和察合台，因为两人性情暴躁，关系很不好。在西征之前议及汗位继承人时，没等术赤说话，察合台就因为成吉思汗的妻子孛儿帖曾被蔑儿乞人俘虏，配与部人为妻、在营救归来的路上生下术赤之事抢先表态，不能"让这蔑儿乞的杂种管辖"。

于是，两人当着成吉思汗的面儿打了起来，后经木华黎等人劝阻才算了事。因此，把汗位传给他们两人中的任何一个人都不利于团结。所以，

蒙古人攻击图

成吉思汗在征得诸子同意以后，决定把汗位传给三子窝阔台。

成吉思汗决定把汗位传给窝阔台，但按照蒙古人的习俗，被前任大汗所指定的继承者（可以有两名），必须在贵族们参加的忽里台上，经过选举通过之后，才能正式即位，否则，人们是不会承认的。因此，成吉思汗死后，由威信最高的拖雷权任监国，负责筹备选举新汗的忽里台。

经过一番筹备以后，1229年，在成吉思汗始兴的鄂嫩河和克鲁伦河的蒙古中心地区隆重地召开了忽里台。这时，术赤已死，在拖雷和察合台等人的"推戴"和"支持"下，窝阔台被选为大汗，正式即位。窝阔台就是元太宗。

成吉思汗将汗位交给了窝阔台，没有交给拖雷，无论是按照汉人的皇位继承习惯，还是按照蒙古人汗位的继承习俗，作为拖雷次子的忽必烈都将失去汗位继承权。

但幼年忽必烈的聪明才智，博得了成吉思汗的赞誉，成吉思汗对幼年忽必烈仍然寄予厚望。成吉思汗临危时曾说："幼年忽必烈之言，足使吾人注意。其言谨慎，汝辈尽应知之。彼将有一日据吾宝座，使汝辈将来获见一种命运，灿烂有如我在生之时。"

不知这段神话式的预言是真是假，但有一点是可以相信的，那就是幼年忽必烈的才能已经得到了成吉思汗的赏识，这种所谓神话式的预言，随着历史的发展，也就变成了毋庸置疑的事实。

连年征战不休

成吉思汗戎马一生，统一了蒙古，消灭了西辽、西夏、花剌子模等，就是未能实现灭金夙愿，深为遗憾。临终之际，他留下遗言说："金精兵在潼关，南据连山，北限大河，难以遽破。若假道于宋，宋金世仇，必能许我，则下兵唐（今河南唐河）、邓（今河南邓县），直捣大梁（今河南开封）。金急，必征兵潼关。然以数万之众，千里赴援，人马疲弊，虽至弗能战，破之必矣。"

蒙古兵押送战俘图

这确实是一个很好的灭金战略。

窝阔台即位之后，遵照成吉思汗的"临终遗言"，制订了具体的灭金战略计划。

1231年，窝阔台兵分三路，大举攻金。他自己亲率中路军经山西进驻郑州；铁木哥斡赤斤率左路军进兵山东；忽必烈的父亲拖雷率领右路军按照成吉思汗的遗言，从陕西借道宋地，由唐、邓进入金境。三路大军约定，来年春天会师大梁。

拖雷率领的右路军一路过关斩将，所向披靡，从凤翔渡过渭水，连破宝鸡、大散关（今陕西宝鸡西南），进入宋境。随后，沿汉水东下，进入金邓州境，兵锋直指大梁。

金人闻听拖雷已经迂回包抄过来，马上调潼关守将完颜合达率精兵堵截。拖雷留一军牵制金军，主力分道杀奔大梁。金哀宗又急令完颜合达援救大梁，拖雷则派出军队不断袭扰，使金军风声鹤唳，不得休息，疲惫不堪。

1232年初，在钧州（今河南禹县）西北的三峰山大战中，拖雷把金军打得大败，金军精锐几乎全军覆灭。

随后，拖雷率军北上与窝阔台会合，共攻大梁。由于大梁城防坚固，一时难以得手。三月，窝阔台留下大将速不台继续包围大梁，自己与拖雷踏上北归之途。

蒙古军围大梁，一围就是七八个月。

十二月，金哀宗再也忍受不住粮尽援绝的痛苦煎熬，偷偷逃奔归德（今河南商丘）。稍后，又逃往蔡州（今河南汝南）。

穷途末路的金哀宗，眼看难挽狂澜，只好硬着头皮派遣使者到宋朝求援说，蒙古"灭国四十，以及西夏，夏亡及于我，我亡必及于宋。唇亡齿寒，自然之理。若与我联合，所以为我者亦为彼也"。

但是，金人的高谈阔论丝毫没有打动宋人之心，仍然遭到了宋人拒绝。

这时，蒙古也派遣使者请求宋朝协助灭金，宋人提出灭金之后收回河南之地等条件，蒙古人没有表示反对，宋人答应马上出兵。

蒙古包围蔡州，三个多月，依然未克，眼看粮食不多，难以继续围城。正在危急时刻，宋朝大将孟珙带领二万大军和三十万石粮食赶到了，马上就要挨饿的蒙古军顿时有了精神，与宋军南北呼应，共同攻城。

金军哪里抵挡得住这般猛攻，1234年年初，外城已被攻破，金哀宗见

大势已去，急忙传位于内族完颜承麟说："我身体肥重，骑马不便。你平日矫捷，又有将略，万一能活着逃出去，一定继续树起金国这面旗帜，使国家不能至此灭亡，我的心愿就足了。"

完颜承麟即位大礼还未行完，南城已被宋军攻破。继而，蒙古军攻破西门。金哀宗眼看难逃，不愿做阶下之囚，上吊而死。完颜承麟也被蒙古乱兵所杀。

统治一百多年的金王朝，犹如风前残烛，被吹来的巨风所刮灭。

蒙宋联合灭金之后，宋人赵范、赵葵、全子才等人"谓非扼险无以为国"，提出"守河拒关"，收复东京开封府（今河南开封）、西京河南府（今河南洛阳）、南京应天府（今河南商丘）的建议。

宋廷因在蒙宋联合灭金时曾提出收回河南等条件，便在没有同蒙古商量的情况下，于端平元年（1234）派遣赵葵、全子才率军北上收复三京之地。

这时，蒙古军主力北还，河南空虚，宋军很快进占开封，接着进兵洛阳。蒙古闻讯后，派兵来攻，宋军由于粮饷不济，兵败而退。宋军于端平元年出兵三京之地，史称"端平入洛"。

1235年，窝阔台召集蒙古宗王、贵族大会，以宋人"端平入洛"为借口，决定大举攻宋。

窝阔台派遣次子阔端率领西路军进攻四川，派遣三子阔出率领中路军进犯汉水流域和长江中下游，派遣宗王口温不花率领东路军入侵江淮。

三路大军如巨风般席卷宋地，所过之处烧杀抢掠，对宋人肆无忌惮地践踏、蹂躏。直至1241年窝阔台暴死，攻宋战争才暂告一段落。

秉承父母品格

在蒙古灭夏、灭金和伐宋的动荡年代里，忽必烈已长到二十七岁。在这段时间里，忽必烈是否也参加了灭夏、灭金和伐宋的战争，史书中没有明确记载，我们不得而知。但有一点是清楚的，那就是1252年忽必烈初次被任命为方面军统帅时，就表现出卓越的军事天才，说明在此之前，忽必烈不但掌握各种武艺，且精通军事指挥知识，并有很高的指挥艺术。可以肯定，忽必烈的军事知识及其指挥艺术都是这期间学会的。

在此时期，忽必烈深入地学习了各种武艺及各种军事知识，也学习了蒙、汉文字等文化知识，尤其是在父母的培育和影响下形成了坚韧不拔的顽强性格和顾全大局的宽广胸怀。

忽必烈的父亲拖雷是一个在成吉思汗亲自培养和熏陶下成长起来的军事统帅，常伴成吉思汗出征，成吉思汗视他为"那可儿"（意为"伴当"），人们尊称他为"也可那颜"（意为"大官人"）。

1213年，拖雷跟随成吉思汗伐金，亲率中路军攻入河北山东等地。

1219年，跟随成吉思汗西征，攻陷不花剌、撒麻耳干等地。1221年，单独率领一军进入呼罗珊境内，攻陷马鲁（今土库曼共和国马里）、你沙不儿（今伊朗尼沙普尔）、也里（今阿富汗赫拉特）等地，成为蒙古族人民心目中的英雄。

青卞隐居图

后来，在汗位争夺斗争中，拖雷有心继承汗位，但还是遵从成吉思汗旨意，顾全大局，违心地拥戴窝阔台为大汗。

窝阔台继位之后，分兵伐金。拖雷率右路军在三峰山大败金军以后，与窝阔台军会合。不久，就与窝阔台北返。北返途中，窝阔台突然患病，百般调治不见好转，只好请来萨满巫师为他祈祷。

萨满巫师以碗盛水，念咒为窝阔台驱邪，然后用念过咒的水洗涤他的病身。正在这时，拖雷前来探视。

拖雷看到窝阔台病重非常焦虑，上前拿起那碗水，诚挚地祷告说：

"长生天神啊！你无所不管，并且知道，如果有罪的话，那也是我做得最多，因为在征服各地区之时杀害了那么多人，俘虏了他们的妻子儿女，使他们痛心。如果你是为了他的善良和英勇要把窝阔台合罕取去，那么，我更善良，也更英勇些。请饶了他，不要召去他，把我召去吧。"

祷告完毕，拖雷就把那碗洗病的水一口喝了。

拖雷喝了那碗巫水以后，窝阔台的病竟奇迹般好了，可拖雷没有几天却死去了。当时，有人相信拖雷是代兄赎罪而死，对他忠君友爱的自我牺牲精神十分敬佩。

关于拖雷之死，史家持有不同看法。有的说这是拖雷爱君爱兄的行为，是拖雷真心实意代君领罪而导致酒精中毒而死。有的说拖雷也有心继承汗位，只是为了顺从成吉思汗的安排未加反对而已，后来迟迟不召开选汗的忽里台就是最好的证明。

而窝阔台则害怕拖雷的威望和势力继续增高，构成对自己的威胁而设此骗局将拖雷害死。也有人说，窝阔台和拖雷都是愚昧的，他们实际上是被那个巫师愚弄和陷害了。

不管怎么说，当时，窝阔台一直把拖雷当成忠君的典型进行宣扬，少年忽必烈也曾一度相信了。

忽必烈对自己父亲的死亡十分悲痛，又为自己有这样一位被蒙古人敬重的英雄而感到自豪。

父亲的英勇善战，激励他将来也要做一位像父亲那样的英雄。父亲顾全大局的做法，对于忽必烈"度量弘广"性格的形成，也起到了不小的作用。

父亲死后，母亲唆鲁禾帖尼独立承担起抚育儿子的重任。

唆鲁禾帖尼"极为聪明能干，高出于举世妇女之上。她具有最充分的坚定、谦逊、羞耻心和贞洁"。

她非常喜欢自己的儿

青白釉釉里红堆塑四灵塔式盖罐

子，教他们懂得道德和礼貌，不允许他们之间发生任何争吵。后来，窝阔台遣人劝诱唆鲁禾帖尼改嫁给其长子贵由为妻，唆鲁禾帖尼为了抚养自己的孩子，不让孩子们在精神上受到任何伤害，便很有礼貌地拒绝了。

这件事，提高了唆鲁禾帖尼的声誉，被蒙古人看成是高出成吉思汗母亲诃额仑的伟大女性。忽必烈兄弟们也很受感动，对自己的母亲更加尊敬了。

唆鲁禾帖尼继承了丈夫的遗志，处处事事以顾全大局为重。

有一次，窝阔台与宗亲商量，擅自下诏把原来属于拖雷的迷勒都思部落中的二千人军队赐予了自己的儿子阔端。拖雷部属的首领们愤愤不平，纷纷诉于唆鲁禾帖尼说："这两千迷勒都思人军队，按照成吉思汗的诏敕是属于我们的，而合罕把他们给了阔端，我们怎能允许此事并违背成吉思汗的诏令呢？我们要把此事禀告于合罕陛下！"

唆鲁禾帖尼从大局着眼，也从保护自己孩子的角度出发，劝慰这些首

领们说："你们的话是公正的。但是，我们的继承和自己取得的财产之中并无不足，什么也不缺；军队和我们，同样全都是合罕的，他知道他在做什么，我们要服从他的命令。"

各位首领听了这话，默默地点了点头。唆鲁禾帖尼以其绝顶的聪明和才智，维护了窝阔台的权威和宗亲们的团结，也保全了自己及忽必烈等儿子们。

忽必烈非常热爱自己的母亲，母亲的勤劳、勇敢、聪明、智慧、谦逊、善良对忽必烈影响很大，特别是母亲顾全大局的度量和胸怀，深深地印在了忽必烈的脑海中。

忽必烈就是在这种动荡的年代，在父母的直接影响下，长大成人了。

蒙古第四大汗

窝阔台执政时期，曾选定脱列哥那哈敦（乃马真皇后）所生的第三个儿子，阔出为大位的继承者。但阔出在1236年征宋途中不幸死去。由于爱父及子，窝阔台就把阔出的长子失烈门抱养于自己大帐之中，并有意将其汗位传之。

窝阔台死后，由其遗孀脱列哥那暂任监国，她废黜了失烈门，改由自己长子贵由继位。

在第二次蒙军西征时，贵由与西征统帅拔都发生口角，遂结仇怨。

拔都是术赤次子，颇有势力，因此作梗，选汗之举迟迟难以进行。

1246年，脱列哥趁拔都不在之机召开忽里台，忽必烈和蒙哥随母亲唆鲁禾帖尼都参加了会议。

会上，争夺汗位的斗争异常激烈，结果，汗位转到了窝阔台一系手中，贵由登上了大汗之位。

会后，唆鲁禾帖尼决心帮自己的儿子蒙哥夺取大汗之位，忽必烈听之十分兴奋。

云南大理国丽江古城

　　为实现这一目的，唆鲁禾帖尼利用拔都和贵由的矛盾拉拢拔都，意欲除掉贵由。

　　贵由即位后，对藐视自己的拔都极为不满，决心铲除拔都。1248年春，贵由称病去封地叶密立（今新疆额敏）疗养，实际是想出奇兵偷袭拔都。

　　拔都听到唆鲁禾帖尼报知这一消息后气愤万分，立即起兵东来迎敌。

　　三月，贵由来到横相乙儿之地（今新疆青河东南），旋即他便死去了。其死因有两种说法：一是贵由服用了某些药致死；二是拔都派手下一名叫思梯坎（昔班）的人先至贵由住处，席间二人争吵，刀兵相见，并同归于尽。但看起来，贵由是死于拔都之手。

　　贵由汗死后，唆鲁禾帖尼认为拖雷系问鼎蒙古国的机会来临了。她主动让长子蒙哥以探病的名义赶赴拔都所在的钦察草原营地。

　　拔都是术赤之子，亦是术赤兀鲁思的继承人。他曾因长子西征时与贵由争吵而与其结怨很深。

推选贵由汗的忽里台贵族会议举行之际，他又以脚疾为由拒不出席，导致贵由汗的兴师问罪。

此时，拔都公开反对窝阔台后裔继承汗位，而属意于蒙哥。

拔都在自己营地举行了一次忽里台贵族会议。参加这次忽里台贵族会议的窝阔台系、察合台系宗王较少，他们或者只派出自己的代表，或者借口萨满巫师不允许久留，旋即离去。

拔都亲自提议应推选蒙哥为新的大汗时，贵由妻海迷失的使者八剌出来发难说："昔太宗命以皇孙失烈门为嗣，诸王百官皆与闻之。今失烈门故在，而议欲他属，将置之何地耶？"

因窝阔台和贵由即汗位时，都曾让出席忽里台的宗王贵族立下日后汗位必须在窝阔台后裔内传承的誓言，八剌的这番言语是颇有分量的。

蒙哥庶弟末哥当场反驳道："太宗有命，谁敢违之。然前议立定宗，由皇后脱列忽乃与汝辈为之，是则违太宗之命汝等也，今尚谁咎耶？"

八剌被驳得无言以对。与会者遂议定：来年在怯绿连河的蒙古本土召开全体宗王参加的忽里台会议，正式拥戴蒙哥登汗位。

会议后，拔都又特意命令其弟别儿哥带领一支大军护送蒙哥返回蒙古本土。

因为窝阔台后王的抵制，新的忽

春山读书图

26

里台贵族会议两年后才在阔帖兀阿阑之地举行。这次忽里台会议，正式推选和拥戴蒙哥为第四任大汗。

蒙哥的三位弟弟分别担当了维持忽里台秩序的任务：忽必烈负责指挥全体与会宗王贵族的行动；末哥负责守卫帐殿门户，阻拦宗王那颜们的出入，旭烈兀则站在司膳和卫士们前面，禁止与会人员私下议论。

凭借拖雷系强大的军事实力，凭借唆鲁禾帖尼母子的机智干练和拔都大王的全力支持，蒙哥做了第四任大汗。

汗位至此转移到了拖雷家族。实现这个转移的代价十分沉重，那就是大蒙古国内部出现了裂痕，成吉思汗子孙间从此开始明争暗斗。

蒙哥即汗位之后，严加追究抗拒忽里台和阴谋武力袭击新汗的窝阔台、察合台后王，除掉了贵由正妻斡兀立·海迷失、窝阔台孙失烈门、察合台第五子也速蒙哥及七十多名谋叛臣僚。

蒙哥汗在位九年，其政绩主要有三个：

其一，严厉驭下，强化汗权。

窝阔台汗对臣民一味宽厚放纵，"委任大臣"和"政归台阁"的后果，就是"群臣擅权，政出多门"。对宗王贵族和境内外商人的慷慨赏赐直接导致宫廷欠债和财政收支失衡。

贵由汗在位时间较短，体弱多病，类似的朝政紊乱，仍在继续。

蒙哥汗生性"刚明雄毅"，不喜宽纵，很快恢复了成吉思汗"札撒"规定的秩序。

他"御群臣甚严"，曾下谕旨训诫身旁的大臣："尔辈若得朕奖谕之言，即志气骄逸，而灾祸有不随至者乎？尔辈其戒之！"

蒙哥汗紧紧掌握了朝廷大权，还亲自过问诏旨草拟。"凡有诏旨"，"必亲起草，更易数四，然后行之"，这在蒙元诸帝中绝无仅有。与秦始皇的躬决大政相比，尤过之而无不及。蒙哥汗本人"不乐燕饮，不好侈靡"，还严格限制后妃们的衣食消费，不许肆意挥霍。

蒙哥汗下令偿还了贵由汗以来宫廷购买珍宝所欠的五十万银巴里失巨

款，表明他是一个厉行平衡财政收支和负责任的统治者。

1253年，拔都大王遣使者脱必察奏请降赐买珠宝银一万锭。蒙哥汗没有完全满足拔都的请求，仅拨赐白银一千锭。还诏谕拔都大王说："太祖、太宗之财，若此费用，何以给诸王之赐，王宜详审之。此银就充今后岁赐之数。"

蒙哥汗连鼎力支持他夺得汗位的拔都大王的赏赐奏请亦要大打折扣和训诫劝谕，可见他对窝阔台以来蒙古汗廷的滥赐是有所节制和约束的。

其二，削弱窝阔台后王等敌对势力。

因为大部分窝阔台汗后王极力反对蒙哥继承汗位，有些甚至参与阴谋武力叛乱，故此，蒙哥汗除了诛杀海迷失、失烈门及也速蒙哥等人外，还毫不留情地着手削弱窝阔台后王等敌对势力。

窝阔台没登汗位以前，他的草原领地在叶迷立（今新疆额敏）和霍博（今新疆和布克赛儿）一带。窝阔台即汗位后，以上分地授予长子贵由。其他窝阔台子孙（阔端除外）或许驻牧于漠北窝阔台汗四季行宫附近。

成吉思汗给诸子封授千户军队时，三子窝阔台受封五千户。连同前述窝阔台自拖雷系拨付皇子阔端的逊都思二千户和雪你惕一千户，窝阔台系宗王拥有的蒙古千户数总计应在八千户以上。

其时，蒙哥汗下令将窝阔台系宗王大多迁徙至本位下原分地一带。

具体是窝阔台第六子合丹迁于别石八里（今新疆济木萨儿县北），第七子蔑里迁于叶儿的石河（今额儿齐斯河），第五子合失之子海都迁于海押立（今哈萨克斯坦之塔尔迪·库尔干），第四子哈剌察儿之子脱脱迁于叶迷立（今新疆额敏），蒙哥都也奉命迁往其父阔端所居地之西。也速、孛里、和只、纳忽、也孙脱等，则被贬谪禁锢。窝阔台诸后妃的家资，也被蒙哥汗分赐拖雷系等"亲王"。

蒙哥汗还以违抗命令为由，杀掉了贵由汗的亲信、镇守波斯军队最高统帅野只吉带。

蒙哥汗这样做，不仅把窝阔台系宗王彻底驱逐出蒙古本土，还进一步扩大了窝阔台系与拖雷系占有军队的差距。这对巩固蒙哥汗的绝对权力，自然是有益的。

对窝阔台系宗王而言，无疑是十分沉重的打击。若干年后，窝阔台之孙海都发动旷日持久的反对忽必烈政权的战争，一心想把汗位从拖雷系重新夺回来，也是对拖雷系积怨颇深而做的报复与发泄。

其三，部署推进对波斯和南部中国的军事征伐。

当年，蒙哥曾经是长子西征的主要将领之一。即汗位后，他曾经这样说："我们的父兄们，过去的君主们，每一个都建立了功业，攻占过某个地区，在人们中间提高了自己的名声。"

于是，他竭尽全力，欲将成吉思汗的对外征服继续向最遥远的东方和西方推进。

蒙哥汗在前朝大汗直辖区分

青花云龙纹兽耳衔环盖罐

设断事官的基础上，进一步完善和充实了燕京等处、别失八里等处、阿母等处三行尚书省。

其后，蒙哥汗命令同母弟忽必烈和旭烈兀分别负责南部中国、波斯的军事征伐。特别是旭烈兀西征时，蒙哥汗特意从蒙古东、西翼诸千户中每十人抽取两人，交付旭烈兀统一指挥，队伍庞大，相继攻灭木剌夷和黑衣大食，并进兵叙利亚大马士革等地。

蒙哥汗似乎是严格按照乃祖成吉思汗的札撒，治理大蒙古国，继续开拓疆域，而且很有建树和作为。他性喜走马田猎，酷信萨满巫师的卜筮之术，他"自谓遵祖宗之法，不蹈袭他国所为"，具有强烈的蒙古中心主义

和骄傲感，不愿意接受任何来自被征服国家和民族的文化影响。

游牧君主和蒙古大汗的属性，始终在蒙哥身上得到了完美的体现和延续。

从上述内容可知，自成吉思汗到蒙哥的蒙古国四大汗时期的概况，也是忽必烈所继承的祖父、父兄的基业，或者可以说是忽必烈即将登上的舞台。

这份基业或舞台，说起来的确非常大。从成吉思汗到蒙哥汗，蒙古铁骑踏出了一个令世界瞩目的大帝国。

其疆域东自日本海，西到中欧多瑙河，南起淮河，北至极北。成吉思汗还创建了包括汗权、千户、怯薛、分封、札撒、断事官在内的蒙古游牧君主制体系和不得随意更改的祖训。后者又是基业的质的组成部分。

另一方面，由于疆域过大和各地区的经济文化差异突出，黄金家族各支系的矛盾和日益激烈的汗位争夺，蒙古世界大帝国也面临着内部的冲突和分裂。

如何治理好以中原汉地为代表的广大被征服区域，如何整合蒙古统治模式与新征服地区原有的统治模式等难题难以回避，亟待解决。

所有这些，就是忽必烈所继承的基业，亦为忽必烈政治生涯的起点。忽必烈所有活动和作为，都将从这里展开。

第二章　藩邸卧龙待时机

集结汉族儒士

1232年拖雷逝世，这对十八岁的忽必烈而言无疑是个沉重的打击。不过，一定程度上促使忽必烈迅速成熟，锤炼了他的意志和应付复杂事变的能力。

在乃马真皇后称制时期，忽必烈进入而立之年。

那时，成吉思汗诸子先后谢世，孙辈驰骋沙场的时刻即将来临。

忽必烈无时不在思考：如何为大蒙古国干一番事业，如何大有作为于天下？身为蒙古宗王和拖雷嫡子，他现在有责任和实力，也有这样的机会和可能。

忽必烈热衷于访求前代帝王的功业逸事，特别是喜欢听唐初李世民广延四方文学之士，讲论治道，终成大业的事迹，而且由衷钦佩，锐意模仿。

忽必烈千方百计延请召集藩府旧臣及四方文学之士，总是兴趣盎然地询问治理国家的方略办法。因为这一系列努力，忽必烈周围渐渐汇集了一批"亡金诸儒学士及一时豪杰知经术者"。

在临时应召和长留漠北的汉族士大夫中，比较系统地向忽必烈献上治国之道的，当数张德辉、刘秉忠、姚枢、李冶。

1247年，河东交城人张德辉被召到漠北藩邸。忽必烈首先发问："孔子没已久，今其性安在？"

张德辉回答："圣人与天地终始，无所往而不在。王能行圣人之道，

即为圣人。性固在此帐殿中矣。"

忽必烈又问："或云辽以释废，金以儒亡。有诸？"张德辉回答说："辽事臣未周知，金季乃所亲睹。宰执中虽用一二儒臣，余则武弁世爵，若论军国大计，又皆不预。其内外杂职，以儒进者三十分之一，不过阅簿书，听讼理财而已。国之存亡，自有任其责者，儒何咎焉？"

忽必烈深表赞许，又问："祖宗法度具在，而未设施者甚多，将若之何？"

张德辉指桌案上的银盘为喻："创业之主，如制此器。精选白金，良匠规而成之，畀付后人，传之无穷。今当求谨厚者司掌，乃永为宝用。否则不惟缺坏，恐有窃之而去者。"忽必烈思索良久后说："此正吾心所不忘也。"

忽必烈还问："农家作劳，何衣食之不赡？"张德辉答道："农桑，天下之本，衣食所从出。男耕女织，终岁勤苦，择其精美者输之官，余麤恶者将以仰事俯畜。而亲民之吏复横敛以尽之，民则鲜有不冻馁者矣。"

卵白釉戗金行龙纹玉壶春瓶

忽必烈继续问道："今之典兵与宰民者，为害孰甚？"张德辉回答："典兵者，军无纪律，专事残暴，所得不偿其失，害固为重。若司民者，头会箕敛以毒天下，使祖宗之民如蹈水火，蠹亦非细。"

忽必烈沉默许久，又说："然则奈何？"

张德辉答道："莫若更选族人之贤如口温不花者，使主兵柄，勋旧如忽都忽者，使主民政，则天下皆受其赐矣。"

1242年，刘秉忠随禅学海云法师赴和林论道。海云南返后，刘秉忠留在漠北忽必烈藩邸，上书数千百言论及天下形势与应对之策，颇有远见的建议皆使忽必烈获益匪浅。

1250年，原燕京行台郎中、营州柳城人姚枢应召至漠北忽必烈藩邸。姚枢见忽必烈"聪明神圣，才不世出，虚己受言，可大有为"，就融会二帝三王之道和治国平天下之大经，归纳为修身、力学、尊贤、亲亲、畏天、爱民、好善、远佞八目。

又详细列举救治时弊的三十条：立省部，辟才行，举逸遗，慎铨选，汰职员，班俸禄，定法律，审刑狱，设监司，明黜陟，阁征敛，简驿传，修学校，崇经术，旌孝节，厚风俗，重农桑，宽赋税，省徭役，禁游惰，肃军政，䆉匮乏，恤鳏寡，布屯田，通漕运，倚债负，广储蓄，复常平，立平准，却利便，杜告讦。

刘秉忠和姚枢之言，多是针对蒙古国时期的弊政，又概括地总结了汉地王朝的丰富统治经验，所以给忽必烈的影响和震动似乎更直接、更深刻。忽必烈自然高兴地接受。而且，相当多的内容又成为忽必烈创建元朝以后主要政策的滥觞。

李冶，字仁卿，真定栾城人，金末进士。忽必烈闻知其贤，派遣使者召至藩邸，还特意让使者转达"素闻仁卿学优才赡，潜德不耀，久欲一见，其勿他辞"之盛情。

忽必烈问："天下当如何而治？"李冶回答："为治之道，不过立法度，正纲纪而已。"忽必烈问："魏徵、曹彬何如？"李冶答道："徵忠言谠论，知无不言，以唐诤臣观之，徵为第一。彬伐江南，未尝妄杀一人，汉之韩、彭、卫、霍，在所不论。"

忽必烈问："今之臣有如魏徵者乎？"李冶回答："今以侧媚成风，欲求魏徵之贤，实难其人。"又问："今之人才贤否？"李冶回答："天下未尝乏材，求则得之，舍则失之，理势然耳。今儒生有如魏璠、王鹗、李献卿、蘭光庭、赵复、郝经、王博文辈，皆有用之材，又皆贤王所尝聘问者，举而用之，何所不可，但恐用之不尽耳。"

忽必烈问："回鹘人可用否？"李冶答道："汉人中有君子小人，回鹘人亦有君子小人，在国家择而用之耳。"

李冶所言，主要强调侧重于识才用人。他在一定程度上满足了忽必烈求才若渴的心愿，忽必烈当然愿意接受。

这些献纳问答，都是极好的汉地先进文化启蒙，都是治国平天下的经验之谈，不仅为忽必烈增加了许多可贵的知识和信息，而且为他了解中原汉地和日后以汉法治汉地，提供了很好的思想准备。

在这些汉族儒士的影响下，忽必烈有了一定的尊孔礼儒的倾向。

乃马真后三年（1244），前金朝状元王鹗应忽必烈之召，携孔子画像赴漠北，在忽必烈的支持下举行释奠礼，忽必烈还与左右饮食其胙物，由此受到尊孔仪礼的初步演习。

元宪宗二年（1252），应召北觐的北方文学巨擘元好问及张德辉，尊忽必烈为儒教大宗师，忽必烈竟欣然接受。

应该承认，此时的忽必烈不一定完全懂得上述释奠和尊号的真实含义。

藩邸精英荟萃

元宪宗元年（1251）六月，蒙哥登上蒙古国汗位。继而，幸运之神又随之降临，忽必烈奉汗兄之命担起了总领漠南的重任。

总领漠南期间，忽必烈在延请四方文学之士的基础上，形成了一个号称"金莲川幕府"的谋臣侍从集团。这个谋臣侍从集团，对忽必烈总领漠南乃至以后缔造元帝国的人生历程，都产生了重大的影响。

"金莲川幕府"，其名源于忽必烈奉命总领漠南军国庶事后的驻牧开府地点。该驻牧地在原金桓州附近的金莲川。

此地原名曷里浒东川，因夏季盛开美丽的金莲花，金世宗时故易名为金莲川。这批藩邸谋臣侍从随之被称为"金莲川幕府"。

幕府侍臣有刘秉忠、赵璧、王鹗、张德辉、张文谦、窦默、姚枢、许国桢、郝经、许衡、廉希宪、商挺、刘肃、宋子贞、王恂、李昶、徐世隆、李德辉、张易、马亨、赵良弼、赵炳、张惠、李冶、杨奂等人。

这些人都是中州精英和硕德耆儒。他们多为是较长时间留在漠北或漠南金莲川藩邸，一小部分汉地名士或因年迈者旋召旋归，并不久留。

他们地域种族各异，技能职业有别，学术派别林立，志趣主张也不尽相同。

大体可分为邢州术数家群、理学家群、金源文学群、经邦理财群、宗教僧侣群及王府宿卫群等若干群体。他们分别从自己的学术志趣出发，阐扬各自的政见方略，希望为忽必烈所采用，竭力在总领漠南的施政中留下一些属于己方主张的印迹。

夏山高隐图

邢州术数家群。这一群体的领袖是刘秉忠，成员有王恂、张文谦、张易、马亨等人。

刘秉忠是邢州邢台人，1242年随禅宗海云法师北上觐见忽必烈，留侍于漠北。

刘秉忠学贯儒、佛、道三教，特别是"通晓音律，精算数，善推步，仰观占候，六壬遁甲，《易经》象数，《皇极邵氏》之书，靡不周知"。

刘秉忠不仅"学术通神明，机算若龟策"，还娴熟治国之术。如前

述，到漠北之初，刘秉忠曾上书数千百言，"皆尊王庇民之事"。但忽必烈最赏识的是"其阴阳术数之精，占事知来，若合符契"，而且有所谓"唯朕知之，他人不得与闻"的神秘约定。

据说，刘秉忠与忽必烈"情好日密，话必夜阑，如鱼得水，如虎在山"，这又是其他藩府旧臣无法比拟的。

王恂是中山安喜（今河北定县）人，曾从刘秉忠学于邢州紫金山。"蚤以算术妙天下"，在藩府担任太子伴读。

青花凤头扁壶

张文谦是邢州沙河（今河北沙河县）人，与刘秉忠自幼同窗，"年相若，志相得"，早年受刘秉忠的影响，"洞究术数"。

后来，又与许衡等交结，潜心义理之学。他被忽必烈"擢置侍从之列"，司教令笺奏，日渐信任。

邢州术数家群的成员，多数是刘秉忠的同乡、同窗或门人，并且是由刘秉忠荐举进入藩邸幕府圈的。学术上也以阴阳术数为主。因为刘秉忠的缘故，邢州术数家群在藩邸幕府中称得上是最早投靠忽必烈，最受忽必烈信任的。

理学家群。这一群体主要由窦默、姚枢、许衡三位北方著名理学家组成。

窦默是广平肥乡（今河北肥乡县）人，初业医，又学伊洛性理之书，一度隐于大名，与姚枢、许衡朝暮讲习。

1249年，窦默应召于漠北，首以"三纲五常"为言。忽必烈对此说有所领会，亦称"人道之端，无大于此。失此，则不名为人，且无以立于世矣"。窦默又说："帝王之道，在诚意正心，心既正，则朝廷远近莫敢不一于正"。

忽必烈对此颇感兴趣，一日三次召见与之交谈，奏对皆称旨，自此对窦默敬待加礼，不令暂去左右。窦默是理学家群中最早进入忽必烈藩邸的。曾奉命教授太子真金，姚枢、许衡皆由他举荐。

姚枢是营州柳城（今辽宁朝阳）人，曾从赵复处得程颢、朱熹二子性理之书，潜心研读，遂成北方理学领袖之一。

1250年北谒忽必烈，上治国平天下及救时弊之八目三十条，"本末兼该，细大不遗"。姚枢所言讲究现实，也比较注重这位蒙古宗王的认同接受程度。忽必烈奇其才识，"动必见询"，视姚为藩邸的主要谋臣。

忽必烈虽然对空言性理的理学不甚感兴趣，但窦默、姚枢二人"诚结主知"，一直受到格外的眷顾和信赖。

至于许衡，因其被举荐的时间较晚，起初仅奉王府令旨教授京兆，又兼性情古怪，所言迂阔空泛，藩邸时期的忽必烈并不喜欢他。尽管许衡在理学家群中学术造诣是最高的。

金源文学群。这一群体大多数是前金朝辞赋进士出身，率以诗赋文章相标榜。王鹗是这一群体的领袖，成员主要有徐世隆、李冶、刘肃、宋子贞、李昶人等。

王鹗是开州东明（今山东东明县）人，金正大状元。

1244年，王鹗召赴漠北藩邸，忽必烈对他格外优待，每每赐座，呼状元而不名。他曾给忽必烈进讲修身齐家治国平天下之道，常常到深夜。忽必烈颇为所论感动，说："我今虽未能即行，安知它日不能行之耶!"王鹗"以文章魁海内"，"一时学者翕然咸师尊之"。

王鹗向忽必烈所举荐的多是金朝的辞赋文士。忽必烈还命令近侍阔阔、廉希宪、柴祯等五人以王鹗为师，学习汉文化。

徐世隆是陈州西华（今河南西华县）人，金正大进士。他"古文纯正明白"，"诗歌则坦夷浏亮"，"四六则骈俪亲切"。

1252年，徐世隆北上，见忽必烈于日月山帐殿，以孟子"不嗜杀人者能一之"说，劝诫忽必烈征云南之行。

李冶是真定栾城（今河北栾城县）人，金正大末进士。他"聚书环堵"，以做文章为乐，"经为通儒，文为名家"。1257年，随使者北谒，也是忽必烈问以治道的汉文士之一。

其他属于此群体的刘肃、宋子贞、李昶等人，也都是喜好文学诗赋的进士出身者。

以上王鹗、徐世隆、李冶三人进讲治道时，言必称孔孟纲常，就很能说明问题。

不过，他们在崇尚标榜诗赋文章之余，兼学兼通的多是传统的孔孟儒术，而非程朱的性理之学。

经邦理财群。这个群体的人员，率以治国经邦为直接任务，或喜好谋划经略，或善于理财会计。郝经、赵璧是其代表人物。

郝经是泽州陵川（今山西陵川县）人，金朝亡后，侨居保定，充世侯张柔家塾教授。郝经虽然"上溯洙泗，下迨伊洛诸书，经史子集，靡不洞究"，但又强调"不学无用学，不读非圣书"，"不为利益拘"，"不作章句儒"，立志"务为有用之学"，"以复兴斯文，道济天下为己任"。

应召赴藩邸后，郝经充任重要谋臣，上下数千年，旁征博引，援据古义，为忽必烈呈献诸多救弊更化的良策。忽必烈喜其所言，凝听忘倦，还在日后的施政中多有采用。

赵璧是云中怀仁（今山西怀仁县）人。1242年，即被忽必烈召至漠北驻地，是忽必烈最亲近的汉人侍从之一。

忽必烈让王妃亲自为他缝制衣裳，派他驰驿出使四方，招聘名士王鹗、姚枢等人。还奉命学习蒙古语，在马背上替忽必烈译讲《大学衍义》。

赵璧被忽必烈称为秀才，颇善于草拟表章檄文，且教授蒙古生徒儒书。

然而，他"刻意吏学，以经济为己任"，后来又"经画馈运"，"手校簿书"，忽必烈任命其为中书平章的制书中也有"素闲朝政，久辅圣躬，柱石庙堂，经纶邦国"之语，故更像是一位经邦理政的精敏儒吏。

　　此外，"能理财赋""调军食"的李德辉，"博学有经济器"的张德辉，"文武才兼备，有经济略"的商挺，被忽必烈命为抚州长，"城邑规制，为之一新"的赵炳，担任邢州安抚司和陕西宣抚司幕官的赵良弼，"尽通诸国语"，后任制国用司副使的张惠，出身察必皇后斡耳朵媵人，又与李德辉"偕侍潜邸"的阿合马等人，也大致属于这一群体。

　　宗教僧侣群。代表人物是吐蕃萨加派僧师八思巴、禅宗僧人海云、太一道教大师萧公弼等人。

　　这个群体人数不多，但对忽必烈的个人宗教信仰，对日后元王朝的宗教政策及治理吐蕃影响颇大。

　　王府宿卫群。顾名思义，这一群体是由忽必烈王府怯薛宿卫士组成。如廉希宪、董文用、董文忠、贺仁杰、阿里海牙、许国祯、谢仲温、姚天

北海琼华岛、万寿山

福、高天锡、谒只里、昔班、阔阔等人。

这些人来自蒙古、色目、汉人等不同种族，平时负责王府的生活服侍和护卫。

除廉希宪以外，王府宿卫士大多没有什么突出的政见主张，也不常参与藩邸的治道问答。但他们始终是忽必烈最信赖的藩邸人员。

以上六个群体，只是就其基本特征的粗略划分。实际上，六群体部分人员在志趣流派方面常呈现一定程度的交叉或复合。总之，六种类型或群体的划分，使我们对"金莲川幕府"内部构成及其与忽必烈的关系，一目了然。尽管这种划分只是相对或粗略的。

忽必烈对"金莲川幕府"及其他应召人员的态度是比较理智的。这些侍从和应召人员五花八门、形形色色，所持主张及所怀目也各不相同：有的希望获取赏赐，有的希望免除本派别门人的劳役赋税，有的希望改善民众的生活并恢复中国的统一与秩序，有的则主张以华化夷，促使蒙古人逐渐汉化。

青白釉荔枝纹高足杯

此时的忽必烈，对这些人大抵是礼贤下士，虚己而问，兼容并蓄，不明显地抑此褒彼，以多听多问为主，择其有用有益而从。即使是对个别不友好、不合作者，也不发怒，不失礼。

"金莲川幕府"的形成，是忽必烈主动吸收汉法制度，并与中原士大夫实行政治联合的良好开端。它加强了忽必烈为代表的蒙古贵族与汉族士大夫间彼此沟通、认同，对忽必

40

烈履行其总领漠南的使命产生了深刻而积极的影响。

由于这些士大夫中的相当部分来自汉世侯幕僚属吏，"金莲川幕府"的形成，又在一定程度上密切了忽必烈和汉地世侯的联系。

从长远看，它又为元帝国的建立提供了必要的政策方略、社会支持和官员准备。

中统至元年间，这些幕府侍从"布列台阁，分任岳牧"，成为忽必烈政权的主要班底。他们有关汉地统治方式的论列，也为忽必烈君临整个华夏描绘了一幅行之有效的政治蓝图。

简而言之，此蓝图包括两方面内容：一是以汉法治汉地；二是原有蒙古制度参考汉地等先进方式予以变通，以适应君临南北的形势需要。之后，忽必烈总领漠南和建立元朝的整个政治生涯，差不多都是基于这幅蓝图而实践和发展的。

声名远播漠南

蒙哥即汗位伊始，忽必烈便以皇太弟身份日侍圣驾，开始涉猎汗廷决策圈。他论奏时务之急，替汗兄出谋划策。

对皇弟忽必烈的上奏，蒙哥汗大率言听计从，赐允施行。而这些奏言多是藩邸谋臣刘秉忠和张文谦一手策划和拟定的。

不久，蒙哥汗降诏"凡军民在赤老温山南者"，听皇弟忽必烈统辖领治；这是忽必烈总领漠南最初的管辖范围和权限内容。

蒙哥汗如此安排，是为了让同母弟忽必烈替他执掌漠南军政大权，以对付窝阔台系、察合台系诸王等敌对势力。

忽必烈及其王府官属更是为之欢欣鼓舞，大摆宴席。唯有王府文臣姚枢沉默寡言，心事重重。

忽必烈觉得事出必定有因，宴会结束，急忙询问："顷者诸人皆贺，汝独默然，岂有意耶？"姚枢回答："今天下土地之广，人民之殷，财赋

之阜，有加汉地者乎？军民吾尽有之，天子何为？异时庭臣间之，必悔见夺。不若唯手兵权，供亿之须，取之有司，则势顺理安。"

忽必烈顿时大悟，深知虑所未及，马上派人以姚枢的意见上奏，并获得蒙哥汗的批准。于是，忽必烈的权限和使命，就由军民兼领缩小为唯掌军事了。

自请唯掌军事，使蒙哥汗与忽必烈的权力冲突未能过早发生。给忽必烈在总领漠南期间干一番事业带来了宝贵的机会。

它还说明：总领漠南的忽必烈已经相当成熟干练，他身旁的谋臣侍从也绝非等闲之辈。

在选择驻屯地点上，忽必烈也善于听取部下的正确意见，不拘泥于草原游牧传统，从而做出理智的决策。

受命总领漠南之初，忽必烈对木华黎孙霸突鲁说："今天下稍定，我欲劝主上驻跸回鹘，以休兵息民。何如？"

霸突鲁回答："幽燕之地，龙蟠虎踞，形势雄伟，南控江淮，北连朔漠。且天子必居中以受四方朝觐。大王果欲经营天下，驻跸之所，非燕不可。"

忽必烈听了，深有感慨地说："非卿言，我几失之。"

忽必烈把回鹘（畏兀儿）当作首选驻屯地，因为该地是突厥后裔居栖处，在风俗和生活方式上与蒙古人很相似。

而"幽燕之地"，辽、金两朝一直是国都和政治中心，木华黎国王受命经营汉地和燕京行断事官设立后，该地很快成为蒙古国在汉地的大本营。

当忽必烈听到霸突鲁陈述驻屯幽燕更有利于经营中原和江淮等广大区域时，便不再留恋或拘泥于回鹘（畏兀儿）地和蒙古草原游牧民的亲和性，毅然改变主意，最终选定幽燕一带为自己的驻屯地。

1256年，忽必烈命令刘秉忠占卜选择金桓州东、滦河北之龙岗，修筑开平城，作为在漠南的固定驻所。开平，北连朔漠，南控中原，地理上非常适合于忽必烈总领漠南的政治军事需要。

忽必烈唯掌军事以后，对漠南的民事刑法，也予以关注。

其时，蒙哥汗新任用的燕京等处断事官牙鲁瓦赤和不只儿负责管辖漠南汉地的财赋司法。两人就任当日便诛杀二十八人。其中一名偷盗马匹的人犯，本来已施杖刑而释放。恰巧有人献上环刀，不只儿下令追回已释放者，亲手试刀而斩之。

忽必烈闻之，严词指责道："凡死罪必详谳而后行刑。今一日杀二十八人，必多非辜。既杖复斩，此何刑也？"不只儿听完，惊愕而无言以对。

还有一次，王府侍臣赵璧居然敢在蒙哥汗驾前申斥燕京断事官牙鲁瓦赤以旧印妄请复用，还提议"请先诛近侍之尤不善者"。事后，连忽必烈也说："秀才，汝浑身是胆耶！吾亦为汝握两手汗也。"

由此可见，那段时期总领漠南的忽必烈与燕京断事官之间的关系已经有些紧张了。

钧窑月白釉双耳三足炉

不久，按照蒙古国惯例，藩邸近侍孟速思也代表忽必烈位下担任了燕京行台断事官。

忽必烈征大理途经六盘山之时，许多地方官闻讯陆续前来晋见，大多是就自己"官资之崇卑，符节之轻重"，请求忽必烈开恩庇护。

唯延安路兵马使袁湘面陈本路军户困乏之弊以及相应的革除办法，忽必烈采纳了袁湘的意见，并予极力赞扬。

对其他官吏言私不言公的做法，一概责备训诫。

巩昌总帅汪德臣也来禀告新城益昌赋税徭役免除事宜，得到忽必烈的

批准。

这样一来，总领漠南的忽必烈在陕甘一带也留下了体恤百姓疾苦和秉公不徇私的好名声。

挥师征服大理

元宪宗二年（1252），大汗蒙哥命令忽必烈率兵远征大理。这是忽必烈总领漠南后承担的第一次重大军事征伐。

按照总领漠南军国重事的使命，忽必烈负责经略征伐的目标是整个南部中国。但是，十余年来蒙古军对南宋的进攻，因在江淮和四川遭到顽强地抵抗而举步维艰。

阔端大王对吐蕃的用兵却频频告捷，乌思藏已开始划入蒙古军队的控制范围。

远征大理，从西南包抄夹攻南宋控制区长江中游，于是成为经略南部中国战略计划的一部分，而且是与征服吐蕃相辅相成的部分。另一方面，雄踞西南三百余年的段氏大理国，此时由于国君段兴智孱弱，大臣高氏专权，国势业已衰落。这也是蒙古军发动远征的天赐良机。

忽必烈是夏六月时授钺专征的。

北海团城渎出大玉海

当晚，忽必烈宴请部属侍从，姚枢趁机给他讲起宋太祖遣曹彬取南唐未尝杀一人的故事。

翌日清晨上路，忽必烈兴奋地在马鞍上向着姚枢大声道："汝昨夕言曹彬不杀者，吾能为之，吾能为之！"

七月，远征大军从漠北祜牙祭旗出发。遵照蒙哥汗的旨意，全军军事由速不台子、大将兀良合台节制管领，皇弟忽必烈负责居上统辖。

征云南大军有十万之众，大致由兀良合台的蒙古千户军、诸王抄合、也只烈所部军、汉军及王府侍从组成。

随同忽必烈远征的侍从主要有刘秉忠、姚枢、张文谦、廉希宪、贺仁杰、董文用、董文忠、许国祯、赵秉温、郑鼎、解诚、贾丑妮子、孛儿速等。董文用、董文忠兄弟负责督办粮草，赞襄军务。

其兄长董文炳则自率义士四十六人，尾随其后，受到忽必烈的慰劳和褒奖。

忽必烈不让姚枢等侍臣离其左右，临行前还特意把原先姚枢教授皇子真金的任务，转交给留在北方的窦默。

冬十二月，大军浩浩荡荡渡黄河。

翌年春，经原西夏盐、夏二州。

夏四月，出萧关，驻军六盘山。

京兆雩郡县人贺贲修建房屋时从毁坏墙垣中获得白金七千五百两，于是以"殿下新封秦，金出秦地，此天以授殿下"为由，持其中五千两呈献忽必烈以助军。

某军帅怨贺贲不先禀白金而直接献银，将贺贲逮系下狱。忽必烈得知，非常恼怒，下令捕捉该军帅欲杀之，后念其勋旧家世而饶其不死。由此可见，忽必烈对远征大军将帅的生杀予夺权力，却是显而易见的。而主动呈献白金的贺贲，后受到忽必烈擢用，其子贺仁杰也应召进入了忽必烈宿卫。

二十年后的一天，忽必烈把贺仁杰召至御榻前，拿出五千两白银，对他说："此汝父六盘山所献者，闻汝母来，可持以归养。"

贺仁杰推辞不收，忽必烈不允许。足见忽必烈念念不忘臣下旧日的贡献，且能予以适当报偿，体现了较高的信誉和十足的人情味。

元宪宗三年（1253）八月，忽必烈率大军至临兆。九月，抵忒剌。

随后，兵分三路，兀良合台率西路军，诸王抄合、也只烈率东路军，忽必烈亲自率领中路军。

四川中南部的大部分地区仍然被南宋控制，三路蒙古军队只能取道吐蕃东部等人迹罕至的地区，艰难跋涉，部队推进缓慢。

经雪山时，山路盘旋曲折，包括忽必烈在内，都必须"舍骑徒步"。因忽必烈患有足疾，不得不由随从郑鼎等人背负而行。遇敌军据险扼守，郑鼎等人又奋不顾身，力战而败之，受到忽必烈赐马三匹的奖赏。

十月，蒙军过大渡河，又在山谷中行进二千余里，忽必烈率领的劲骑走在队伍的最前面。

进入大理境后，行至金沙江畔，忽必烈无限感慨地立马江边巨石之上，俯视波涛汹涌的江水。许久之后经随从提醒，才乘马回归军队。

蒙古军队乘革囊和木筏渡金沙江，逐次攻下了负固自守的许多砦栅。

十二月，忽必烈所率中路军先行包围大理城。兀良合台的西路军亦在攻取龙首关后，抵达大理城下。

大理城倚点苍山，傍洱海，依仗得天独厚的天然条件，相当坚固极难攻克。起初，忽必烈曾派玉律术、王君候、王鉴三人为使者，谕说大理归降，却有去无还，杳无音信。

大理国王段兴智和权臣高祥背城出战，被蒙古军打败。忽必烈下令攻城，还亲自登上点苍山临视城中战况。

是夜，大理守军溃败，段兴智和高祥率众逃遁。忽必烈命令大将也古领兵追击将高祥擒杀于姚州。

蒙古军入城后，忽必烈言："城破而我使不出，计必死矣。"于是命令姚枢等搜访大理国图籍，搜访之际发现了三使者的尸体。

掩埋三使者尸体时，忽必烈又命令姚枢撰文致祭，以表哀思。另赐民户数十，抚恤死者家属。

见到使者被杀，忽必烈大怒，一度想屠城泄怒。侍从张文谦、刘秉忠、姚枢劝谏说："杀使拒命者，其国主尔，非民之罪。"忽必烈接受他们的意见，特免杀掠。

还让姚枢尽裂所携之帛为帜，书写止杀之令，分插公布于街衢。

这样，蒙古军士一概不敢进城抢掠，大理城民众的身家性命及官民财产才赖以保全。

1244年春，忽必烈班师北返，留兀良合台统兵戍守，又以刘时中为宣抚使，继续经略抚治云南。

随后不久，被俘归降的大理国王段兴智面觐蒙哥汗。在他的协助下，蒙古军队较快地征服了云南全境。

忽必烈远征大理的成功，使蒙古国疆域向西南扩展了一大块，称得上蒙古征服南部中国的一个不小胜利。

它完成了对南宋的战略性迂回包抄，也打开了向南亚、东南亚扩展的通道。

远征大理的成功，使云南"衣被皇朝，同于方夏"，纳入蒙元王朝的直接统治，加强了云南"新民"与蒙、汉等民族的联系，促进了多民族统一国家的发展壮大。

远征大理的成功，使忽必烈成为蒙古东方征服的赢家。它不仅让忽必烈在艰苦的征战中经受了血与火的洗礼，也向黄金家族乃至整个大蒙古国显示了他的军事征服才能。

这对忽必烈在后来的汗位争夺中能赢得相当多蒙古诸王贵族的拥戴，是颇有意义的。

二十余年后，忽必烈本人对征

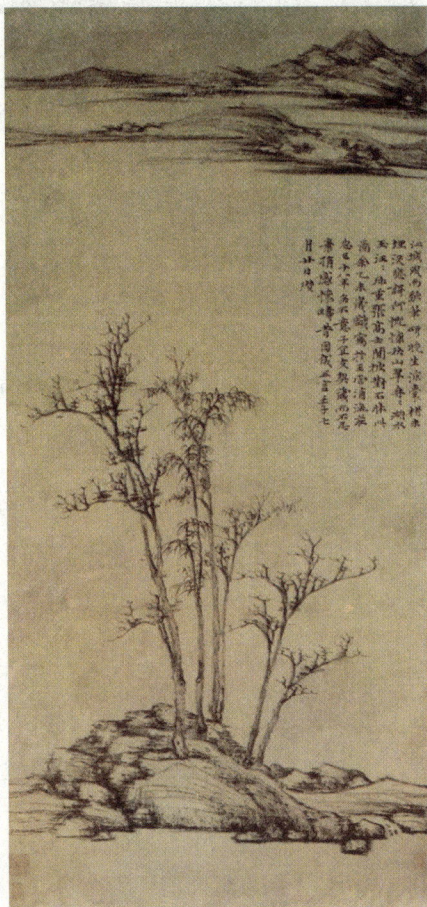

渔庄秋霁图

元青花僧帽壶

大理之行，一直记忆犹新，非常重视。忽必烈感慨万千说："昔从太祖饮水黑河（班朱尼河）者，至今泽及其子若孙。其从征大理者，亦朕之黑河也，安可不录其劳？"忽必烈对当年随从征大理的旧臣，一概厚加赏赐。

1304年，元廷还命令在忽必烈曾经登临俯视大理城中激战的点苍山崖上镌刻"平云南碑"，以纪念半个世纪以前元世祖远征大理的功业。

汉人治汉策略

1251年，蒙哥汗将漠南汉地军国庶事委托给忽必烈掌管，忽必烈在姚枢的提醒下辞去管民权，只掌兵权。

但答剌罕昔里吉后裔请求忽必烈帮助他管理封地邢州（今河北邢州），忽必烈不好推辞，接管了邢州地区民政事务。

第二年，蒙哥汗又把河南地区交给他试治。1253年，蒙哥大封同姓，让忽必烈在南京、关中两地之中择取其一作为封地，忽必烈根据谋士姚枢的意见，挑选了"厥田上上，古名天府陆海"的关中地区。

蒙哥汗以关中地区人户较少，又将怀孟地区加赐给他。于是，忽必烈取得了这三个地区的治民权。

当时，"汉地不治"的现象十分严重。蒙古民族是一个以游牧经济为主的民族，经济文化发展较晚，比中原汉地落后。

他们初入中原之时，只知游牧经济重要，不懂得对农业经济进行利用和保护。因此，兵锋所至，见人就杀，见物就抢，动不动就"屠城"，要把汉族人民抢尽杀光，军队所到之处，吏卒"以杀为嬉"，"不问老幼妍丑贫富逆顺皆诛之"。

他们这样做并不奇怪，他们把中原地区弄得一片荒凉，是为了便于放牧。

至窝阔台继位时，大臣别迭仍然向窝阔台建议说："尽管我们征服了汉人，却毫无所获，汉人对国家没有用处，不如把他们去掉，让土地上长起繁茂的青草，好让我们放牧。"主张继续实行杀掠和变农田为牧场的政策。

这种做法破坏了社会经济的发展，汉化了的契丹人耶律楚材坚决反对，他对窝阔台说："陛下要大举南伐金朝，必须要有军费供应。如果把汉人保留下来，让他们进行农业和手工业生产，政府向他们征收地税、商税、盐税、酒税和铁冶税等，每年可收入银五十万两、帛八万匹、粮食四十余万石，足以供给军事需要，怎能说汉人对国家没用呢？"

窝阔台听了耶律楚材的话，将信将疑地说："那就请你替我试着去办吧。"于是，委任他管理中原汉地并征收中原地区的赋税。

耶律楚材受命之后设立了燕京等十路征收课税使，依中原地区生产方式经营管理，大见成效。

后来，窝阔台到云中（今山西大同），耶律楚材把各路征收到的银子和记录各地仓库收藏粮食的帐簿摆到窝阔台面前。窝阔台见到这么多白花花的银子，高兴地对耶律楚材说："你每天都在我的身边，怎么弄来这么多银子和谷物呢？"

没等耶律楚材回答，又问道："南国是不是还有你这样的人才？"耶律楚材回答说："有许多比我还强的人才。"窝阔台很赞赏耶律楚材的谦逊，当天就把中书省的大印交给了他，让其负责中原汉地之事。

耶律楚材管理中原汉地，颁行税法，初见成效。然而，要蒙古贵族

"下从臣虏之谋，改就亡国之俗"，岂是易事！他们对蒙古旧俗旧制因袭已久，对汉法这也看不惯，那也不顺眼，百般抵制，所以耶律楚材"欲行其所学，戛戛乎其难哉"，其建策"见于设施者，十不能二三"，他的改革计划很难推行。

元太宗六年（1234），窝阔台灭金以后，以失吉忽秃忽为中州断事官，在燕京设立官署，总领中原汉地行政、法律和赋税等。从此，耶律楚材失去了主管汉地都邑财赋的实权。

1239年，回回大商人奥都剌合蛮扑买中原汉地课税，以银四十四锭为额，加倍搜刮。窝阔台以其搜刮有道，命他担任提领诸路课税所之官，控制了汉地财赋大权，耶律楚材所定税制全被破坏。奥都剌合蛮总领财赋，实际上是大肆搜刮，随意"增办"课税，不仅将扑买所增税额完全转嫁到人民头上，而且额外多取，从中牟利。

元太宗十三年（1241），窝阔台又任花剌子模商人牙老瓦赤为中州断事官，赋予更大权力。

脱列哥那称制时期，牙老瓦赤被排斥去职。奥都剌合蛮以贡献金帛博得脱列哥那的欢心，取代了牙老瓦赤中州断事官的位置。

脱列哥那甚至授予御宝空纸，使之任意填写，随意敲诈汉地人民。

贵由即位后，杀奥都剌合蛮，仍然任用牙老瓦赤主管中原汉地政刑财赋。贵由死后，政局更加混乱不堪，诸王后妃贵族等乘机大肆搜刮，他们"遣使于燕京迤南诸郡，征求货财、弓矢、鞍辔之物，或于西域回鹘索取珠玑，或于海东楼取鹰鹘，马日骑络绎，昼夜不绝，民力益困"。中原汉地很大程度上遭受到极大破坏。

忽必烈在这种形势下，受蒙哥汗之任管理漠南汉地军国庶事的。

在金莲川幕府谋士的帮助下忽必烈决心采用"汉法"治理汉地，在比较短的时间内效果显著改变了邢州、河南和关中三个地区的面貌。

邢州是答剌罕昔里吉后裔的封地，地当驿路要冲，其地官府征敛无度，使臣往来也随意勒索，人民不堪欺辱和饥饿，相继逃往外地谋生，由原来的一万户很快下降到五七百户。

答罕刺面对这种形势，一筹莫展。

1251年，听说忽必烈来漠南汉地主持军国庶事，赶忙派遣使者央求忽必烈选任良吏进行抚治。

忽必烈立即奏准设立邢州安抚司，以脱兀脱和张耕为邢州安抚使、刘肃为邢州商榷使，前往治理。

张耕和刘肃主张用"汉法"治理邢州，脱兀脱则勾结被罢黜的旧臣，阻挠新政，安抚司长官赵良弼将此事驰告忽必烈，忽必烈当机立断，罢免了脱兀脱。

于是，张耕、刘肃、赵良弼等人同心协力，兴办铁冶以足公用，造行纸币以加强商品流通。

又整顿驿站，修造官舍，申严法禁，使文书钱谷奉行严谨，无所奸欺。

不久，流亡者复归。户口因此增加十倍，"邢乃大治"。邢州行用汉法取得明显效果，坚定了忽必烈任用儒生、行用汉法的信心和决心。

河南地区是金末迁都汴京（今河南开封）以后蒙金争夺的主要地区，破坏尤为严重。蒙古灭金以后，旧的制度被打乱，新的制度没有建立起来，人们无章可循，所谓"河南民无依恃，差役急迫，流离者多，军无纪律，暴掠平民，莫敢谁何"。

云横秀岭图

51

当时，燕京行省断事官牙老瓦赤和不只儿总领中原财赋，不但不加管理，相反，横征暴敛，比起刘福来有过之而无不及。但这些官员得到蒙哥信任，控制河南地区的行政和财赋大权，忽必烈也无法进行干预和纠正。

于是，忽必烈特意朝觐蒙哥，请求试治河南地区，并且不许牙老瓦赤等人干预河南事务。蒙哥稍稍迟疑之后答应了。忽必烈取得河南地区治理权以后，立即在汴京设置河南经略司，以忙哥、史天泽、杨惟中、赵璧为使，陈纪、杨果为参议，代表他治理河南。

史天泽是燕京永清人，世为当地豪族，后投降蒙古，以真定为基地，建立起一支强大的地方武装。史天泽既有文韬又有武略，在当时很有影响。

杨惟中为弘州人，少侍太宗窝阔台，后随蒙古军攻宋，得名士数十人及大量图书，于燕京建立太极书院，与儒士赵复、王粹等讲授程朱理学，汉文化水平很高。

1256年，蒙哥又将怀孟之地补赐给忽必烈，忽必烈令商挺兼治怀孟，打击豪强，发展生产。

1260年，忽必烈又派幕僚覃澄为怀孟路总管。覃澄在当地开渠，引沁水溉田，讲求农桑种植之利，促进了当地农业的恢复和发展。

关于邢州、河南、关中三地的治理，姚枢有一段总结性论述，他说：

"陛下（忽必烈）天资仁圣，自昔在潜，听圣典，访老成，日讲治道。如刑州、河南、陕西皆不治之甚者，为置安抚、

八思巴像

经略、宣抚三使司。其法，选人以居职，颁俸以养廉，去污滥以清政，劝农桑以富民。不及三年，号称大治。诸路之民望陛下之拯己，如赤子之求母。"

忽必烈使用汉法治理汉地取得了一定成效，他不但取得了统治汉地人民的经验，也树立了自己的威望，其"爱民之誉，好贤之名"迅速在汉地传播开来，汉族儒士纷纷奔放忽必烈。忽必烈得到了北方汉族地主阶级的拥护和支持。

终有定居之所

忽必烈受命主持汉地军国事务，由漠北南下爪忽都之地，仍然保持蒙古入帐居野处、冬夏迁徙的游牧习惯，居无定所。

一般情况下，不出征时夏季驻帐于金莲川，有时也驻帐于大盘山；冬季则临时寻找避寒的地方居住，或在桓州（今内蒙古正蓝旗北），或在离燕京不远的奉圣州之北，有时也在抚州（今河北张北）。

蒙金交战以来，桓州、抚州、昌州等地都被破坏，居民逃亡，只有昌州还居住着百余户人家。在这种情况下，人们无法定居生活。

而金莲川幕府的大多数人则习惯于城居，难以适应"居穹庐，无城壁栋宇，迁就水草无常"的草原游牧生活，因此，他们积极建议修城定居。

忽必烈频繁与汉族士大夫接触，受汉文化影响较深，也觉得应该有一个比较固定的住所，于是马上答应了汉人幕僚的请求，于1254年"复立抚州"，以惠州滦阳人赵炳为抚州长官，对抚州进行修复整理，充做幕府人员的暂时住所。接着，便着手在驻帐处营建城舍，做长期经营的打算。

1256年，忽必烈令精通术数卜筮的刘秉忠选择合适的地点修建新城。刘秉忠探察了桓州等草原地区。见桓州之东、滦水北岸的龙冈北依南屏山，南临金莲川，东西都是广阔的草原，地势平坦，适合建城。就对忽必烈说，经过占卜，龙冈地区最吉，最适合建城。

忽必烈听了刘秉忠的话，亲自来到龙冈察看，见其地平坦，位于蒙古草原南缘，北连朔漠，地处要冲。既便于与和林的大汗相联系，又有利于对华北和中原汉人地区就近控制，特别符合这个蒙古藩王总领汉地的统治需要，也符合他赴和林"会朝展亲，奉贡述职"的需要，因此，忽必烈非常高兴，立即命刘秉忠选择人才负责新城修建。

刘秉忠推荐真定藁城人董文炳、真定获鹿人贾居贞和丰州丰县人谢仲温监筑新城，忽必烈当即批准，令三人立即走马上任，特令谢仲温"为工部提领"，授权说："汝但执梃，虽百千人，宁不惧汝耶！"

三人受任之后，精心工作，前后用了三年时间，按照汉人的建筑样式、技术和风格，设计和建造了这座草原城市，后来定名为开平，并重新进行扩建。

开平城的兴建，在当时是一个重大事件，震动了朝野，民间留下了许多关于忽必烈向龙借地建城的传说。

传说忽必烈向龙借地建城，当然不足凭信，但我们剔除其迷信色彩，仍可以看出当时建城时，可能做了排干积水等大量工作。民夫和工匠们一定克服了重重困难，才把一座崭新的草原城市建立在滦河边上。

开平城"龙岗蟠其阴，滦江经其阳，四山拱卫，佳气葱郁"。当时，新城一定十分壮观。

开平城建成以后，忽必烈将幕府成员移到这里，他们在这里讲经传道，进一步向忽必烈灌输儒家思想，向他介绍历代统治经验，为他"大有为于天下"出谋划策。开平城逐步成了忽必烈统治汉地的中心，也是自己的谋士班子活动中心，制定政策的中心，汉化的中心。

大蒙古国最初的统治中心在和林，后来忽必烈建立元朝，将都城移至大都（今北京）。

开平城的修建，对于蒙古这个游牧民族从漠北草原游猎经济向中原地区农耕文明过渡，起到了极其重要的作用。

敛锋退居藩邸

志向宏伟、胸怀天下的忽必烈，在汉族谋士的帮助下意识到汉地雄厚富庶的政治经济力量，在整个蒙古占有举足轻重的地位。

因此，他及时改革蒙古旧俗，学习汉法，把自己的统治中心移到汉地，用汉法治理汉地，保证了自己的经济实力，也赢得了汉人的广泛支持，声望日隆。

随着忽必烈势力和声望的提高，尤其是忽必烈采用汉法，使那些习惯于随意勒索的蒙古、色目贵族难遂其愿，堵塞了他们的财路，因此，他们对忽必烈极度仇视。

1256年，有人在蒙哥汗面前告发忽必烈及其幕府人员。

有人对蒙哥汗说："忽必烈的'王府碍中土心'，他们抛弃了蒙古祖宗之法，采用汉法，深得中原汉地知识分子的拥护。汉地人们把忽必烈称为'贤王'，把他看成是'中国之主'，并愿意为他效力。"

这些人带有煽动性地挑拨说："他们把忽必烈看成是中国之主，那么，大汗您应该往哪儿摆呢？不是根本没把您放在眼里吗！"

蒙哥汗对于忽必烈势力的发展及其得到汉地人们的拥护早有耳闻，但没有想到自己的亲弟弟会威胁自己的汗位。今天听了这些人添枝加叶的谗言，心里

元世祖出猎图

为之一动，随着谗言的恶毒和深化，他的心灵有些震颤了，有点儿不敢往下想了。

就在蒙哥思绪不定的时候，又听有人说："忽必烈'王府诸臣多擅权为奸利事'，总是同大汗争夺财权，他们收买了您手下服务的侍臣塞咥敥，偷偷把大汗国库里的钱财供应忽必烈。他们在掌管陕西、河南、邢州等地期间，也把应该归属大汗的一些税收擅自送往忽必烈幕府。"

这些告发忽必烈及其幕府人员的人，一类是蒙哥的"宗亲"；一类是掌握天下财赋的"奸臣"。

他们嫉妒忽必烈的声望，也痛恨忽必烈堵住了他们乱收赋税的财路，喋喋不休地向蒙哥告状。

最初，蒙哥没太在意，后来听到这些人说忽必烈声望日高会夺去他的汗位时，心已被震动，又听说忽必烈及其幕府人员随便截留他的税赋，愤怒之情再也按捺不住，立即叫来亲信大臣阿兰答儿、刘太平、囊加台、脱因等人，让他们前往陕西、河南等处忽必烈治地理算（检查核算）钱谷。蒙哥特任阿兰答儿为行省丞相、刘太平为参加政事，授予生杀大权，要对忽必烈幕府人员严厉打击。

阿兰答儿等人到达河南、陕西以后，搜罗酷吏组成钩考局，大行钩考（检查考核）。受审查的主要是忽必烈所创设的陕西宣抚司、河南经略司等机构的大小官员。

阿兰答儿等人把这些官吏召集起来，宣布一百四十二条条例，然后对他们逐一进行审查。

彩绘陶骑马俑

同时，大开告讦之风，对忽必烈任用的官员，罗织罪名，必欲置之死地而后快。他们宣称，除了处罚史天泽、刘黑马需要上奏大汗以外，其他官员都可以不经请示大汗，立即处死。

阿兰答儿是这样说的，也是这样做的。他们"恣为威酷，盛署械人炽日中，顷刻即死"，随意罗织罪名，严刑拷打，当时，陕西宣抚司官吏死于酷刑者就达二十余人。

阿兰答儿等人秉承蒙哥旨意设钩考局的主要目的是夺回忽必烈控制的河南、陕西地区的民政和财赋大权，迫害幕府人员，打击忽必烈的势力。当时，幕府人员都看到了这一点，心知凶多吉少，人心惶惶。

忽必烈见蒙哥设置钩考局，以检查财赋为名，打击幕府人员，知道矛头指向自己。

但在当时的情况下，忽必烈身为藩王，权力有限，调动军马及粮饷的大权都在蒙哥汗手里，因此，断难和蒙哥进行直接较量。忽必烈清楚地知道这一点，非常忧惧，一时不知如何是好。

谋士姚枢见阿兰答儿拷打忽必烈派出去的幕府官员，并分别予以治罪，知道蒙哥对忽必烈不放心，害怕忽必烈夺去他的帝位，于是向忽必烈建议："大王长期居住漠南，远离蒙古本土，与蒙古本土的亲人见面时间少，难免疏远，有人离间，会引起大汗疑忌。大汗是君、是兄，大王是臣、是弟，我们不可能同他计较是非。况且，我们远离在外，时间长了必将受祸。为今之计，莫如将家口送往汗廷，做在那里久居的打算，实质是留为人质。然后，您再亲自去朝觐蒙哥汗，向大汗请安。这样，就可以稍稍密切您和大汗的关系，消释大汗对您的猜疑。"

忽必烈正愁无计可施，听了姚枢的话恍然大悟，立即依计带着妻子女儿亲自去朝觐蒙哥。

这时，蒙哥正准备亲自伐宋，已经渡漠而南，来到河西之地。忽必烈先派使臣请示蒙哥，表明朝觐之意。

蒙哥听到这一消息极为紧张，以为忽必烈居心叵测，此来必有阴谋，

所以没敢答应。忽必烈见兄长对自己猜忌很深，又一次派遣使臣前往致意。蒙哥汗还是放心不下，命他将家属辎重留下来，单身入觐。

于是，忽必烈派人先行把妻子女儿送到蒙哥处，然后，于当年十一月亲自去朝觐蒙哥。

兄弟二人相见，一时相当尴尬。蒙哥见忽必烈诚心诚意，并无异图，终于动了手足之情，相拥流泪。

忽必烈哽咽着想表明自己的心迹，蒙哥"竟不令有所白而止"。

兄弟见面之后，蒙哥的疑心略释，决定对忽必烈不予以追究，下令停止对河南和陕西地区的钩考，对忽必烈表示宽大。

忽必烈则表示让步，交出了河南、陕西、邢州等地的全部权力，调回自己派出的藩府人员，撤销了邢州安抚司、河南经略司、京兆宣抚司及其所属机构。

其时，又有一位"宗亲"建议说忽必烈刚刚完成平定大理的任务，又得了脚病，应该让忽必烈回家休息。蒙哥虽然和忽必烈见面，表示谅解，消除了一点疑心，但疑心的阴影仍然存在。

蒙哥听了这位"宗亲"的话，顺水推舟，对忽必烈表示关心爱护，让他居家休息。实际上，是为了收回他的兵权。

对于兄长的关心和爱护，忽必烈别无选择，只好以疗养足疾为由，回到家中闲居。

忽必烈身在藩邸，心思天下，与大汗的权威发生了抵触和矛盾，最后，忽必烈以其谦恭忍让保全了自己，避免了一场不测之祸。

从表面上看，忽必烈在这场斗争中处于下风。然而，忽必烈经营汉地多年，势力雄厚，所以他没有放弃控制中原汉地的远大志向，正像他对郝经所说的那样，"时未可也"，"可行之时，尔自知之"。忽必烈正是以退为进，等待时机，以求东山再起。不久，机会便来临了。

第三章　智勇无匹登帝位

饮马长江统东路

1251年，蒙哥即位之后，派遣三弟旭烈兀率兵开始第三次西征，并派遣二弟忽必烈主管漠南汉地军国庶事，同时率军征伐云南，蒙哥则留守蒙古本土和林。

旭烈兀率兵西征灭掉了盘踞波斯北部诸山寨的"木剌夷国"（伊斯兰教亦思马因派势力），攻克报达（今伊拉克巴格达），灭掉黑衣大食（阿拉伯帝国阿拔斯王朝），又分兵三路进入叙利亚，取得了辉煌战绩。

忽必烈治理汉地取得成功，率兵攻伐云南，凯旋而归，声望远播。

相比之下，留守蒙古本土的蒙哥汗没有什么功绩，声望越来越不如两个弟弟。

旭烈兀远离蒙古本土，虽然声望日增，但不会构成对自己的威胁。

黄道婆像（元）

可忽必烈便不同了，他居于漠南，邻近蒙古本土，文治武功，赢得众人赞誉。蒙哥知道忽必烈的势力继续发展下去，自己的权位不堪设想。

因此，他派出阿兰答儿等人以检查为名，打击削弱忽必烈的势力，同时，也在想方设法提高自己的威望，以求和忽必烈争个高低。

想当年，蒙哥也曾率军与拔都进行第二次西征，败钦察，破斡罗恩，攻克乌拉基米尔城，打败薛儿客速人和阿速人，确实风光了一阵子，也被蒙古人看成是一位英雄。

蒙哥也知道自己非等闲之辈，在忽必烈声望日高的形势下，为了提高自己的威望，压倒忽必烈，便想重操旧业，亲自率军去征伐南宋，以彰显自己的才能。

1256年，在一次诸王贵族会议上，蒙哥决定亲征南宋，他对诸王说："我们的父兄们，过去的君主们，每一个都建立了功业，攻占过某个地区，在人们中间提高了自己的名声。我也要亲自出征，去攻打南家思（指南宋）。"

于是，他命幼弟阿里不哥留守和林，以自己的儿子玉龙答失和大臣阿兰答儿等人为辅佐。

简仪模型

1257年，蒙哥离开和林，渡漠而南，经河西以达六盘山。蒙哥与诸将集议，决定兵分三路大举攻宋。他亲自率领四万大军，号称十万，为西路，主攻四川。

命左手诸王塔察儿（铁木哥斡赤

斤孙）与张柔等率东路大军进攻襄（今湖北襄樊）、鄂（今湖北武昌）等地，从东面配合。

又命进入云南、交趾（今越南）的大将兀良合台引兵北上，攻打潭州（今湖南长沙）等地，以形成南北夹击之势。

蒙哥计划三路大军会师长沙以后，再进围南宋首都临安（今浙江杭州），一举灭亡南宋。

蒙哥给众人分别安排了任务，唯独没有给忽必烈分配工作，原因是他脚患疾病，需要"照顾"。

忽必烈心里明白，这哪里是什么照顾，而是蒙哥害怕自己声望高涨，解除了自己的兵权。

忽必烈明白这一切，又无计可施，只好闲居家中，表面上看过着悠闲自得的生活，实际上他的心里也在翻江倒海地折腾着。

蒙哥此次南征，从表面上看，似乎很严密周到，好像是一个切实可行的全面灭亡南宋的计划。从战略角度看，在军员和物资的准备、将帅的选任、攻宋的借口及舆论的制造，在主攻方向的选择及三路大军的整体配合等方面，都存在一定的问题。

当时的有识之士都看到了这一点。虽向蒙哥进言，说明其中利弊，但蒙哥刚愎自用，仍然坚持大举伐宋。

蒙哥三路大军出发之后，郝经曾对忽必烈说："古之一天下者，以德不以力。彼（指南宋）今未有败亡之衅，我乃空国而出，诸侯窥伺于内，小民凋弊于外。经见其危，未见其利也。"

后来，蒙哥在蜀地征战时，郝经又向忽必烈进呈《东师议》一文，指出："夫取天下，有可以力并，有可以术图。"力并者应该出奇制胜，术图者则不可急。

蒙古军早期能够所向克捷，主要是利用骑兵，用奇取胜。用奇必须是出其不意，攻其不备。蒙哥汗亲征四川，六师雷动，实是舍奇而用正。

四川地区"限以大山深谷，扼以重险荐阻，迂以危途缭径，我之乘险

以用奇则难，彼之因险以制奇则易"。

况且主客双方力量悬殊，我方的战略企图完全暴露。敌方坚壁清野以待之，我"无掳掠以为资，无俘获以备役"。这就形成了"以有限之力，冒无限之险，虽有奇谋秘略，无所用之"。

用奇不行，用术之时机尚未成熟，蒙哥汗忽然无故大举，进而不退，主动完全丧失，兵势滞遏难前。其结果必然是再竭三衰，"所谓强弩之末，不能射鲁缟都也"。

后来战事的发展，确如这些有识之士所预料的那样，很快就陷入被动局面。

首先是东路军进展不利。塔察儿率领东路军按计划进攻襄、鄂，初战顺利，很快进至鄂州沿江之地，但受到宋军阻击，难以前进，只好无功而返。

蒙哥听说东路军失利非常恼火，对塔察儿严旨切责，并派人通知他们说："你们回来时，我要下令狠狠地惩罚你们。"一位宗王也派人转告塔察儿说："忽必烈曾夺取了许多城堡，而你们却带着破烂屁股回来，也就是说，你们只忙于吃喝，不好好打仗。"

塔察儿受尽辱骂，心中十分不满。

这时，被剥夺了军权的忽必烈，正以养病为名。在藩府安闲度日。近侍康里部人燕真（不忽木之父）提醒忽必烈说："主上对大王素怀猜疑，现在主上远涉危难之地，亲历戎行，而殿下却闲居在家，这样子能行吗？"

忽必烈原以为争取领兵权会更加遭到猜忌，如今听燕真这么一说，方知自己不要求从征伐宋，将来也会成为一条罪过，遂硬着头皮派遣使者到蒙哥处，请求允许他从征。

蒙哥本来不想让忽必烈参加这次军事行动，怎奈塔察儿不为自己争气，进军失利，很可能影响这次军事战绩。他知道如果出征无功，将会更加影响他的威望，不如起用忽必烈，帮助自己扭转战局，如果取得军事胜

利，仍然是自己的功
劳。

于是，蒙哥非常
高兴地答应了忽必烈
的请求，让他代替塔
察儿总率东路诸军，
依照预定的计划进取
鄂州。

青花束莲卷草纹婉

忽必烈重掌军
权，非常高兴，决心好好表现一番。元宪宗八年（1258）十一月，忽必烈
在开平誓师祭旗，随后挥师南下。第二年二月，会诸王于邢州。

五月，至濮州，听说名士宋子贞在其地，立即召见，问以方略。宋子
贞毫不客气，回答说："本朝威武有余，仁德未洽。宋人所以拒命者，特
畏死尔，若投降者不杀，胁从者勿治，则宋之郡邑可传檄而定也。"

忽必烈听了觉得很有道理，表示愿意按其所说去做。忽必烈又听说儒
士李昶也在濮州，马上派人去请，问以"治国用兵之要"。

李昶谈"沦治国，则以用贤、立法、赏罚、君道、务本、清源为对；
论用兵，则以伐罪、救民、不嗜杀为对"。

忽必烈听了深以为然，倍加赞赏。随后，继续行军。

七月，到达汝南，申明军令。戒诸将勿妄杀，并使杨惟中、郝经等宣
抚江淮，接着命令木华黎之孙大将霸都鲁自蔡州先行进发。

八月，忽必烈渡过淮河，入大胜关，进至黄陂，抵达鄂州江北，饮马
长江，准备进围鄂州。

忽必烈率领东路大军推进神速，宋人闻之惊恐不安，陷入一片慌乱
之中。

蒙哥染病归黄泉

蒙哥统领西路军初战顺利。他派纽璘等人为先锋军，在遂宁大败南宋刘整的军队，接着进驻灵泉山和云顶山，经过一番苦战，终于占领成都。

蒙哥听说纽璘占领成都，即留辎重于六盘山，委任重臣浑都海驻守。亲率大军分三道南进：蒙哥本人，由陇州入大散关；庶弟末哥率领一军，由泽州入米仓关；万户亨里叉率领一军由渔关入沔州。

在成都的纽璘以密里火者、刘黑马等人留守，自将一万五千骑兵沿沱江南下，渡马湖江，进攻叙州，生擒宋将张实。

然后沿长江顺流而下，至涪州，"造浮桥，驻军桥南北，以杜宋援兵"。

蒙哥率领主力，一路过关斩将，元宪宗八年（1258），十月，顺利进驻利州，与戍守利州的汪德臣会合。接着移师西南，在嘉陵江与白水江汇合处，由汪德臣造浮桥而渡。随后，蒙哥进驻剑门，攻陷苦竹隘，然后沿嘉陵江南下。

十一月，占领长宁（今四川广元西南），接着，顺流东下，克鹅顶堡，进至大获山（今四川苍溪东），迫使宋将杨大渊率众投降。

十二月，占领大良坪，宋将蒲元圭投降。

龙泉窑青釉龙纹大盘

1259年初，蒙哥率全军渡过鸡爪滩，至石子山，包围了四川合州的钓鱼山城（今四川合川东）。

钓鱼山城雄踞在嘉陵江岸边，嘉陵江水汹涌澎湃，自北直奔钓鱼山而来，绕山屈曲环西折南而流，形成钓鱼山三面环江的险峻形势。

早在彭大雅任四川制置副使时，为了抗击蒙古军，就开始在钓鱼山上筑寨。到了余玠任四川制置使时，又命播州人冉进、冉璞兄弟主持修筑钓鱼城，并将合州治所迁到这里，驻以重兵，以控扼嘉陵江要冲。

1254年，宋朝王坚任合州守将，为了防御蒙古来攻，大规模修城设防，陕南、川北人民纷纷迁徙而来，钓鱼城发展成为十多万人的军事重镇。就在这时，蒙哥率领大军攻至合州城下。

王坚听说蒙哥亲自带大军来攻，便率领军队举行大誓师，将士无不感奋，决心誓死保卫山城。蒙哥进驻钓鱼山城东的石子山，切断钓鱼城的外援，然后派遣降人晋国宝到钓鱼城劝降。王坚誓死守城，绝不投降，他把晋国宝押到阅武场（练兵场），斩首示众。广大军民见了无不鼓舞，军声大振。

蒙哥听说王坚杀死使者怒不可遏，立即催军前往攻城，发誓不攻下此城绝不罢休。于是，蒙宋两军展开了空前激烈的攻守战。宋军在王坚的鼓动下个个英勇奋战，钓鱼城内人民忙忙碌碌支援前线，在军民密切配合下王坚多次打败蒙古军队的进攻，致使蒙哥连续进攻五个多月，仍然毫无进展。

王坚虽然多次打败蒙古军队进攻，但毕竟是被围城中，粮草器械等物资日渐减少，非常希望得到外援以解围。

这时，南宋朝廷派遣吕文德任四川制置副使，领兵入援台州。六月，吕文德和向士璧等乘顺风攻下涪州浮桥，经过激战，到达重庆，并向钓鱼山城进发。

蒙哥闻讯，命史天泽率兵抵御，打退宋援。

史天泽受命之后，率军堵截，三战三捷，打败了吕文德的千艘战舰，

迫使吕文德退回重庆。

蒙哥在宋军援兵不到的形势下，又派汪德臣用云梯猛攻钓鱼山城。汪德臣单骑来到城下，大声喊道："王坚，我来活汝一城军民，宜早降！"王坚虽然知道援兵被断，仍然凭险坚守，誓与钓鱼山城共存亡。

他听到汪德臣喊话，毫不理会，命令士兵发炮石猛轰作为回答。时值天降大雨，云梯折断，汪德臣被飞石所中，连惊带吓，染疾而病，不久死亡，年仅三十六岁。

蒙哥连攻五个多月，仍然不能入城，心中焦急。如今又伤亡了一员大将，气得发疯，于是亲自披挂上阵，定要攻下此城。

进入七月的蜀地，气候炎热，疾病流行。蒙哥在督促士兵攻城时，为宋军炮石所伤，接着，又染上了流行疾病，加之心情不好，虽百般调治，均不见效，不久就死在了军中。

蒙哥想方设法夺取了汗位，本以为掌握了大蒙古国的最高权力，不但权力最大，而且威望也会最高，因此，"立政当安静以图宁谧"。

蒙哥没想到忽必烈取得了北方汉人的支持，声望迅速超过了自己，这使蒙哥的自尊心受到了伤害，也感觉到汗位不稳。为了提高自己的声望和稳定汗位，蒙哥一怒之下亲率大军攻宋。

但蒙哥哪里知道，在蒙古占领中原汉地以后，仍然"自谓遵祖宗之法，不蹈袭他国所为"，不在形势发生重大变化时期及时改变自己的游牧方式，向中原地区先进的农耕文明过渡，用汉法治理汉地，是无论如何也不会提高声望的，汗位也不会稳如泰山。

蒙哥根本没有意识到这一点，想通过发动攻宋战争来提高自己的声望，结果是竹篮打水一场空，只好带着无限的遗憾离开人世。

因为蒙哥在生前没有像成吉思汗和窝阔台那样对嗣位问题做出安排，蒙古王室内部对于汗位归属问题没有一个预定的明确的意见，所以，蒙哥一死，大蒙古国内部争夺汗位的斗争顿时激烈起来。

班师北返登汗位

蒙哥同母弟共有三人，即忽必烈、旭烈兀和阿里不哥。

由于蒙哥生前没有对汗位继承问题做出安排，三人皆有即位的资格。

其时，旭烈兀已占有东起阿母河和印度河，西面包有小亚细亚，南抵波斯湾，北至高加索山的大片领土，正在筹建伊利汗国，志骄意得，不想觊觎中原神器。

于是，汗位争夺主要在忽必烈和阿里不哥之间展开。

在蒙哥率领西路军攻打钓鱼山城时，忽必烈率领东路军已推进到长江北岸，兵锋直指鄂州。蒙哥死于军中以后，随军的异母弟末哥立即派遣使者去报告忽必烈。

使者对忽必烈说："现在蒙哥汗已死，国无皇帝，末哥希望您尽快回到漠北，以您的威望维系天下人之心。"诸将亦请求忽必烈撤兵北还。

忽必烈以为"率领了多得像蚂蚁和蝗虫般的大军来到这里"，不能无功而回，仍然率领大军渡江，派兵猛攻鄂州。

这时，兀良合台也已经从交趾经邕州（今广西南宁）、桂州（今广西桂林），北指潭州（今湖南长沙）。忽必烈闻讯，派遣大将霸都

方日晷

67

鲁率舟师趋岳州（今湖南岳阳）迎接，忽必烈与兀良合台形成对鄂州南北夹攻的形势。

南宋朝廷极恐慌，急拜贾似道为右丞相兼枢密使，令其率军往援。

同时命令增援四川合州的吕文德部，在蒙哥已死、蒙古西路军北撤的形势下，迅速返回鄂州。双方都在集结兵力，鹿死谁手尚难预料。

然而，贾似道是一个只知玩蟋蟀斗蟋蟀的花花公子，根本不会打仗，他看到蒙古兵勇将强，以为鄂州难守，害怕朝廷怪罪，于是背着朝廷，悄悄派遣使者去同忽必烈议和。

此时，阿里不哥正在漠北策划继任汗位。蒙哥南征时，阿里不哥奉命留守和林，管理留守军队及诸斡耳朵。

蒙哥死后，皇后忽都台以及蒙哥之子玉龙答失、阿速歹、昔里吉等部拥护阿里不哥，希望阿里不哥继承汗位。

玉龙答失对阿里不哥说："叔叔是我爷爷拖雷的幼子，按照我们蒙古族幼子继承父亲家业的习惯，您不仅应该继承我爷爷的家庭财产，也应该继承我们蒙古人打天下所创下的这份家业。所以，您应该不失时机，尽快继承汗位。"

阿里不哥本有继承汗位之心，听此话甚觉有理，就以监国身份，马上行动起来，准备登上大汗之位。这时，阿里不哥控有漠北留守和林的军队，随从蒙哥南征的军队也有一部分归附了他。此外，其党浑都海居于六盘山，拥兵二万，且"士马精强，咸思北归"。他又

青花鸳鸯荷花纹花口盘

与东川乞带不花、西川明里火者以及京兆地区的刘太平、霍鲁怀等人相勾结，以策应阿里不哥。

如此，阿里不哥还是感到兵力不够用，又派"阿兰答儿发兵于漠北诸部，脱里赤括兵于漠南诸州，而阿兰答儿乘传调兵，去开平百余里"。不仅大量括兵于漠北和漠南，而且想抢先占有忽必烈经营多年的开平至燕京一带地区，形势对忽必烈来说非常严峻。

当阿兰答儿率军进至离开平一百余里的地方时，忽必烈的妻子察必得知了这一情况，立即派人去责问阿兰答儿说："发兵大事，太祖皇帝（成吉思汗）曾孙真金（忽必烈与察必之子）在此，何故不令知之？"阿兰答儿支支吾吾，说不上话来，察必发现这里面有问题，立即秘密派遣亲信大臣太丑台和也苦去南方前线报告忽必烈。

太丑台和也苦赶到鄂州蒙古军大营，对忽必烈说："从阿里不哥处来了大异密（大臣）脱里赤（朵儿只）和阿兰答儿，正从蒙古军和札忽惕军中抽调侍卫军，而其原因不明。"

当时蒙古人有个习惯，信使传递文书消息时，往往使用有韵的微言隐语来表达其内容，言简而意深，察必带来的隐约谚语是："大鱼的头被砍断了，在小鱼中除了你和阿里不哥以外，还剩下谁呢？你回来好不好？"

忽必烈得知这一消息，一时不知所措，只好召集随军的诸王、大将和幕僚商议对策。

郝经仔细分析当时形势说，如今，鄂州宋军一心坚守，吕文德援兵已入城中，知我国蒙哥汗已死，众人正在争夺汗位，顿时勇气百倍。南宋丞相贾似道督率的援鄂大军也四面云集，"两淮之兵尽集白鹭，江西之兵尽集龙兴，岭广之兵尽集长沙，闽越沿海巨舶大舰以次而至，伺隙而进，如遏截于江、黄津渡，邀遮于大城关口，塞汉东之石门，限郢、复之湖泺"，阻断归路，则我们失去西路军声援的孤军就有欲归不能之忧。

宋人"自救之师虽则毕集"，但他们"方惧大敌"，"未暇谋我"。

因此，真正的危险不在敌方，而在内部。如今，"国内空虚"，形

势极为复杂，"塔察国王（塔察儿）与李行省（李璮）肱髀相依（李璮娶塔察儿之妹为妻），在于背胁；西域诸胡窥觊关陇，隔绝旭烈大王（旭烈兀）"；"病民诸奸（指北方军阀），各持两端，观望所立，莫不觊觎神器，染指垂涎。一有狡焉，或启戎心，先人举事，腹背受敌，大事去矣"。

现在"阿里不哥已行赦令，令脱里赤为断事官，行尚书省，据燕都，按图籍，号令诸道，行皇帝事矣"。大王虽然"素有人望，且握重兵，独不见金世宗、海陵之事乎。"

金正隆六年（1161），海陵王举师伐宋，孤军攻至长江，为宋虞允文败于采石，金世宗乘机在后方自立，海陵王失去退路，强令军队渡江，结果为部下杀死。今日之事颇似海陵王与金世宗争位，如果阿里不哥自称"受遗诏，便正位号，下诏中原，行赦江上"，大王要回去还能行吗？

郝经建议，应该仿效古之圣王，该进则进，该退则退。凡事应该"以祖宗为念，以社稷为念，以天下生灵为念，奋发乾刚，不为需下，断然班师，亟定大计，销祸于未然"。郝经主张"先命劲兵把截江面，与宋议和，许割淮南、汉上梓夔两路，定疆界岁币"，然后，以轻骑北返，直趋燕都。阿里不哥必然认为大王从天而降，他们的"奸谋僭志"必然冰释瓦解。

郝经还建议忽必烈派遣一军迎蒙哥灵柩，收取皇帝玉玺，再遣使召集旭烈兀、阿里不哥、末哥及诸王驸马会丧和林，"差官于汴京、京兆、成都、西凉、东平、西京、北京，抚慰安辑"，稳定秩序。再召太子真金镇守燕都（今北京），示以形势。如此，"则大宝有归，而社稷安"矣。

廉希宪亦说："殿下太祖嫡孙，先皇母弟，前征云南，克期抚定，及今南伐，率先渡江，天道可知。且殿下收召才杰，悉从人望，子惠黎庶，率土归心。今先皇奄弃万国，神器无主，愿速还京，正大位以安天下。"

对于当时的形势，特别是阿里不哥的军事威胁，忽必烈有一定的认识，但没有郝经和廉希宪认识得那样深刻。他听了郝经和廉希宪的话，决定立即与宋议和，班师北返。

这时，正好南宋贾似道派使者宋京前来议和，主动请求向蒙古称臣，提议双方划长江为界，南宋每年向蒙古纳银二十万两、绢二十万匹。正想议和的忽必烈，没有讨价还价，全部答应了贾似道的请求，然后整军准备北返。

鸡山高逸图

忽必烈在北返之前，把大军交给霸都鲁统领，预定在六天之后陆续撤回江北，驻扎以待命。又命廉希宪先行，以察事变。

这时，忽必烈与阿里不哥争夺汗位的斗争已经剑拔弩张。最初，双方争夺主要在两个地区进行。

一是开平至燕京一带，阿里不哥派脱里赤和阿兰答儿在漠南诸州征集军队，横敛财物，企图抢先控制开平至燕京一带，以断绝忽必烈的归路。

另一个地区是秦、蜀、陇地区，那里的情况比较复杂。蒙哥死后，其子阿速歹扶柩护玺北归漠北，与留守和林的阿里不哥会合，密谋拥立阿里不哥即位及会葬蒙哥等事。随蒙哥攻宋的大部分军队则由大将哈剌不花率领，退屯六盘山，散处于秦蜀等地。

这些军队有的支持忽必烈，有的支持阿里不哥，有的则游离于两者之间，取观望态度。哈剌不花则率领一部分军队与留驻六盘山看守辎重的浑都海军会合，成为支持阿里不哥的一支重要力量。

71

同时，阿里不哥又令死党刘太平、霍鲁海（又作霍鲁怀）行尚书省事于关中，希望他们加紧工作，与六盘山驻军互相配合，尽快扩大自己控制区域。驻四川的蒙古军统帅纽璘的部属们与六盘山驻军关系十分密切，副帅乞台不花积极支持阿里不哥，军士的家属也大多在漠北，弄不好，这支军队也容易站到反对忽必烈一边。

阿里不哥又分遣心腹，易置将帅，分赐金帛于将吏，以示拉拢，希望尽快把秦蜀陇地区控制在自己手中。

廉希宪知道开平至燕京地区是忽必烈经营多年的大本营，基础雄厚，只要忽必烈北返，就会毫不费力地将那一地区夺回来。廉希宪对此一点儿也不担心，他所担心的主要是秦蜀陇地区。

所以，廉希宪对忽必烈说："刘太平、霍鲁海在关右，浑都海在六盘，征南诸军散处秦、蜀，太平要结诸将，其性险诈，素畏殿下英武，倘倚关中形胜，设有异谋，渐不可制，宜遣赵良弼往觇人情事宜。"

忽必烈听了廉希宪的话觉得很有道理，立即派遣赵良弼前往京兆地区察访人情事宜。

忽必烈清楚地知道蒙古大汗必须经过忽里台选举才能生效，因此，要想夺取大汗之位，必须想方设法争取诸王的支持。

当时，蒙古诸王主要分成东道诸王和西道诸王两大部分。在成吉思汗分封时，东道诸王中的搠只哈撒儿地位最尊，哈撒儿是成吉思汗二弟。

这时，哈撒儿的儿子移相哥、也苦、脱忽等王仍具有尊贵的地位，且有一定势力。但就实力而言，则铁木哥斡赤斤的后裔最强。

铁木哥斡赤斤是成吉思汗四弟，"成吉思汗爱他胜过其余诸弟，让他坐在诸兄之上"。"成吉思汗把军队分给诸子时，给了他五千人"。

这时，铁木哥斡赤斤的儿子塔察儿势力最强，其父分得的"五千人由于蕃衍而变成一支庞大的军队，遂使他享有很高的威望"。

东道诸王经常活动在汉人以及汉化程度较深的契丹、女真等人居住的地区，受汉族经济文化影响较深，因此，他们对忽必烈"汉化"政策以及重视农业生产的经济政策比较理解，加上他们同忽必烈交往较多，双方有了一定的情谊。所以，忽必烈在争取诸王支持活动中，首先想到东道诸王。

在东道诸王之中，塔察儿具有举足轻重的作用，于是，忽必烈利用塔察儿因出师无功受到蒙哥斥责的不满情绪，进行拉拢。他派廉希宪"赐膳于宗王塔察儿，希宪即以己意白王，宣首建翊戴之谋，王然之，许以身任其事"。忽必烈计划通过塔察儿争取东道诸王移相哥等人的支持，再通过东道诸王影响西道诸王，想方设法得到西道诸王的支持。

诸事安排妥当以后，忽必烈轻骑简从，于1259年年末北返了。

途中，忽必烈又令张文谦去商挺处征询意见，商挺说："殿下班师，师屯江北，脱有一介驰，诈发之，将如何？军中当严符信，以防奸诈。"

张文谦听了这话，赶忙追上忽必烈，如实进行汇报。忽必烈听了恍然大悟，脱口骂道："无一人为我言此，非商孟卿几败大计。"急忙派人赶回江北大营，立约防备。不久，阿里不哥的使者果真来到军中，企图调动军队，由于事前有备，忽必烈手下的将领便按约把他们杀了。

忽必烈昼夜兼程，很快就到达了燕京。奉阿里不哥之命正在燕京括集军队、准备西行的脱里赤等人，完全没有料到忽必烈会如此神速地赶回来，顿时慌了手脚，难以应付忽必烈的诘难，支支吾吾，丑态百出。

于是，忽必烈当机立断，把脱里赤签发的士兵全部遣散了。随后，忽必烈派遣使者赶赴江北，让霸都鲁率军尽快赶回来。兀良合台闻讯，也率军随后北返。

这时，忽必烈通过廉希宪、塔察儿等人，已经争取了东道诸王、部分西道诸王、蒙古贵族和大部分汉人地主阶级的支持。

阿里不哥也争取到了蒙哥皇后忽都台，蒙哥之子玉龙答失、阿速歹、昔里吉，察合台汗国的统治者合剌旭烈的寡妻兀鲁忽乃妃子，察合台之孙阿鲁忽，塔察儿之子乃蛮台，窝阔台之孙觊尔赤等诸王及部分蒙古贵族和几个汉人地主的支持。

阿里不哥为了争取主动权，以留守监国的身份，要求忽必烈亲赴和林，会葬蒙哥，同时召开忽里台，选举新的大汗。实际上是要忽必烈脱离其漠南根据地。使其陷于孤立无援的境地，以便阴谋得逞。

忽必烈对阿里不哥的通知置之不理，继续进行争取诸王的活动，并通知诸王集结开平，召开选汗大会。

经过紧锣密鼓的准备，中统元年（1260）三月，忽必烈抢先在开平召开忽里台，选举新的大汗。

会上，忽必烈的弟弟末哥率领诸弟，合丹（窝阔台之子）、阿只吉（察合台之子）率领西道诸王，塔察儿、移相哥、忽剌铁儿（成吉思汗弟哈赤温之子）、爪都（成吉思汗弟别里古台之孙）率领东道诸王，按照事先的精心准备，合词劝进说："殿下，太祖嫡孙，大行母弟，以贤以长，当有天下。"请求忽必烈即大汗之位。

元代 白玉雕胡人像挂件

当时，到会诸王虽有四十多人，又有勋贵霸都鲁、兀良合台等人，但地位较高的旭烈兀（忽必烈同母弟）、别儿哥（拔都弟）等王因路途遥远没有到会，忽必烈有些犹豫。廉希宪和商挺私下对他说："先发制人，后发人制。天命不敢辞，人情不敢违。事机一失，万巧莫追。"

忽必烈听了廉希宪和商挺的话，消除了疑虑，决心继承汗位。这样，忽必烈终

于登上了蒙古大汗之位。

忽必烈即位之后，建元中统，设官分职，任用汉地士人，建立起中书省、十路宣抚司以及负责中原汉地政务的燕京行中书省等行政机构，巩固了在中原地区的统治地位。后来，忽必烈又改国号为元，正式建立起元朝统治。忽必烈就是元世祖。

阿里不哥听说忽必烈抢先当上了蒙古大汗，气得快要发疯了。

四月，他匆匆召集麇集在其周围的旧贵族，在和林西按坦河召开了另一个忽里台，在察合台汗国的统治者合剌旭烈的寡妻兀鲁忽乃妃子，蒙哥之子阿速歹、玉龙答失，察合台孙阿鲁忽，塔察子乃蛮台，合丹子覩尔赤，大将阿兰答儿，重臣不鲁花等人的支持下粉墨登场，宣布即位为蒙古大汗。

大蒙古国出现两个大汗，他们虽然是亲兄弟，但一场厮杀也在所难免了。

争权大战平余波

忽必烈即位之后，一面派出使者西行，争取旭烈兀和别儿哥等人的支持；一面派出一百名使者北行，去对阿里不哥说："我们这些宗王和异密（大臣）们，商议之后，已一致拥立忽必烈为合罕。"请求阿里不哥让步。阿里不哥不肯，将使者全部囚禁起来。

后来，双方又互派了很多使者，都没能达成协议。

阿里不哥不但不肯让步，随之又把忽必烈派去的一百名使者和两位宗王全都杀了。同时，派遣两路大军，气势汹汹地杀向南方。

一路大军由主木忽儿（旭烈兀子）、合剌察儿（术赤孙）等人率领，图犯开平、燕京等地。

一路由大将阿兰答儿率领，进入河西走廊，以便与驻扎在六盘山的浑都海和哈剌不花的军队相会合，且与刘太平、霍鲁海互通声气，又计划联

合驻在成都的明里火者和驻在青居（今四川南充南）的乞台不花等，准备共同起事，妄图一举推翻忽必烈政权。

对于秦蜀陇地区，忽必烈在廉希宪的建议下早有防范，在鄂州撤军北返时，就派遣赵良弼等人前往观察人情事宜。赵良弼进入关中，很快了解到那里的军民向背情况，他向忽必烈报告说："宗王穆哥无他心，宜以西南六盘悉委属之。浑都海屯军六盘，士马精强，咸思北归，恐事有不意。纽璘总秦、川蒙古诸军，多得秦、蜀民心，年少鸷勇，轻去就，当宠以重职，疾解其兵柄。刘太平、霍鲁怀，今行尚书省事，声言办集粮饷，阴有据秦、蜀志。百家奴、刘黑马、汪惟正兄弟，蒙被德惠，俱悉心俟命。"

忽必烈听了汇报，采纳了赵良弼的意见，立即以廉希宪、商挺为陕西四川宣抚使、副，以赵良弼为参议，让他们迅速赶到京兆一带。把那里的形势稳定下来。

刘太平、霍鲁海听说廉希宪要来京兆极为惊恐，于是抢先进入京兆城，密谋为乱。廉希宪等人到达京兆以后，立即召集各级官吏，宣示忽必烈诏旨，让京兆军民听从忽必烈指挥。

同时，廉希宪又派遣朵罗台前往六盘山安抚军将。

不久，断事官阔阔出遣使来告，说浑都海已把使者朵罗台杀死，并与刘太平、霍鲁海暗中联系，又遣人赴成都和青居，让明里火者和乞台不花率军来援，企图一举袭据京兆。

廉希宪听到这一消息十分愤怒，立即采取断然措施，矫用忽必烈诏旨，捕杀刘太平和霍鲁海。又命刘黑马诛杀明里火者于成都，命汪惟正等率兵诛杀乞台不花于青居。又权宜命汪惟良征集秦陇、平凉等处诸军，命八春招募陕右新军。

四川大将纽邻奥鲁官，将举兵应浑都海，被八春捕获，廉希宪宽大释放，很快将其军队拉到自己一边。后来，廉希宪又招降了泸州宋将刘整，使川蜀关中形势迅速缓和。

这时，经过廉希宪的努力，秦陇蜀地区除了浑都海盘踞的六盘一带，全部控制在自己手中。

浑都海控制六盘，拉拢哈剌不花的征南军队，仍有一定势力，不能掉以轻心。廉希宪与商挺商议对付六盘驻军之计，商挺说："如今，驻守六盘之军有三策：悉锐而东，直捣京兆，上策也；聚兵六盘，观衅而动，中策也；重装北归，以应和林，下策也。"廉希宪对商挺说："据你分析，浑都海会采取何策？"商挺回答说："必出下策。"

后来形势的发展，正如商挺所预料的那样，浑都海和哈剌不花率领久役思归的士兵，匆匆北返和林。

当他们沿着河西走廊撤至甘州（今甘肃张掖）时，正好与阿兰答儿所率征南大军相遇。

阿兰答儿传达了阿里不哥的意旨，令浑都海和哈剌不花停止北撤，随同他一起夺取秦陇蜀地区。浑都海乖乖听命，哈剌不花则与阿兰答儿意见不合拂袖而去，径自率军北归。浑都海则与阿兰答儿折回，兵锋再指关中。

由于浑都海未能采用商挺所说的上策，乘势直捣京兆，这就为廉希宪从容调度关中兵力，提供了宝贵时间。廉希宪在加强关陇防备的形势下派遣八春、汪良臣等率兵与诸王合丹骑兵会合，共击浑都海和阿兰答儿。

九月，合丹、八春、汪良臣的军队与浑都海和阿兰答儿联军相遇于山丹（今甘肃山丹）附近的耀碑谷，双方展开一场大决战。

合丹列阵于北，八春列阵于南，汪良臣居中。大战开始，正值大风吹沙，汪良臣令军士下马，以短兵突破敌军左阵，接着，又绕其阵后，从右阵杀出。八春率军直捣敌军前阵。合丹率精兵截其归逃之路。

经过一番苦战，敌军大败，浑都海和阿兰答儿均被杀死。合丹等军队大获全胜之后，乘胜进控畏兀儿等地，"西土悉平"。阿里不哥所派西路军企图进据秦陇蜀的计划全部落空，忽必烈则将关中等财赋之地牢牢地抓在了手中。

就在廉希宪派兵打败阿里不哥西路军的同时，忽必烈亲自率军出征，

打败了阿里不哥的东路军。

阿里不哥以旭烈兀的儿子主木忽儿和术赤的孙子合剌察儿为东路军统帅，是想造成旭烈兀和术赤一系诸王支持他为大汗的假象。忽必烈根本不管这一套，他一面继续派人与旭烈兀和术赤孙子别儿哥联系；一面派移相哥和纳邻合丹为先锋，在巴昔乞地方三战皆捷，大败阿里不哥的军队。

阿里不哥因缺乏粮草，"陷入了绝境"，自知不是忽必烈的对手，遂放弃和林，狼狈逃窜到西北面的吉利吉思（今叶尼塞河中上游）一带。忽必烈顺利地占领了和林。

忽必烈和阿里不哥一边打仗，一边想方设法争取各方面的支持。这时，东道诸王基本上都支持忽必烈，忽必烈开始把他的争取对象移到西道诸王身上。

他答应将阿母河以西直至密昔儿（埃及）边境的波斯国土和该地蒙古、大食军民划归旭烈兀统治，因而取得伊利汗国旭烈兀的支持，旭烈兀派出使者，表示拥护忽必烈称汗，指责了阿里不哥，让阿里不哥放弃称汗之举。

至于钦察汗国的别儿哥，则不论忽必烈怎样工作，仍然保持中立，表示不介入阿里不哥和忽必烈的汗位之争，只是向双方派出使者劝和。

察合台汗国则比较复杂，这时，察合台汗国的统治者合剌旭烈已经死亡，由其妻兀鲁忽乃妃子监国。兀鲁忽乃在忽必烈与阿里不哥争夺汗位期间，表示支持阿里不哥。

忽必烈为了取得察合台汗国的支持并进一步控制察合台汗国，便抢先派遣跟随他的察合台曾孙阿必失哈回本汗国夺取权力。但阿必失哈办事不周。机密泄露，行至唐兀惕地区，被阿里不哥的军队追获，后被阿里不哥处死。

由于忽必烈封锁了通往阿里不哥处的交通，兀鲁忽乃也不能供应阿里不哥物资。再加上兀鲁忽乃不能长期监国，察合台汗国需要选出新的汗王，阿里不哥便在饮食服用等物资供应出现困难的形势下，派遣跟随他的

内蒙古草原

察合台孙阿鲁忽去阿力麻里（今新疆伊犁哈萨克自治州霍城西）统治本汗国，"以便把武器和粮食送来援助我们，并守卫质浑河边境，使旭烈兀的军队和别儿哥的军队不能从寻阴谋诡计面前来援助忽必烈"。

哪知阿鲁忽并不想接受阿里不哥的控制，一心一意想独立，当他被阿里不哥遣送回去以后，"像离弦的箭般地飞走了，他着手安排自己的事"，很快"聚集了大约十五万骑勇士"，从兀鲁忽乃手里夺取了察合台汗国的权力，并控制了原由大汗直辖的中亚城郭地区。

阿鲁忽势力壮大之后，不再听命于阿里不哥，拘杀了阿里不哥派来征取钱粮兵械的使者，转而承认忽必烈为大汗。

忽必烈为了拉拢阿鲁忽，表示将按台山（阿尔泰山）至阿母河之间的土地划归阿鲁忽统辖，阿鲁忽非常高兴。

忽必烈拉拢西道诸王获得成功，阿里不哥更加势单力孤。阿里不哥被忽必烈的先锋移相哥打败以后，害怕忽必烈前来攻打他，派遣使者向忽必烈表示投降，说："我们这些弟弟们有罪，他们是出于无知而犯罪的，你是我的兄长，可以对此加以审判，无论你吩咐我到什么地方去，我都会

去，绝不违背兄长的命令，我养壮了牲畜就来见你。"表示到秋高马肥时就来觐见忽必烈，并说："别儿哥、旭烈兀和阿鲁忽也将前来，我正在等待他们的到来。"表示同意邀集西道诸王正式召开忽里台，选举大汗。

忽必烈听了阿里不哥使者的话深信不疑，马上表示同意。于是，忽必烈遣回使者，留下移相哥镇守和林，以等待阿里不哥。自己则于中统元年（1260）率领大军南返了。

这一切都是阿里不哥的缓兵之计而已，他要养精蓄锐，再伺机而动。

中统二年（1261）秋，"阿里不哥在夏天和秋天把马群喂养肥壮后，没有守信用，他违背自己的诺言，再次出兵攻打合罕（指忽必烈）"。

当阿里不哥接近驻守和林的移相哥时，派出急使说道："我是来投降的。"移相哥相信不疑，表示欢迎。阿里不哥则乘移相哥麻痹大意、不加防范之机突然袭击、打败移相哥，攻占和林。

随后，阿里不哥率领大军穿过草原，气势汹汹地杀向南方，矛头直指忽必烈的漠南驻地。

忽必烈听说阿里不哥伪装归顺，重新占领和林，气得浑身发抖，马上使赵璧、怯烈门率领蒙汉军队驻守燕京近郊及太行山一带，凭险扼守东起平滦，西至关陕之地。接着，征调张柔、严忠嗣、张宏等七处汉军，令董文炳率射手千人、塔察儿率军万人随从自己出征。

十一月，忽必烈军与阿里不哥军大战于昔木土脑儿（今蒙古苏赫巴托省南部）之地。忽必烈以诸王合丹、驸马腊真、丞相线真和兀鲁、忙兀二部军为右军；诸王塔察儿、太丑台和史天泽等军为左军；诸王哈必赤将中军。

三军奋力进击，拼命地厮杀起来。"诸王合丹等斩其将合丹火儿赤及其兵三千人，塔察儿与合必赤等复分兵奋击"，大败阿里不哥的军队。

十天之后，蒙哥的儿子阿速歹率领阿里不哥的后卫部队赶到，双方重新大战一场，忽必烈的军队奋勇冲杀，打败了阿里不哥的右翼。

继而，阿里不哥的左翼军拼命地冲杀上来，忽必烈的军队奋勇相迎，只听马踏銮铃，喊杀声哭叫声连成一片，直杀得天昏地暗，到了天黑，仍然不见胜负。没有办法，双方只好各自返回自己的宿营地。到了这一年的冬天，双方仍在沙漠的边缘对峙。

夺取察合台汗位的阿鲁忽，拒绝向阿里不哥供应物资，阿里不哥军队给养越来越困难。没有办法，阿里不哥又派不里台、沙迪等人亲自到察合台汗国一带征集财物，"他们传诏征集牲畜、马匹和武器。在短期之内，他们征集了许多东西"。阿鲁忽听说阿里不哥没有通过他而私自征集货物，大怒，下令把阿里不哥的使者抓起来，"夺走了那批财物"。

阿里不哥听说阿鲁忽夺走了他所征集的财物，并投靠了忽必烈异常愤怒，他不顾与忽必烈大军对峙的形势，于中统三年（1262）春，毅然决定出兵攻打阿鲁忽。

忽必烈听说阿里不哥率军去攻打阿鲁忽，"正想沿着阿里不哥所走的途径追去"，可就在这时，中原汉地来了急使报告说："汉地发生了事变"，李璮叛乱了。忽必烈听说李璮发动了叛乱十分生气，于是放弃了追赶阿里不哥的计划，率军返回中原。

阿里不哥讨伐阿鲁忽，初战不利。先锋哈剌不花被杀，但随后大败阿鲁忽，进据察合台汗阿鲁忽的统治中心阿力麻里，阿鲁忽带着妻子和阿速歹等人逃往斡端（又译忽炭，今新疆和田）。阿里不哥军驻冬阿力麻里，阿鲁忽又西走撒麻耳干（今乌兹别克撒马尔罕）。

阿里不哥讨伐阿鲁忽虽然获得了胜利，但因为阿里不哥肆无忌惮地无故杀害合罕（指阿鲁忽）的军民并凌辱他们，他的异密（大臣）们便离开他，各找借口脱离他而去。

他们说："他如此残酷地糟蹋成吉思汗征集起来的蒙古军队，我们怎能不感到愤怒而离开他呢？"旭烈兀的儿子主木忽儿身体稍有不适，便借口"到撒麻耳干去治病"，一溜烟似的走了。蒙哥的儿子昔里吉也离开了阿里不哥。

就在这时，阿力麻里又发生了饥荒，人民不断死亡。一天，阿里不哥

正忘情地寻欢作乐，突然刮起一阵旋风，撕破了丝质朝会大帐，并折断了支柱，许多人受了轻伤或重伤。

阿里不哥的部下以为这是不祥之兆，是阿里不哥崩溃的开始。于是，更多的人"脱离了他，各自散去了"。就连原来死心塌地拥立阿里不哥的玉龙答失，也派出急使向阿里不哥索回他父亲蒙哥的一颗大玉玺，带着部众投靠忽必烈去了。

阿里不哥众叛亲离，又听说西走撒麻耳干的阿鲁忽重整旗鼓，企图报复，只好将扣押的兀鲁忽乃妃子和麻速忽别送还阿鲁忽，以求和解。

中统五年（1264）七月，兵残饷乏的阿里不哥已无力自存，只好带着阿速歹、宇鲁欢等几个残兵败将，归降于忽必烈。

忽必烈聚集起众多军队，庄严肃穆，威风凛凛，叫人看上去毛骨悚然。忽必烈准备妥当之后，下令阿里不哥前来觐见。

按照蒙古族风俗，罪人的肩上必须披上大帐的门帘才能觐见大汗。于是，阿里不哥的肩上也被披上了大帐的门帘，当他走进忽必烈大帐的时候，被命站在必阇赤（蒙古语"书史"之意）的位置。

阿里不哥耷拉着脑袋，见到忽必烈不觉心里一酸，哭了起来。忽必

幼与丘壑图

烈见阿里不哥哭了起来，"激起了他的家族荣誉感和兄弟之情"，"眼里也流下了泪"。停了一会儿，忽必烈擦去眼泪，问道："我亲爱的兄弟，在这场纷争中谁对了呢，是我们还是你们呢？"阿里不哥抽抽咽咽地回答道："当时是我们，现在是你们。"

阿里不哥只承认失败，不承认忽必烈据有道理，仍然死抱着蒙古族幼子继承家庭财产的传统习惯，认为大汗之位也应该由他来继承。

其实，幼子继承汗位并不是合理的，就是退一步讲，按幼子继承制来说，阿里不哥也不应该继承汗位，因为他们的父亲拖雷根本就没有当上大汗。阿里不哥这里强调幼子继承，不过是强词夺理而已。

他在敢于打破传统观念、精明强干的忽必烈面前，只能认输。

忽必烈以为阿里不哥、阿速歹等诸王是成吉思汗的后裔，虽然认为他们做了错事，但念他们都是黄金家族的成员，在征得伊利汗国旭烈兀、钦察汗国别儿哥和察合台汗国阿鲁忽三王的同意后，不予问罪而释放。

忽必烈认为，孛鲁欢等谋臣积极怂恿阿里不哥等人叛乱罪大恶极，应全部杀死。阿里不哥未被处死，但忧郁成疾，不久便撒手人寰。

忽必烈同阿里不哥之间争夺汗位的斗争，持续四年之久，最后以忽必烈的胜利而告终。忽必烈能够在这场斗争中获得胜利，主要是他在蒙古诸王中获得了较为广泛的支持，末哥、拨绰等庶弟，塔察儿、移相哥等东道诸王，合丹、阿只吉等西部诸王都积极拥护忽必烈，反对阿里不哥。

忽必烈很善于笼络诸王，中统元年（1260）十二月，他刚从和林返回，即对诸王、后妃大加赏赐。

在受赏的人物当中，有积极为忽必烈效力的塔察儿、末哥等人，还有不支持忽必烈的海都、觊尔赤、兀鲁忽乃妃子等。这显然是忽必烈争取诸王、分化瓦解阿里不哥的一个策略手段。

在忽必烈的拉拢下，伊利汗国的旭烈兀、钦察汗国的别儿哥很快表示支持忽必烈。阿鲁忽成为察合台汗国统治者以后，也转而支持忽必烈。这是忽必烈能够获胜的一个重要原因。

凭心而论，阿里不哥也曾有不少支持者，如宪宗蒙哥之子阿速歹、玉龙答失、昔里吉，旭烈兀之子主木忽儿，术赤后王合剌察儿，察合台后王阿鲁忽，窝阔台王后海都、觊尔赤等都曾积极支持阿里不哥。但阿里不哥并不能将这些力量牢固地团结在自己周围。他的肆意掠夺与滥杀无辜的做法，引起了许多人不满。

阿鲁忽、玉龙答失、昔里吉等先后背叛了他，而归顺了忽必烈。阿里不哥众叛亲离，不仅严重地削弱了他的力量，而且使他处于腹背受敌的境地，终于失败。

忽必烈取得胜利的另一个原因，是他有漠南财赋之地的经济保证。无论是人力，还是物力，都应有尽有。

忽必烈在与阿里不哥的战争中，多次征调粮食、马匹、羊裘、皮帽、裤、靴等，动辄万计，都得到了保障。而阿里不哥则不同，他以吉利吉思为根据地，"地穷荒徼，阴寒少水，草薄土瘠，大抵皆沙石也"，地理条件极为不利。忽必烈封锁交通，饮食及军用物资等都出现困难，使他在经济上陷入绝境。

忽必烈之所以能够战胜阿里不哥，还由于他实行了一条"采用汉法"的政治改革路线，取得了汉地地主阶级的广泛支持。

这些人帮助他出谋划策，帮助他冲锋陷阵，对于战胜阿里不哥起到了不小的作用。

而阿里不哥则不同，他在蒙古进入中原，蒙古族游牧经济及落后的统治方式与中原地区先进的农耕文明及统治方式发生尖锐冲突的形势下，不知道及时调整自己的统治政策，仍然死死地抱着祖宗之法不加改变，因而使他失去了主张改革和变通的地主阶级及群众的支持。

在阿里不哥与忽必烈的斗争中，只有一个汉族将领刘太平为他效劳，汉族知识分子差不多没有人支持他。如此孤立，怎能不失败？

忽必烈能够战胜阿里不哥，还由于他有着长期的政治斗争与军事斗争经验，具有卓越的军事指挥才能，战略策略得当。这是阿里不哥所不具备的。

忽必烈与阿里不哥的战争，由于双方在政治、经济、社会基础和政治路线方面已各有不同，因而其性质已超出旧有的成吉思汗黄金氏族间单纯的汗位争夺。具有改革派同守旧派斗争的性质。忽必烈对阿里不哥斗争的胜利，使他得以摆脱蒙古贵族守旧势力的牵制，对于今后"鼎新革故"，放手"变通"祖制，采行"汉法"，具有重要作用。由于

拉丁文墓碑

这一胜利，忽必烈在中原地区的统治得到了巩固，被破坏的中原秩序重新确立起来，北方的农业生产逐步得到恢复和发展，这就为忽必烈进一步统一全国奠定了基础。

第四章　一统天下建元朝

鸿雁突至传音信

1259年，忽必烈率领东路军攻打南宋鄂州，惊慌失措的贾似道，密遣宋京出使蒙古向忽必烈求和，主动提出愿意向蒙古称臣，划长江为界，每年向蒙古贡银二十万两，绢二十万匹。忽必烈这时知道蒙哥死亡，正想北返争夺汗位，求之不得，于是答应了贾似道的请求，率兵北返了。

中统元年（1260）三月，忽必烈在开平登上大汗之位。这时，忽必烈为了和阿里不哥争夺大汗之位，愿意与宋和好，于是按照惯例，派遣以翰林侍读学士郝经为大使、翰林待制何源和礼部郎中刘人杰为副使的使团，出使南宋报告忽必烈即位的消息，同时要求南宋履行与贾似道签订的和议。

南方朝廷不知道贾似道私下签约一事，事后，贾似道隐瞒了暗中求和真相，编造了鄂州

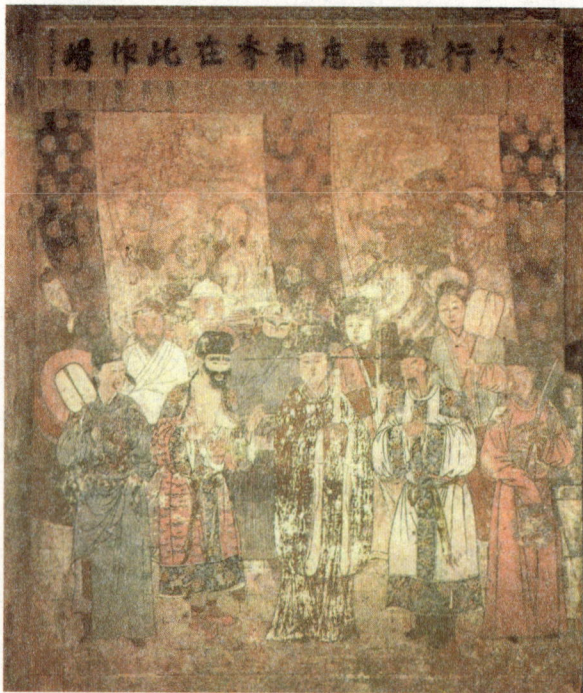

杂剧壁画

大捷的瞎话，说他所遣诸路大军均获胜利，"鄂围始解，江汉肃清。宗社危而复安，实万世无疆之休"。

宋理宗以为贾似道有再造之功，下诏晋升贾似道为少师，封为卫国公，大肆褒奖。

当郝经使宋时，贾似道正让廖莹中等人编撰《福华编》，以称颂其"解鄂州围"之大功。他听说郝经等人前来，害怕自己暗中向忽必烈求和及谎报军情的真相暴露，便密令淮东制置司将郝经一行人员扣押在真州（今江苏仪征）忠勇军营，蒙古大使顿时成了阶下之囚。

郝经无故被扣，不明原委，于是提笔上书宋朝皇帝，"愿附鲁连之义，排难解纷；岂知唐俭之徒，款兵误国"。表明愿为蒙古和南宋和好做出贡献，贾似道置之不理。

郝经以为南宋皇帝不愿和好将他扣押，又数次上书皇帝说："不知贵朝何故接纳其使，拘于边郡，蔽冪蒙覆，不使进退，一室之内，颠连宛转，不睹天日，绵历数年。"

郝经希望宋朝皇帝以应忽必烈美意，"讲信修睦，计要元元"，"使南北之人免遭杀戮之祸"。

郝经所上宋帝之书，无一例外都被贾似道所扣押。郝经见其多次上书杳无音信，又提出亲见宋帝之请求，也不过是听不到回响的"希望之音"而已。

贾似道见郝经上书才华横溢，又以其为汉人大儒，便想劝他投降，为己所用。但是，贾似道错打了算盘，郝经不畏威逼利诱，大义凛然，守节不屈。贾似道没有办法，只好下令把他押回去看管，不使丝毫消息透露出去。

郝经欲归归不得，欲见宋朝皇帝又见不得，多数随员受尽了虐待和折磨，先后死去。

郝经多么想把自己的境况报告给忽必烈啊！但又没有办法，只好艰苦地熬时度日。

一天，有人送给他一只大雁，经过请示，允许他养着解闷。

据说，这只大雁见到郝经，连连拍打着翅膀，高叫不停，好像有什么事情要诉说一样。郝经见状，若有所悟，顿时想起了汉代"苏武牧羊"以鸿雁传书的传说，心想，我如今进不得，退不得，什么消息也传不出去，何不让这只大雁给忽必烈汗送个消息，让历史上的传说变成现实呢!郝经想到这里，立刻找出一条尺余长短的布帛，铺在一块木板上，写下了一首流传千古的诗句：

> 霜落风高恣所如，归期回首是春初。
> 上林天子援弓缴，穷海孤臣有帛书。

郝经题完诗以后，在诗下写了"中统十五年九月一日放雁，获者勿杀"几个字，后面落款为"国信大使郝经书于真州忠勇军营新馆"。

因为郝经长期被囚，只知道忽必烈即位时的中统纪年，不知道后来已经改为至元纪年了，所以诗后题写的时间仍是按中统元年计算的中统十五年，实际上是至元十一年（1274）。

郝经写好帛书之后，就把帛书拴在雁足上，乘雁阵北飞之际，把大雁放飞了，远去的大雁带去了郝经千般情怀，万种思念，但失去自由之身的他此时只有默默地企盼。

然而，事有凑巧，就在这一年，河南开封有位老百姓"射雁金明池"，就把这只大雁射下来了，这位老百姓看到了雁足上的帛书，不知所以，赶忙把大雁和帛书交给朝廷，当帛书传到忽必烈手中时，忽必烈感慨万千，他既同情郝经的遭遇，又痛恨南宋的无理，更为这只大雁感到惊奇。

忽必烈从帛书中知道了郝经的真正下落，掌握了贾似道破坏和议的真凭实据，立即派遣礼部尚书廉希贤及郝经的弟弟行枢密院都事郝庸赴宋责问蒙古使者无故被囚一事。

宋廷方知贾似道暗订和约及谎报军情等事情真相，他们面对元使诘责理屈词穷，又惧怕元朝的强大武力，立即答应释放郝经等一行使人回国，并派其总管段佑以礼相送。

　　至元十二年（1275），郝经一行回到了阔别十五年的大都（今北京），忽必烈设盛宴欢迎。

　　但由于十五年的囚徒生活和旅途的劳累，郝经已经耗尽了体力，身体日益衰弱，竟至卧床不起，不久就离开了人世。

　　忽必烈听说郝经逝世非常惋惜，命厚葬之，并亲临凭吊。

南宋腐败日沉沦

　　中统元年（1260）四月，忽必烈派遣郝经使宋，要求南宋履行划江为界，贡献银绢二十万两匹的协议。

　　忽必烈满怀喜悦的心情等着南宋送来银绢。可时隔一年，不但南宋没

内蒙古自治区沙漠

有送来银绢，就连郝经的消息也如石沉大海一般。

忽必烈大怒，中统二年（1261）七月，谕将士举兵伐宋，特下诏曰：

朕即位之后，深以戢兵为念，故年前遣使于宋，以通和好。宋人不务远图，伺我小隙，反启边衅，东剽西掠，曾无宁日。

朕今春还宫，诸大臣皆以举兵南伐为请，朕重以两国生灵之故，犹待信使还归，庶有悛心，以成和议，留而不至者，今又半载矣。往来之礼遽绝，侵扰之暴不已。

彼尝以衣冠礼乐之国自居，理当如是乎？曲直之分，灼然可见。今遣王道贞往谕。卿等当整尔士卒，砺尔戈矛，矫尔弓矢，约会诸将，秋高马肥，水陆分道而进，以为问罪之举。尚赖宗庙社稷之灵，其克有勋。卿等当宣布朕心，明谕将士，各当自勉，毋替朕命。

忽必烈在诏书中揭露了南宋随意羁留使者的罪行，表示不灭亡南宋誓不罢休。

但是，忽必烈毕竟是一位杰出的政治家，恼怒之余，他又想起了郝经在蒙哥三路大军攻宋时所说的"不合时宜"的话，理智战胜了冲动，心情慢慢平静下来，决定暂不大举攻宋。

忽必烈暂不大举攻宋，确是明智之举。

因为，这时的蒙古形势和蒙哥攻宋时比较起来，不见其好，只见其坏。

其时，忽必烈即位只有一年多，政权还没有完全巩固下来，阿里不哥争夺汗位的斗争正在激烈地进行，接着又发生了汉人世侯李璮的叛乱，内政的整顿刚刚起步，经济的恢复和发展还没有完全进入轨道，可以说当时的形势是，内乱迭起，百废待兴。

在这样一种形势下，忽必烈哪有精力攻宋呢？

经过一番缜密思索，忽必烈于是决定对宋朝无理扣留使者暂时忍耐，还是要把主要精力用于平定内乱和整顿内政上。

于是，忽必烈亲统大军镇压阿里不哥和李璮叛乱。

与此同时，忽必烈又设官分职，大力稳定各地秩序。不久，忽必烈统治区域相继稳定下来，经济发展也走了正常轨道。

就在忽必烈平定内乱、稳定秩序、发展经济，国力日见蓬勃的形势下，南宋不但没有抓住机遇，重新振兴，反而更进一步腐败下去了。

南宋理宗是一位十分昏庸的皇帝，他是在奸臣史弥远在宁宗枢前发动政变时登上皇帝宝座的，他深知史弥远把他扶上皇帝宝座就是为了专擅朝政，因此，他把一切大权都交给史弥远，自己甘当傀儡，直到南宋绍定六年（1233）史弥远病死，他才"亲政"。

理宗"亲政"以后，曾一度任用董槐为相，但不久就被丁大全、马天骥和他的爱妃阎贵妃所排挤。

三人狼狈为奸，一个鼻孔出气，控制朝政，胡作非为。

当时有人在朝门上写了"阎马丁当，国势将亡"八个大字，充分反映出人们对丁大全一伙奸党的痛恨。

南宋开庆元年（1259）十月，丁大全因封锁蒙古攻宋的消息而被罢相，贾似道开始控制南宋政权。

贾似道的姐姐是理宗早年宠爱的贵妃，他就是靠着贾贵妃的关系，飞黄腾达，在丁大全被罢时升任右丞相，领兵援鄂州，与忽必烈私自订立城下之盟。

贾似道事后隐瞒真相，谎称大捷，更加红得发紫。

理宗晚年，贾似道置国事于不顾，以自己的好恶，定策立赵禥为帝，赵禥就是宋度宗。

宋度宗更加昏庸，他因为贾似道有定策之功，每逢朝拜，必定答拜，称贾似道为"师臣"，而不直称其名。百官都称他为"周公"。

宋度宗允许贾似道三日一朝，后又改为六日一朝，不久又改为十日一朝，允许入朝不拜。

杂剧壁画

　　贾似道虽然不天天来上朝，但国中大事非他决断不可，各级官吏只好抱着文书到他家里请求指示签署。就是到了他家，也懒得亲自动手，大小朝政，全交给馆客廖莹中、堂吏翁庆龙处理。

　　贾似道处理政事，全无公理，一切都按自己的私意行事，"正人端士，斥罢殆尽。吏争纳赂求美职，图为师阃、监司、郡守者，贡献不可胜计，一时贪风大肆"。

　　谁若是善于阿谀奉迎，即可得到高官厚禄。谁要是不会溜须拍马、正直为公，必将受到排挤和迫害。

　　潼川府路安抚使刘整等武将，就是因为贾似道嫉贤害能，先后被排挤出南宋，投降了蒙古。

　　文天祥、李芾等正直的士大夫也受到了排斥和打击，朝廷之中只剩下贾似道一伙蝇营狗苟的无耻之徒。

　　贾似道不但把朝廷搞得贿赂公行，腐败成风，个人生活也相当腐朽。

　　他成天只知吃喝玩乐，在临安（今杭州）西湖边的葛岭上，修造豪华堂室，题作"半闲堂"，塑己像于其中，强取宫女叶氏及倡尼有美色者为妾，养妓女多人，"日肆淫乐"，又建"多宝阁"，强迫人们贡献各种奇器异宝，藏于其中，每天前去观赏。听说"余玠有玉带，求之，已殉葬矣，发其冢取之"。

贾似道还整天养蟋蟀，斗蟋蟀，专门著述《蟋蟀经》描述他养蟋蟀、斗蟋蟀的经验。

他夜游西湖，船上点的灯烛最为明亮，人们在高处望见湖中灯火与平日不同，就可以断定是贾似道游湖。

贾似道等人的腐朽生活，完全建筑在千百万人民的痛苦之上。他为了满足自己的奢侈生活和解决政府的财政亏空，推行所谓的"公田法"，名义上规定每户田地超过一定数量，就要将三分之一卖给官府作为"公田"，官府相应付给田价。

实际上是低价强取，所付田价以纸币"会子"及"官告""度牒"充当，在"楮币不通，物价倍长"的形势下，犹如废纸。弄得人们妻离子散，家破人亡。

贾似道还随意横征暴敛，除了加重正税"两税"的税收以外，还巧立名目，尽情勒索，什么经制钱、总制钱、月桩钱、版账钱、田契钱、称提钱、折估钱、免行钱、曲引钱、纳醋钱、卖纸钱、户长甲帖钱、保正牌限钱、折纳牛皮牛筋牛角钱等名目，应有尽有。

就是诉讼，贾似道也要向百姓收钱，两诉不胜还要交罚钱，诉讼得胜要交欢喜钱等，敲骨吸髓，不留有余。

黄震曾总结南宋后期几个特点，说当时有四大弊端，"曰民穷、曰兵弱、曰财匮、曰士大夫无耻"。

王伯大指出当时的形势说："今天下之大势如江河之决，日趋日下而不可挽。"

吴潜亦言，当时"国库空虚，州县罄竭"，"耕夫无一勺之食，织妇无一缕之丝，生民熬熬，海内汹汹。天下之势譬如以淳胶腐纸粘破坏之器，而置之几案，稍触之，则应手随地而碎耳"。

贾似道把已经腐败的宋朝社会弄得更加腐败了。

忽必烈在战胜阿里不哥，平定李璮叛乱，稳定了内部局势以后，听说南宋贾似道当权，怨声载道，觉得灭宋的时机已经成熟，于是不失时机地发动了灭宋战争。

浴血鏖战取樊城

中统二年（1261），南宋潼川府路安抚使、知泸州军州事刘整因为受到吕文德忌刻，被吕文德所遣爪牙俞兴诬陷为贪污边费，刘整遣使上诉于朝，贾似道不予接待。

刘整见贾似道杀向士璧、曹世雄等将领，危不自保，遂率所属泸州十五郡、户三十万投降于忽必烈。

忽必烈闻听刘整来降十分高兴，授任他为夔府行省，兼安抚使，赐金虎符。又授任他行中书省于成都、潼川两路。

刘整投降蒙古，使南宋失去了重庆上游的险要，涣散了南宋斗志，还使忽必烈了解了南宋的内部矛盾和军事虚实，鼓舞了蒙古人的士气。

刘整认为南宋唯恃吕文德坚守鄂州，建议"遣使赂以玉带，求置榷场于襄阳城外以图之"，做好攻宋准备。

忽必烈采纳了刘整的建议，派人带着玉带请吕文德。吕文德接受贿赂，果然答应了蒙古的请求。

于是，蒙古"开榷场于樊城，筑土墙于鹿门山，外通互市。内筑堡壁"，进可攻，退可守，使蒙古占据了进攻南宋的有利地势。

至元四年（1267），刘整入朝，向忽必烈献策说：自古帝王，非四海一家，不为正统。圣朝有天下十七八，何置一隅不问，而自弃正统邪！

他说，如今"宋主弱臣悖，立国一隅，今天启混一之机"，建议忽必烈灭宋时应该改变作战方略，暂置鄂州不问，"先攻襄阳"，并表示愿为蒙古灭宋"效犬马之劳"。

忽必烈正想举兵灭宋，听了刘整的话，又使他想起了即位之初郭侃所建的平宋之策，郭侃曾说："宋据东南，以吴越为家，其要地，则荆襄而已。今日之计，当先取襄阳，既克襄阳，彼扬、庐诸城，弹丸地耳，置之勿顾，而直趋临安，疾雷不及掩耳，江淮、巴蜀不攻自平。"

当时由于忙于同阿里不哥作战，没有实行其策。今日刘整所言，与郭侃不谋而合。忽必烈非常高兴，立即批准了刘整的请求。

襄阳（今湖北襄阳）地处汉水中游南岸，与北岸樊城（今湖北樊城）相对，是南宋扼守长江的屏障。

进攻南宋，先取襄樊，再由汉水进入长江，平定南宋，确是一个极好的灭宋战略。

至元五年（1268），忽必烈命阿术（大将兀良台之子）和刘整等人率领大军把襄樊团团包围起来。

第二年，忽必烈又派丞相史天泽前往规划，不攻下襄樊，誓不罢休。

襄阳位于汉水南岸的一个河湾里，东、北、东南三面临水，与北岸樊城相对，中有浮桥相通。

南宋驻守襄樊的是吕文焕等人率领的重兵，他们依恃有利地形和坚固的城防，顽强地抵抗蒙古军队的进攻。

阿术与刘整攻城不克，发觉蒙古水战不如宋军，刘整与阿术计议曰："我精兵突骑，所当者破，唯水战不如宋耳。夺彼所长，造战舰，习水军，则事

青花钟馗捉鬼人物故事梅瓶

济矣。"

于是，两人修书请示朝廷，当即获得忽必烈批准。

两人同心协力，很快造出战船五千艘，训练了七万水军，强行攻城。但襄樊两城互相支援，蒙古军队仍然攻不下来。

阿术与刘整又采取筑堡封锁的办法，筑起长围，联络诸堡，把一座襄阳城围得铁桶相似，水泄不通，致使城内供饷困难，缺少盐、柴、布匹等物，甚至出现撤屋为薪、缝纸为衣的窘况，襄樊城陷入了极端难堪的境地。

可腐朽的宋度宗和贾似道仍然终日淫乐，无心救援。

沿江制置使夏贵等不及朝廷命令，乘秋季大雨、汉水猛涨之机，率领舟师前往襄樊救援，军队行至虎尾洲时，被阿术所率蒙古军打败。范文虎也曾率领部分舟师来援，但行至灌子滩也为阿术所败。

驻扎郢州（今湖北钟祥）的宋将李庭芝见襄樊形势危急，如坐针毡，请求朝廷出兵救援，没有结果，只好出重赏招募三千民兵，由张顺、张贵率领，强行突破蒙古军队封锁，去襄阳运送物资。

南宋咸淳八年（1272），张顺、张贵率领舟师转战一百二十里，冲破元军拦截，冒险杀入襄阳城中，及至清点人数，不见张顺。

过了数日，江上浮出张顺尸体，身中四枪六箭，手中仍死死抓着弓箭不放。

张贵进入襄阳以后，派人潜回郢州，与郢将约定派兵龙尾洲接应。至期，张贵率军突围，接近龙尾洲，郢军已撤，龙尾洲已被元军所据。

宋军仓促接战，大败，张贵重伤被俘而死。李庭芝援救襄樊的活动也以失败而告终。

蒙古军队虽然多次打败宋朝援军，但襄樊城还是攻不下来，阿术心中十分烦恼。

这时，军中走出一名大将，阿术抬头一看，见是张弘范。

张弘范是金朝大将，后来投降蒙古的汉人世侯张柔的儿子，自幼熟读兵书，学习武艺，长大以后经常从蒙古军征伐。

他见蒙古军队多年进攻襄樊仍然攻不下来，自己又在攻城时中了一箭，觉得如此攻法，难以遽破，于是包扎好箭疮，来见阿术，建议道："襄樊多年不下，主要是两城相为唇齿，可以互相救援，故不可破。为今之计，莫若阻截江道，切断襄阳和樊城间的联络，使两城各自变成孤城，然后水陆夹攻樊城，樊城必破无异。樊城一破，襄阳也就保不住了。"

阿术正在愁闷无计之时，一听此话大喜过望，立即依计而行，派兵锯断两城间所植之木，放火烧毁了两城间的浮桥，彻底切断了襄樊二城之间的交通。

至元十年（1273）正月，阿术又调来炮匠阿里海牙及其所造的回回大炮，集中力量轰击樊城，樊城失去襄阳援助，招架不住，终于被元军攻破了。

宋朝守将范天顺力战不屈，自杀而死。统帅牛富率领将士巷战，渴饮血水，坚持战斗，终因众寡悬殊，受伤后投火而死。

樊城失陷，襄阳更加孤立了，在阿里海牙回回大炮的轰击下城内一片慌乱，吕文焕无心恋战，开城投降。

宋军死守了五六年的襄樊城，终于落入元军之手。

自此，宋朝长江上游的门户被打开了，宋军再也无法阻止元军前进的步伐了。

乘胜追击灭南宋

至元十年（1273），忽必烈大军攻克襄樊，阿术和刘整遣使快马飞报忽必烈，忽必烈听后非常高兴，下诏嘉奖众将士。

四月，阿里海牙带着降将吕文焕入朝，将相大臣纷纷要求乘胜南伐。

忽必烈也有意南伐，但为了把事情办得稳妥一些，特召姚枢、许

衡和徒单公履等人问计，徒单公履说："乘破竹之势，席卷三吴，此其时矣。"

忽必烈十分赞赏，于是，就成立了荆湖襄阳和淮西正阳两个行枢密院，以史天泽、合丹等人为枢密使，做大举攻宋的准备。

至元十一年（1274）正月，阿里海牙又向忽必烈建议说："襄阳，自昔用武之地也，今天助顺而克之，宜乘胜顺流长驱，宋可必平。"

阿术也说："臣久在行间，备见宋兵弱于往昔，失今不取，时不再来。"忽必烈立即召来史天泽同议发兵大事，史天泽说："此国大事，可命重臣一人如安童、伯颜，都督诸军，则四海混同，可计日而待矣。臣老矣，如副将者，犹足为之。"

忽必烈听了说："伯颜可以任吾此事。"阿术和阿里海牙都表示赞同。

忽必烈传

元世祖驭马图

伯颜曾从旭烈兀西征，并在那里任事十余年，后来作为旭烈兀使团成员，从伊利汗国来到元朝，被忽必烈看中，留在自己身边，成为忽必烈的亲近大臣。忽必烈准备最后灭宋，首先想到伯颜，准备把最后灭宋的大任交给他。

至元十一年（1274）三月，忽必烈为了进一步加强灭宋的统一领导，将荆湖和淮西两个行枢密院改为两个行中书省，以伯颜、史天泽、阿术、阿里海牙和吕文焕行省荆湖，以合答、刘整、塔出、董文炳

行省淮西。

不久，史天泽向忽必烈建议说："今大师方兴，荆湖、淮西各置行省，势位既不相下，号令必不能一，后当败事。"

忽必烈采纳了史天泽的意见，为了号令统一。又把淮西行中书省改为行枢密院，把灭宋大权集中到伯颜手中。

忽必烈做好攻宋准备以后，六月，下令大举攻宋，他诏谕行中书省及蒙古汉军万户千户军士说：

"爰自太祖皇帝以来，与宋使介交通。宪宗之世，朕以藩职奉命南伐，彼贾似道复遣宋京诣我，请罢兵息民。朕即位之后，追忆是言，命郝经等奉书往聘，盖为生灵计也，而乃执之，以致师出连年，死伤相藉，系累相属，皆彼宋自祸其民也。

襄阳既降之后，冀宋悔祸，或起令图，而乃执迷，罔有悛心，所以问罪之师，有不能已者。

今遣汝等，水陆并进，布告遐迩，使咸知之。无辜之民，初无预焉，将士毋得妄加杀掠。有去逆效顺。别立奇功者，验等第迁赏。其或固拒不从及逆敌者，俘戮何疑。

忽必烈又抓住宋朝拘留使者之过，借以鼓励将士奋勇杀敌。

一时军情激奋，个个摩拳擦掌，发誓要灭亡宋朝。

忽必烈发布诏谕以后，伯颜前来辞行，忽必烈语重心长地对伯颜说："昔曹彬以不嗜杀平江南，汝其体朕心，为吾曹彬可也。"

从前，忽必烈率军平大理时，姚枢劝他以曹彬为榜样，不嗜杀人，忽必烈深以为然。如今，忽必烈也以曹彬灭南唐市不易肆的故事，劝伯颜不嗜杀人，足见忽必烈已经有了仁民爱物之心。

九月，伯颜督率诸军，兵分两路大举灭宋，伯颜本人与阿术统领右军主力，以南宋降将吕文焕为先锋，由襄阳入汉水过长江。

左军由合答统领，以南宋降将刘整为先锋，出淮西取道扬州而进。又令董文炳率领一路大军自淮西正阳南逼安庆，以为呼应。

各路大军都受伯颜节制，伯颜一声令下，元军个个奋勇争先，对南宋发起了最后的攻势。

这时，宋度宗已病死，贾似道拥立全后的幼子赵㬎即位，是为宋恭帝。

南宋的总兵力约有七十余万，从军队数量上说，不少于元军。

但贾似道当权，政治腐败，军队分崩离析，没有战斗力。正如南宋京湖制置使汪立信所说："今天下之势十去八九，而君臣宴安不以为虞"，整天"酣歌深宫，啸傲湖山，玩岁愒日，缓急倒施"，要想打退元军进攻，"不亦难乎"。

汪立信心中非常焦急，向贾似道献上三项抗元的策略：上策是在全部七十万大军之中，选出英勇善战者五十余万充实江上，沿江百里设屯，"屯有守将，十屯为府，府有总督，其尤要害处，辄参倍其兵。无事则泛舟长淮，往来游徼，有事则东西齐奋，战守并用。刁斗相闻，馈饷不绝，互相应援，以为联络之固"。

中策是"久拘聘使，无益于我，徒使做得以为辞，请礼而归之，许输岁币以缓师期，不二三年，边遽稍休，藩垣稍固，生兵日增，可战可守"。

下策则是等候投降。

汪立信的分析不为不确，所献上策和中策不失为妙法良策，然而，贾似道不但不予采纳，反而以汪立信眼睛不好，大骂"瞎贼狂言敢尔"，立即罢了汪立信的官。

贾似道拒谏饰非，弄得人心惶惶，朝野一片混乱。

不久，在南宋首都临安（今杭州）等地就流传出一首"江南若破，百雁来过"的歌谣，以"百雁"为"伯颜"的谐音，暗示元朝丞相伯颜所率大军既将灭亡南宋了。

伯颜率领右路主力会师襄阳，派遣唆都由枣阳进司空山，翟文彬由老鸦山出荆南，以分散宋军对汉水流域的防守，伯颜本人统率中军沿汉水直逼郢州（今湖北钟祥）。

郢州在汉水北岸，以石砌城，高如大山，矢石也打不进去。

宋军又在汉水南岸修筑一座新郢城，在江中央插了很多木桩，拦截船只的往来。

宋军还用铁绳把数十条战船连接起来，配以强弩，挡住元军的进路。

南宋大将张世杰率领十余万精兵和一千多艘战船守卫在这里。离郢州不远的黄家湾堡也有宋军防守。

伯颜见状，不敢贸然进攻。他派遣吕文焕观察了郢州宋军的防御设施，发现黄家湾堡西边的沟渠，深阔数丈，南通藤湖，可达汉江。阿术所俘获的老百姓也提供了这一线索。

于是，伯颜派名将李庭、刘国杰攻下黄家湾堡，由藤湖入汉江。

当时，许多将领向伯颜说："郢城，我之喉襟，不取，恐为后患。"伯颜说："用兵缓急，我则知之。攻城，下策也，大军之出，岂为此一城

康宁萨迦寺旧址

哉。"坚持绕过郢州，渡过了汉水。

结果，驻在郢州的宋军沉不住气了，在副都统赵文义率领下出城追击元军，伯颜闻讯亲率大军回返，将宋军杀得大败。

伯颜通过郢州，顺流破沙洋、新城，来到汉口，当时，南宋淮西制置使夏贵、都统高文明等以战船万艘阻拦元军的进攻。

南宋都统王达以重兵驻守阳逻堡。阳逻堡是南宋江防要塞，历来是兵家必争之地，阳逻堡若失，江防要城鄂州必不可保。

伯颜摆出进攻汉口的架式以吸引宋军，然后由沙芜入长江，全力进攻阳逻堡。宋军坚守，奋勇抵抗。

伯颜攻了三天，也没有攻下来。有位相士对伯颜说："天道南行，金木相犯，若二星交过，则江可渡。"

伯颜不相信相士的胡言乱语，派阿术率三千骑兵夜袭长江南岸，以为捣虚之计，然后南北夹攻，大败宋军，夏贵仅率少数战船逃走。

鄂州知州张晏然、都统程鹏飞听说阳逻堡失守胆战心惊，开城投降。

占领鄂州以后，伯颜分兵留阿里海牙经略荆湖，自领水陆大军，以吕文焕为前锋，顺流而东。宋朝沿江诸帅多为吕文焕旧部，皆不战而降。

至元十二年（1275）正月，伯颜与董文炳等会师于安庆，二月，进入池州（今安徽贵池）。

鄂州等地接连失守，南宋朝野震动，群臣纷纷上疏，要求贾似道亲自出兵抗元。贾似道被迫无奈，只好勉强出兵。

但他畏元如虎，没有出战，就故技重演，又派遣宋京使元，企图用奉币称臣的办法，再次同蒙古议和，被伯颜严词拒绝。

无可奈何之际，贾似道只好装腔作势，布置起军队来。他令泰州观察使孙虎臣以精兵七万驻在池州附近的丁家洲，令淮西制置使夏贵以战船两千五百艘停在长江拦阻元军，自己则带一部分军队驻在芜湖以南的鲁港。明令建立都督府，号称雄兵百万。

宋军表面上看阵容十分庞大，实际上内部矛盾重重。

夏贵因在阳逻堡被元军打败，害怕别的将领打胜仗治他的罪，又担心孙虎臣抢功，所以没有斗志。

而元军乘胜而来，士气旺盛。

伯颜令元军造大船十余艘，船上放满干柴火，扬言要烧宋人战船，以威吓宋军。然后率军猛攻丁家洲。

阿术和孙虎臣对阵激战，用炮火猛轰宋军，宋军顿时大乱。战不多时，宋朝大将夏贵先逃，贾似道仓皇失措，急忙鸣金收兵，元军乘势冲杀过去，宋朝十三万大军倾刻溃散，主力全部瓦解。

士气正旺的元军乘胜追击，三月，攻下建康（今江苏南京）。伯颜以行中书省驻建康，阿塔海、董文炳以行枢密院驻于镇江，巩固了长江防线，为元军最后灭宋奠定了基础。

伯颜在建康，有人告诉他宋朝大臣汪立信曾向贾似道献过上策、中策、下策三策，如今自杀而死。伯颜听后，非常惊讶地说："宋有是人，有是言哉！使果用，我安得至此。"宋朝不是没有人才，而是以贾似道为首的统治集团太腐朽无能了。

打响灭宋战役以后，忽必烈一直关心战事的发展，当他听到前线不断传来胜利捷报，心情无比激动和喜悦，仍然像往常一样，对战事的发展不断做出布置和指示。

但忽必烈由于没有身临其境，不知道宋朝腐朽的速度已呈直线下降之势，认为宋朝还有一定势力，再加上西北诸王在北边不断骚扰，忽必烈对伯颜进军如此神速有些担心，曾几次以"士卒不习水土，遣使令缓师"，"以北边未靖"，命令"勿轻入敌境"等。

至元十二年（1275）五月，又因为西北诸王骚扰，将伯颜从南方前线召回上都（今内蒙古正蓝旗东闪电河北岸），专门商议是否继续进攻南宋的问题。

伯颜攻宋，捷报频传，正欲率军直取临安，忽接回都命令，于是打马

飞行，很快赶回上都。

这时，西北诸王海都等人乘元军攻宋之机，对忽必烈发动了新的攻势，忽必烈有意暂时停止攻宋，令伯颜北上平定海都叛乱。

伯颜向忽必烈详细汇报了攻宋情况，并再三表示，宋朝现在十分腐朽，正是灭宋的大好时机。建议继续进兵，一举灭宋。忽必烈听了伯颜的话，对宋廷的腐朽有了新的了解，当即批准了伯颜的请求，令其领兵迅速攻克临安，灭亡宋朝。

同时，为了不让西北诸王占到便宜，忽必烈又令右丞相安童行中书省、枢密院事，辅佐皇子那木罕率大军北征海都。

诸事安排完毕，南北两支大军同时向对手发动了进攻。

伯颜快马加鞭，昼夜兼程，迅速赶回建康。

十一月，伯颜从建康、镇江一线分兵三路直攻临安。

以行省参政阿剌罕等为右军．从建康出四安攻余杭县西北的独松关；以董文炳、张弘范等为左军，自江阴取海道经澉浦、华亭攻入临安；伯颜与行省右丞阿塔海为中军，从建康出发经常州进攻临安。

伯颜一声令下，三路大军水陆并进，浩浩荡荡地杀向临安。

此时，临安城内，慌乱不堪。

贾似道因为丁家洲战役不战而逃，以及鄂州城下私自定约和扣留郝经等事暴露，群情激愤，被贬往循州，途中被押送人员郑虎臣杀死。

贾似道虽然被杀，但他把宋朝搞得混乱不堪，遗患无穷，流毒甚广，已经无法挽回了。

朝中大小官员，听说元军三路来攻，纷纷离职逃走；外地守臣，也纷纷丢印弃城而去。

辅佐幼帝的谢太后急得像热锅上的蚂蚁，急忙写了一张诏令，贴到朝堂上，全文曰：

我国家三百年，待士大夫不薄。吾与嗣君，遭家多难，尔小大臣不能出一策以救时艰，内则畔（叛）官离次，外则委印弃城，避难偷生，尚何人为？亦何以见先帝于地下乎？天命未改，国法尚存。凡在官守者，尚书省即与转一资，负国逃者，御史觉察以闻。

尽管谢太后苦苦哀求，对未逃者晋升一级的奖赏，又有对逃者进行惩罚的恫吓，仍然无济于事，弃官而逃者不见其少，日渐其多。

其时，谢太后知道形势危急，出于无奈，只好下了一道哀痛诏，令各地赶快起兵勤王。谢太后在这道哀痛诏里承认"田里有愁叹之声，而莫之省忧；介胄有饥寒之色，而莫之抚慰"。

要求"文经武纬之臣，忠肝义胆之士"大起义兵，来挽救垂死的宋王朝，并答应将来"不吝爵赏"，重重酬报。

诏书发到各地，那些平时"食宋君之禄"的大小官员和将领置之不理，只想逃跑或投降元朝，去食新的主子的俸禄了。

只有赣州（今江西赣州）知州文天祥和郢州守将张世杰率兵入卫临安。

文天祥是吉州庐陵（今江西吉安）人，南宋宝祐四年（1256）考中状元，后被任为赣州知州。

文天祥接到谢太后勤王诏书，不顾一切，拿出家财招募一支军队星夜赶往临安保卫王室，却遭到宰相陈宜中的拒绝，派他到平江（今江苏苏州）去做知府，又让他去守余杭附近的独松关，然而，还未等文天祥去上任，两地均已失守，陈宜中只好同意文天祥去临安。

文天祥像

这时，宋朝大势已去，无力挽救狂澜。

陈宜中和谢太后没有办法，只好派出使者向忽必烈摇尾乞怜，请求退兵修好，表示可以称侄纳币，称侄不许，可以称侄孙，最后愿意称臣，求封为小国。

然而，事到如今，再摇尾乞怜也没有用，毫无疑问，每次都遭到了拒绝。

不过，伯颜受忽必烈之命，并不拒绝宋使前来谈判，他怕把宋人逼急了，宋人或战或逃，使临安的公私财富在战火混乱中焚毁散失，因此，利用宋人委曲求全的心理，假意谈判，缓缓进兵。

和议不成，文天祥主张让谢太后、全太后（宋度宗后）、恭帝入海，留下自己背城一战。陈宜中不许，但又拿不出任何办法，后来干脆拂袖而去，逃到温州去了。

伯颜三路大军进展顺利，至元十三年（1276）年初会师临安。

谢、全两太后惊恐万分手足无措，只好任命文天祥为右丞相兼枢密使，派他去元营谈判。

文天祥到达元营，不顾伯颜的威胁利诱，始终坚持先撤军后谈判的立场。

伯颜见文天祥临危不惧，知为难得人才，于是打破元军从不扣留使者的惯例，将其拘留营中，意欲使其投降。

文天祥被留，谢太后、全太后、宋恭帝无计可施，只好捧着传国玉玺和降表向伯颜投降。

伯颜接受降表，入临安巡视，观潮于浙江，而后驻于湖州。

随后，伯颜在临安设立两浙大都督府，命忙兀台、范文虎管令大都督府事宜。

伯颜又命张惠、阿剌罕、董文炳等人入城点核仓廪及军民钱谷簿册，收缴百官诰命官印等，又命人收取御用器物、符玺、宫中图籍和珍宝等。

董文炳等人入城后，罢去南宋职官，解散南宋军队，封存府库，收集礼乐器皿及图籍等。又向翰林学士李槃建议说："国可灭，史不可没。宋朝十六主，有天下三百余年，其太史所记具在史馆，宜悉收以备典礼。"

于是收集宋史及诸注纪五千余册，保存起来，后送归国史院，保存了大量典籍，为后来修撰《宋史》奠定了基础。

因为伯颜牢记忽必烈"以曹彬为榜样，不嗜杀人"的教诲，"奉扬宽大，抚戢吏民"，致使"宋民不知易主"，"九衢之市肆不移，一代之繁华如故"，很快便使临安市民安定下来。

至元十三年（1276）三月，伯颜留下董文炳、阿剌罕等人经略浙闽未下州郡，令阿塔海等人进入宋宫，向宋恭帝赵㬎及两太后宣布诏旨，免其系颈牵羊之礼，跟随大军北上。五月，宋恭帝等至上都，忽必烈亲自召见，废其帝号，封为瀛国公。

元军能够迅速攻占南宋首都临安，全是忽必烈运筹帷幄不失时机发动灭宋战争的结果；是忽必烈用人得当，又善于听取刘整、伯颜等人建议的结果；是忽必烈整顿内政，发展经济，保证前线物资供应的结果；是忽必烈安抚百姓，不嗜杀人的结果。当然，这也是南宋极端腐朽导致的必然结局。

留取丹心照汗青

就在伯颜进围临安、宋恭帝准备投降之际，宋度宗之子益王赵禾焦、卫王赵昺等人从临安出走，经婺州抵达温州，张世杰和陆秀夫等人，后来也越城逃走，闻听二王在温州，赶来相会，并辗转来到福州。

文天祥出使元营被扣留，元人押解北上，行至镇江。文天祥与随从人员设法逃出，历尽艰险，也来到福州，与张世杰、陆秀夫等人共同拥立年仅九岁的赵昰即位，是为宋端宗。然后传檄远近，号召恢复宋朝，在江南西路、福建路和广南东路一带继续坚持抗元斗争。

至元十三年（1276）十月，忽必烈命塔出、吕师夔等人以江西行都

元帅府兵自江西进入广东，阿剌罕、董文炳、唆都以行省兵出浙东进入福建，分道追击张世杰等。

十一月，张世杰等人奉帝赵昰逃走泉州，结果，提举泉州市舶司官员薄奉庚也投降了元朝，张世杰、陆秀夫只好护卫帝赵昰逃往潮州。

这时，西北诸王海都等人的叛乱不但没有解决，而且，忽必烈派遣平叛的宗王蒙哥之子昔里吉等人又发动了叛乱，劫持皇子那木罕和丞相安童，分送至术赤后王忙哥帖木儿和海都处，并回师攻略和林，形势顿时紧张起来。

忽必烈统观全局，明确认识到当时的主要危险来自北方，于是将平南大军陆续抽调北上，江南新附之地，守备顿呈空虚。

文天祥紧紧抓住这一有利时机，积极进行恢复宋朝活动。

文天祥从镇江逃脱，来到福州以后，"使吕武招豪杰于江淮，杜浒募兵于温州"，很快又组织了一支抗元武装，转战于赣南、闽西、粤东一带，乘元朝大军北调之机，联络各路豪杰，相继收复梅州、广州、湖州、邵武、兴化等地，曾取得"雩都大捷"，攻克兴国，赣州所属各县全部恢复，元军只守住了赣州一城。

吉州所属八县地也恢复了四县。各地闻讯，纷纷起兵响应，赣南、粤东的形势出现了转机。

自伯颜攻宋以来，元军到处如入无人之境，少数地方和少数军队虽曾进行过抵抗，给元军以严重打击。

但范围多限于一城一地，性质也仅限于消极防守，从来没有进行过积极的反攻。

文天祥这次大规模的军事恢复活动，在抗元斗争史上是少见的，不但鼓舞了各地抗元斗争的士气，也使元朝统治者大为震动。

消息传到上都，忽必烈十分震惊。他本以为宋都失陷，其余各地可随手而拾，哪知又杀出来个文天祥，一时把元军打得落花流水。

对于文天祥的胆识和勇气，忽必烈既佩服又愤怒。佩服的是，在首都陷落、皇帝被掳、大小官员纷纷投降的形势下，文天祥还能组织一支不小的军队，"驱群羊而搏猛虎"，坚持抗元斗争，这在腐朽的宋王朝当中简直是个奇迹。

愤怒的是，忽必烈这时正忙于平定西北诸王的叛乱，弄得焦头烂额，偏偏在这个时候，文天祥把他的江南部署搞乱了。

然而，忽必烈毕竟是一位杰出的政治家和军事家，他在形势极度复杂的情况下仍然镇定自若，统观全局，进行新的部署。

他仍然将主力放在北方，令伯颜、阿术等率军北征海都、昔里吉等人的叛乱，同时，加强了南方的军事部署，特设江西行省，以塔出、麦术丁、彻里帖木儿、张荣实、李恒、也的迷失、失里门、程鹏飞、蒲寿庚等人行江西行中书省事，分水陆两路进攻闽广。

后来，忽必烈又命张弘范、李恒为蒙古汉军都元帅，水陆并进，扫荡残宋势力。又命塔出、吕师夔贾居贞行中书省事于赣州，兼辖江西、福建、广州诸道，既要保证当地的稳定，又要保证前线的后勤供应。

文天祥纪念馆

忽必烈部署完毕，各支大军遵命而行。

这时，宋皇帝赵昰在元军的追击下，东躲西藏，受尽了惊吓，得病死了。张世杰、陆秀夫等人又立赵昰之弟赵昺为帝，然后逃到崖山（今广东新会海中），坚持抗元。

在元军的进击下，文天祥连连失败，就连自己的妻子欧阳夫人，女儿柳小娘等人也落入元军手中。

至元十五年（1278）十二月，文天祥撤出潮阳，转移海丰，准备进入南岭山中，结营固守。

行至海丰以北的五坡岭时，文天祥估计元军一时追不上来，便停下来埋锅做饭。哪知陈懿投降了元军，为其担任向导，带领轻装骑兵，兼程追袭，很快就追到了五坡岭。

这时，文天祥和幕僚们正在岭上吃饭，毫无准备，仓促接战，很快就败下阵来，文天祥等人全都成了元军的俘虏。

当文天祥被押至张弘范面前的时候，张弘范劝其投降。文天祥严词拒绝。张弘范无可奈何，把文天祥押在军中，与李恒合兵一处进攻南宋的最后据点崖山。

当文天祥随军经过珠江口外的零丁洋（今广东中山南）时，想起当年在赣水皇恐滩应诏起兵勤王的情景，感慨万千，面对零丁洋，抱定誓死效国的决心，写下了悲壮沉雄的千古绝唱《过零丁洋》诗：

> 辛苦遭逢起一经，干戈寥落四周星。
> 山河破碎风抛絮，身世飘摇雨打萍。
> 皇恐滩头说皇恐，零丁洋里叹零丁。
> 人生自古谁无死，留取丹心照汗青。

至元十六年（1279）二月，张弘范率领军队到达崖山，要求文天祥写信劝张世杰投降，文天祥说："吾不能扞父母，乃教人叛父母，可乎？"

坚决不答应。

后来，张弘范强迫文天祥写信劝降，文天祥大义凛然，拿出他的《过零丁洋》诗作为回答。

张弘范见通过文天祥让张世杰投降已成泡影，只好下令军中向崖山猛攻。

张世杰把一千条大船结成一字阵，阵中的船与外面的船用绳索联结起来，四周加筑楼棚战栅，看上去像城墙一般。

张弘范见宋军把大船连在一起，就用轻舟满载茅草，浇上油，乘着风势，点上火，向宋军的船队漂去，希望收到赤壁火烧战船的功效。

不料张世杰早有准备，在战船上涂了厚厚的一层泥，使火不容易烧着。船上又备有长杆，一见火船逼近，便伸出长杆，顶住来船。

张弘范的火船到了宋军船队面前，近不得前，只好停在那里，真可谓"玩火自焚"了。

张弘范见火攻失败，于是调来大炮，利用炮石、火箭做掩护，南北夹击，突破宋朝水军阵脚，跳上宋船，与宋军短兵相接。

宋军虽然顽强抵抗，怎奈寡不敌众，哪里招架得住，眼看全军就要覆灭，陆秀夫抱起年仅九岁的小皇帝投海而死。

张世杰力战突围而出，后遇风涛覆舟而死。

南宋至此彻底灭亡。

张弘范攻破崖山，欣喜异常，于军中置酒大会，大肆庆祝。

席间，张弘范对文天祥说："国亡，丞相忠孝尽矣，能改心以事宋者事皇上，将不失为宰相也。"

文天祥丝毫不为所动，回答道"国亡不能救，为人臣者死有余罪，况敢逃其死而二其心乎"，请求以死报国。

张弘范又说，先生意欲留取丹心照汗青，今"国亡矣，即死，谁复书之"。

文天祥回答说："商亡，而夷齐不食周粟，亦自尽其心耳，岂论书与不书。"

张弘范

张弘范见文天祥死不投降，没有办法，只好遣使请示忽必烈如何处理。

元军攻占临安，宋人先后投降，忽必烈曾经召见宋朝降将，问道："汝等降何容易？"那些降将回答道："贾似道专国，每优礼文士而轻武臣。臣等久积不平，故望风送款。"忽必烈听了这话，觉得这些降将没有骨气，心里一阵恶心，轻蔑地说："似道实轻尔曹，特似道一人之过，汝主何负焉。正如尔言，则似道轻尔也固宜。"

忽必烈本想在南人中选拔一些才能之士，帮助他治理国家，结果在他所见到的降人当中，尽是些无耻懦弱之徒，他以为南宋不会有像样的人才了，大失所望。

在忽必烈为南宋人才匮乏而愁叹之际，张弘范所遣使者来到大都，向他报告了文天祥誓死不投降的情况，忽必烈听说南宋还有这样的人才惊讶不已，"既壮其节，又惜其才"，令张弘范将文天祥护送京师，不准随意杀死。忽必烈决心劝降文天祥，并要委以重任。

至元十六年（1279）十月，文天祥被押到大都，忽必烈吩咐大臣，不论用什么办法，一定要把文天祥劝降。

于是，劝降使者接连不断地到来。

降元的留梦炎、王积翁先后来劝，文天祥痛骂叛徒，严词拒绝。

忽必烈又派宋恭帝来劝降，文天祥见宋朝皇帝亲来，立即跪到地上，痛哭流涕，连连说"圣驾请回"，别的什么也不讲。伯颜手下的大将唆都也来劝降说："丞相在大宋为状元宰相，今为大元宰相无疑。丞相常说国存与存，国亡与亡，这是男子心。天子一统，做大元宰相，是甚次第。国亡与亡四个字休道。"仍然想用高官厚禄来劝诱文天祥投降，文天祥丝毫不为所动。

屡次劝降不成，丞相孛罗亲自出马，文天祥说："自古有兴有废，帝王将相灭亡诛戮，何代无之，尽忠于宋，所以至此。今日不过死耳，有何言。"

孛罗问："自古常有宰相以宗庙城郭与人，又遁逃去者否？"

文天祥回答说："为宰相而奉国以与人者，卖国之臣也。卖国者必不去，去者必非卖国之臣。"

孛罗问："汝立二王，竟成何事？"

文天祥回答说："立君以存宗社，臣子之责，若夫成功，则天也。"

孛罗说："既知其不可。何必为？"

文天祥说："父母有疾，虽不可为，无不用医药之理，不用医药者，非人子也。天祥今日至此，唯有死，不在多言。"

孛罗气得发疯，只好禀告忽必烈。忽必烈更加重视其气节，下令将文天祥关押起来，想用时间消磨他的意志。

不久，元军把文天祥的妻子欧阳夫人和两个女儿都押到大都，表示，只要文天祥投降元，家人立可团聚。

文天祥确实想念妻子儿女，然而他更重气节，宁可不见亲人，也不屈膝。

忽必烈听说文天祥誓死不屈，对其更加赏识有加，于是亲自召见文天祥，说："汝以事宋者事我，即以汝为中书宰相。"

文天祥回答说："天祥为宋状元宰相，宋亡，惟可死，不可生。"

忽必烈说："汝不为宰相，则为枢密。"

文天祥说："一死之外，无可为者。"

忽必烈亲自劝降不成，仍然不想将其杀害，有意释放，可谓爱才切切，这在古代帝王之中实在少有。

这时，有位僧人说："土星犯帝坐，疑有变。"中山地区又有人自称"宋主"，有兵千人，扬言"欲取文丞相"。大都亦有匿名书，"言某日烧蘘城苇，率两翼兵为乱，丞相可无忧者"。

元人怀疑丞相即指文天祥，他们害怕释放文天祥以后，文天祥"复号召江南"，因此，建议处死文天祥。

忽必烈虽然深觉可惜，但考虑元朝江山的稳固。还是含泪下达了杀死文天祥的命令。

至元十九年十二月九日（1283年1月9日）文天祥在大都柴市（今北京东四大街府学胡同；一说在宣武门外菜市口）从容就义，当时只有四十七岁。

万里江山成一统

南宋彻底灭亡了，一代雄主忽必烈的心里无比兴奋，简直用语言无法形容。

忽必烈灭亡南宋，建立了历史上任何一个朝代都不能与之相比拟的大统一的王朝。

中国从唐朝末年以来，后历经五代十国，一直是征战不断，遍生烽烟。天下扰攘，人心惶惶，苦不堪言。

后来出现了宋太祖和宋太宗两位英主，南征北战，终于统一了中原和南方，但北方仍有辽、西夏政权的并立，西方和西南方又有未能直接管辖的吐蕃和大理等。

到了南宋时期，虽然金人兴起，灭了辽朝，但这种民族政权对立的格局并没有打破。

成吉思汗兴起于蒙古草原，虽然灭掉了西辽和西夏，但并没有灭掉金和南宋，带着深深的遗憾离开了人世。

窝阔台继承了成吉思汗的遗志，灭掉了他们以前认为天上人统治的金王朝，但对于历史悠久的南宋王朝仍是无能为力。

只是到了忽必烈时期，才灭掉了吐蕃、大理和南宋王朝，真正实现了全国的大统一。

这个大统一，比起汉唐王朝来有过之而无不及。

只有忽必烈的统一才使国家浑然成为一个整体，再也没有办法分割了。基本上保证了中国元明清以来的大统一，再也没有出现分裂割据的现象。

《元史·地理志序》说忽必烈统一南宋以后的领土是"北逾阴山，西极流沙，东尽辽左，南越海表"。大体上与清朝乾隆全盛时期的疆域相等，奠定了中国统一的多民族国家的疆域基础，这一功绩是不能磨灭的。

汉人最愿意讲正统，认为只有汉人建立的政权才是正统王朝，少数民族建立的政权不是正统王朝，是僭越。

忽必烈有时也觉得少数民族总是受汉人直接或间接管辖，有些自卑。

后来，蒙古的铁骑踏碎了汉人的河山以后，他又有些春风得意了，以为汉人也不过如此，不比自己高明多少。

忽必烈雕像

尤其是契丹和女真人进入中原以后，他们开始改变汉人的正统观念，提出了谁入中原谁就是正统的思想。忽必烈觉得这种正统思想很适合自己，因而也拿来作为对付汉人的武器。

在这种思想指导下，忽必烈以为，不应该总由汉人来管我们少数民族，其实少数民族中的杰出人物出来管汉人也不是不应该的。有了这种思想，忽必烈不再自卑了，不但为其一统天下而高兴，同时也觉得无比自豪。

忽必烈认为大统一的局面，可以为人们提供一个比较安定的生产和生活环境，有利于经济的发展，也有利于南北经济文化的交流。

首先，对蒙古族等少数民族来说，要获取喜爱的丝绸、瓷器和粮食等，就十分方便了。

其次，对汉人来说，也不是一点儿好处也没有，要想得到少数民族的牛羊肉、皮革制品、弓箭、马鞍等，不也是非常方便吗！

在大统一的条件下，各族都把自己的优秀产品拿来交换，不但可以互通有无，还可以推广先进技术，对发展经济和文化只有好处，没有坏处。

当然，忽必烈进行武力统一，并不是想给各族人民办多少好事，而是为了自己更多地索取。但客观上确实起到了促进经济发展和南北经济文化交流的作用。

忽必烈一统天下，对于国内民族融合起到了促进作用。随着蒙古大军南下，一大批蒙古人和色目人涌入内地，他们有的因为当官而择地卜居，有的因为镇戍而定居营家，有的则因为经商、侨寓、罪徙或充工匠、奴仆等而随处与汉人混杂而居。

在天下一统的形势下，也有一大批汉人来到边疆少数民族地区。各族人民杂居相处，互相学习生产和生活经验，互相了解，互相帮助，互相通婚，既增进了民族间的感情，也逐步融合到一起。

第五章　鼎新政治重汉化

权衡利弊行汉法

蒙古大军三次西征，灭金取宋，经略区域不断扩大。忽必烈在与阿里不哥争夺汗位期间，为取得诸王的支持，承认了别儿哥对钦察汗国、旭烈兀对伊利汗国地区的统治权。

这样，忽必烈所直接统治地区就限于蒙古草原和原来夏金宋统治地区了。

尽管如此，疆域仍然十分辽阔，超过汉唐。

在这样辽阔的统治区域之内，生活着蒙古族、西域各族、汉族等民族人。各族人民的生产、生活、风俗习惯及生活方式不尽相同。

蒙古草原地区有蒙古的统治制度和方法，西域和中亚地区有色目人的统治制度和方法，金宋地区有汉人的统治制度和方法。

忽必烈夺取政权以后，应该采取何种统治制度和方法，以巩固其统治，这是摆在忽必烈及其谋士们面前的一个十分重要，并且十分紧迫的问题。

郝经认为，在忽必烈统治区域之内，不管地域大小，还是经济文化的先进程度，汉地都占据中心和主导地位。所以，统治制度和思想都必须从草原本位向汉地本位转化，必须采用汉法。

中统元年（1260），郝经曾上书忽必烈，建议忽必烈树雄心，立壮志，大有作为于天下，应该"为人之所不能为，立人之所不能立，变人之所不能变"。

117

郝经说，蒙古灭金以后，占据大量汉地，把汉地原来的统治制度都打破了，但新的制度没有建立起来，出现一片混乱。

"于是，法度废则纲纪亡，官制废则政事亡，都邑废则宫室亡，学校废则人材亡，廉耻废则风俗亡，纪律废则军政亡，守令废则民政亡，财赋废则国用亡，天下之器虽存而其实则无有。"

为今之计，应该"大为振澡，与天下更始"，尽快确立统治制度和政策。

郝经认为，应该"以国朝之成法，援唐宋之故典，参辽金之遗制，设官分职，立政安民，成一王法"。郝经说：

昔元魏始有代地，便参用汉法，至孝文迁都洛阳，一以汉法为政，典章文物，灿然与前代比隆，天下至今称为贤君；王通修《元经》，即与为正统，是可以为鉴也。

金源氏起东北小夷，部曲数百人，渡鸭绿，取黄龙，便建位号，一用辽宋制度，取二国名士置之近要，使藻饰王化，号十学士。

至世宗与宋定盟。内外无事，天下晏然，法制修明，风俗完厚，真德秀谓金源氏典章法度在元魏右，天下亦至今称为贤君，燕都故老，语及先皇者，必为流涕，其德泽在人之深如此，是又可以为鉴也。

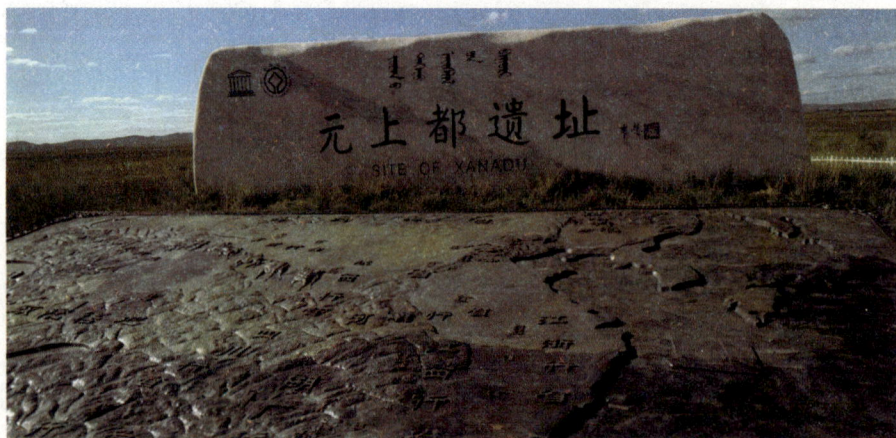

元　上都遗址

今有汉唐之地而加大，有汉唐之民而加多，虽不能便如汉唐，为元魏、金源之治亦可也。

郝经认为，北魏和金人能够确立中原统治，就是因为他们"以汉法为政""用辽宋制度"，所以建议忽必烈以北魏和金朝为楷模，采用汉法以确立其统治制度和政策。

郝经这里所谈的采用汉法，主要指"援唐宋之故典，参辽金之遗制"，对于唐宋和辽金制度并非全盘照搬，而应结合当时的具体情况，有所选择地择优吸收。

同时，对于蒙古旧制也不全盘排除，"国朝之成法"中的有益成分也应该保留，但在蒙古成法和汉法中，应该以汉法为主。郝经的这种思想应该是正确的。

对于采用汉法问题，当时是一场深刻变革，阻力很大，因此，郝经要求忽必烈下大决心，"断然有为"，"奋扬乾纲，应天革命"，干出一番轰轰烈烈的事业来。

许衡在至元三年（1266）上《时务五事》，指出"国朝土宇旷远，诸民相杂，俗既不同，论难遽定"，但"考之前代，北方之有中夏者，必行汉法，乃可长久"，故后魏、辽、金历年最多，其他不能实用汉法旨，"皆乱亡相继，史册具载，昭昭可见也"。

如今，"国家仍处远漠，我事论此，必如今日形势，非用汉法不宜也"。许衡认真总结了历史经验，认为忽必烈必须采用汉法，才能保证国家长治久安。

许衡也知道要那些守旧的蒙古贵族"下从臣仆之谋，改就亡国之俗"不是一件容易的事情，因此，他建议忽必烈不要采取骤变的方法，而要采取渐变的方式，潜移默化地加以改变。

许衡举例说："寒之与暑，因为不同。在寒之变暑也，始于微温，温而热，热而暑，积百有八十二日而寒气始尽。暑之变寒，其势亦然。山木

之根力可破石，是亦积之之验也。”主张采用汉法也要像寒之易暑一样，“渐之摩之，待以岁月，心坚而确，事易而常，未有不可变者”。计划用三十年的时间，完成汉化改革。

至元元年（1264），徐世隆上奏，“陛下帝中国，当行中国事”，亦建议忽必烈采用汉法。

忽必烈早年在漠北藩邸时就开始接触汉族士人，并通过这些汉族士人了解一些汉法，至他主管漠南汉地军国庶事时，便开始采用汉法试治邢州、关陇和河南地区，几年的实践，卓有成效，使他进一步认识到汉法的优越性，曾暗暗下定决心，等将来夺取汗位，一定采用汉法。

如今，忽必烈真的当上了整个中国的大皇帝，郝经、徐世隆、许衡等人纷纷向他建议采用汉法，君臣们不谋而合，忽必烈非常高兴，更加坚定了采用汉法的决心。

中统元年（1260），忽必烈在开平即位，发布了由王鹗起草的即位诏书，明确表达了他准备采用汉法的思想。

忽必烈在即位诏书中讲述了群臣拥戴以及他应该即位的理由，还提出了自己的政治路线。

他认为，蒙古自成吉思汗统一蒙古诸部以来，“武功迭兴，文治多缺”，其武功确实是前无古人的，但是，以马上取天下，而不可以马上治天下，缺少文治对巩固统治是相当不利的。

因此，忽必烈表示要“宜新弘远之规”，“祖述变通”，就是要改革当时政治，采用汉法，确立一代之规。

忽必烈在这里表示的采用汉法，并不是全盘汉法，而是对汉法有选择地吸收。

同时，对于自己的祖宗之法，也不一概排斥，而是有选择地保留，这就是他所谈的“祖述”之意。

应该说，忽必烈这种在“祖述”基础上采用汉法的思想，基本上与郝经等人的思想相一致。

忽必烈雕像

　　毫无疑问，在学习他人经验之时不应该不加选择地全部吸收，而应该学习那些先进的东西。

　　对本民族的东西也不应该全部抛弃，只能抛弃那些落后的东西，而对一些代表本民族的优秀的东西予以保留，这才是正确的。

　　因此，忽必烈的"祖述变通"思想不应该否定，只是他在后来的实践中，对本民族中有一些该保留的优秀东西没有保留，有一些该抛弃的东西没有抛弃，在历史上留下了一些遗憾。

　　蒙古最初纪年没有使用年号，成吉思汗时，用十二生肖纪年，如鼠儿年、羊儿年，等等。

　　窝阔台以后，虽然进入中原地区，也没有采用汉法使用年号纪年。

　　1260年，忽必烈继承汗位以后，学习中原王朝传统的年号纪年方法，正式建元"中统"。"中统"是"中朝正统"的意思，表明忽必烈要继承中原王朝的正统，是忽必烈采用汉法的重要一步。

　　忽必烈在《中统建元》诏书里，再次表示，要"稽列圣（指蒙古历代大汗）之洪规，讲前代（指汉族封建王朝）之定制"，重申了他的"祖述变通"的改革思想。

同年十二月，忽必烈再次颁布诏书，说"祖宗以武功创业，文化未修"，宣布他要"鼎新革故，务一万方"，要积极进行汉化改革。

1264年，忽必烈又取汉族儒家经典《易经》"至哉坤元"之义，改年号为"至元"。

1271年，又取《易经》中"大哉乾元"的意义，将原来"大蒙古"国号改为"大元"，用汉族儒家思想表示国家极其广大。

忽必烈在《建国号诏》中说："我太祖圣武皇帝（指成吉思汗），掌握了天符崛起于北方，以其神武而成帝业，他的威名震天动地，帝国范围之广，自古以来未曾有过。最近，耆老们纷纷奏章申请说：'大业既成，宜早定鸿名'。我想这从制度上来说是当然的。故决定建国号曰'大元'，这是取《易经》'乾元'的意思。"

忽必烈在这个诏书里进一步重申了他建立元朝，是历史上中原王朝的继承，并采用汉法建立了他的国号和年号。

忽必烈在建立年号和国号之时，又将都城移至汉地。

中统四年（1263），忽必烈将开平升为都城，定名为上都。

至元元年（1264）又升燕京为中都。

至元四年（1267）始于中都旧城东北建造新城。

至元九年（1272）将正在修建中的新城，包括中都，改名为大都，定为正式首都。

忽必烈定都汉地，是他采用汉法的表现，亦方便了对全国的统治。

在礼仪制度方面，忽必烈开始学习中原的风俗习惯。

至元三年（1266）开始在中都设立太庙，祭祀祖宗。至元八年（1271），忽必烈又"命刘秉忠、许衡始制朝仪。自是皇帝即位、元正、天寿节，及诸王、外国来朝，册立皇后、皇太子，群臣上尊号，进太皇太后、皇太后册宝，暨郊庙礼成、群臣朝贺，皆如朝会之仪。而大飨宗亲、锡（赐）宴大臣，犹用本俗之礼为多"。

忽必烈所定礼仪，保留有部分蒙古族旧礼，但大部分已采纳中原汉人的礼仪制度，可以说这是一项重大改革和进步。

忽必烈在汉族儒士的帮助下通过自己的多年实践，明白了"必行汉法，乃可长久"的道理，因此，他刚刚即位，就大刀阔斧地改革蒙古旧制，全面采用汉法。

这种做法与蒙古旧制大相径庭，激起了蒙古守旧贵族的强烈不满，他们遣使入朝，指责忽必烈说："本朝旧俗与汉法异，今留汉地，建都邑城郭，仪文制度。遵用汉法，其故何如？"

面对蒙古守旧贵族的诘难，忽必烈毫不动摇，他一边派出使者进行解释，争取各方面的舆论支持，一边置之不理，继续进行他的汉化改革。

确立太子免争端

忽必烈夺取帝位，当上了中国的大皇帝，心中好欢喜。然而，每当他想起自己死后的皇位继承问题，心中又浮上了一层淡淡的阴影。

大蒙古国的汗位继承，必须通过忽里台选举方能生效。忽里台最初是蒙古部落和各部联盟的议事会，推举首领和决定征战等大事，带有军事民主制色彩。后来，蒙古东征西讨，势力不断扩大，各种制度都在发生变化，唯有选举大汗、决定重大军事行动和宣布新定制度的忽里台制度没有发生变化。

这种忽里台制度，保留了原始社会末期军事民主制遗风，表面上看去似乎讲究民主，但由于大汗候选人的混乱和部分贵族把持忽里台大权，往往在汗位交替之际造成政局动荡，发生流血的争斗。

蒙古族向来有幼子继承家庭财产的习俗，有关人员据此认定幼子理所当然应该继承大汗之位，但又没有任何人或忽里台明确规定幼子的继承权力。

亦有人认为长子具有继承汗位的优先权，可成吉思汗就没有将汗位交给他的长子术赤。

123

关山萧寺图

实际上，蒙古大汗的嫡子都有继承权，甚至于庶子、兄弟亦皆享有汗位有继承权。

蒙古族没有像汉族那样确立皇太子的皇储制度，大汗平时不确定汗位继承人，往往是到临死时指定继承人，甚至有时来不及指定大汗侯选人就离开了人世，因此，造成了皇位继承的混乱，导致了大蒙古国政权的严重不稳，削弱了蒙古贵族自身的统治力量。

为了摆脱这种争夺皇位的危机，建立明确的皇位继承制度，改变混乱状态，在这方面，汉族统治者积累了丰富的经验，那就是采取嫡长子继承制并预先确立皇储的制度。

汉人把预立皇位继承人，看成是国家头等大事，称为"国本"。皇帝提前预立，可以避免老皇帝去世以后在皇位继承问题上的争端，保证王朝稳定，国祚久长。

因此，许多汉族知识分子鉴于蒙古汗位继承制度的混乱，积极向忽必烈建议早立太子。

最先提出这个问题的是郝经，在中统元年（1260）三月，忽必烈刚刚即位，他就写了《便宜新政》十六事，最后一事就是"立储贰以塞乱阶"。

郝经说："国家数朝代立之际，皆仰推戴，故近世以来，几致于乱，不早定储贰之失也。若储贰早定，上下无所觊觎。则一日莫敢争者。且使朝夕视膳，或出而抚军，守而监国，练达政事，此盛事也。"

郝经建议忽必烈在皇位继承问题上采用汉法，以避免大蒙古时期汗位继承的纷争。

忽必烈已经看到了这一问题，也有确立皇储之意。但当时忽必烈始行汉法，把注意力首先放在"立国规模"上，加上他当时正值壮年。还不急于解决这个问题。

更重要的则是，立皇储是对蒙古传统的忽里台选举制的破坏，必然遭到蒙古宗王的反对，为了团结大多数，减弱反对派的势力，忽必烈没有把立皇储问题提到议事日程上来，只是于中统三年（1262）十二月诏封嫡子真金为燕王，领中书省事，实际上已作为储君使用了。

忽必烈在立太子问题上的审慎态度，无疑是正确的。

至元四年（1267），姚枢又提出治国的八条建议，把"建储副以重祚"放到第二条的位置上。

至元五年（1268），陈祐又上《三本疏》，提出"太子国本，建立宜早"，"中书政本，责成宜专"，"人材治本，选举宜审"三条建议，把立太子问题提到第一位。

姚枢说："三代盛王有天下者，皆以传子，非不欲法尧禅、舜让之美也，顾其势有不能尔。"

"圣代隆兴。不崇储君，故授受之际，天下忧危。"

"时移事变，理势当然，不得不尔，期于宗社之安而已矣。由此观之，国之本议昭然甚明，不可缓也。"

陛下应该"上承天意，下顺民心，体三代宏远之规，法春秋嫡长子之

议”，“建皇储于春宫，隆帝基于圣代。俾入监国事，出抚戎政，绝觊觎之心，壹中外之望，则民心不摇，邦本自固矣”。

姚枢把立太子之事提到了国家安危的高度。

忽必烈有意解决皇位继承问题，但顾及蒙古宗王的反对，一时犹豫不决，又驿召张雄飞。问以方今所急，张雄飞第一句话就说：“太子天下本，愿早定以系人心。闾阎小人有升斗之储，尚知付托，天下至大，社稷至重，不早建储贰，非至计也。”

又说：“向使先帝知此，陛下能有今日乎？”

当时，忽必烈正躺在床上，听了这话，“矍然起，称善者久之”。于是下决心确立太子，以塞乱阶，避免像他一样争夺汗位的斗争发生。

至元十年（1273）二月，忽必烈正式册立真金为皇太子，册文曰：

咨尔皇太子真金，仰惟太祖皇帝遗训，嫡子中有克嗣服继统者，豫预，选定之。是用立太宗英文皇帝，以绍隆丕构。自时厥后，为不显立冢嫡，遂启争端。朕上遵祖宗宏规，下协昆弟佥同之议，乃从燕邸，即立尔为皇太子，积有日矣。比者，儒臣敷奏，国家定立储嗣，宜有册命，此典礼也。今遣摄太尉、左丞相伯颜持节授尔玉册金宝。于戏！圣武燕谋，尔其承奉。昆弟宗亲，尔其和协。使仁孝显于躬行，抑可谓不负所托矣。尚其戒哉，勿替朕命。

从册文中内容来看，忽必烈封真金为燕王时，就已在事实上立为皇太子了，此时册立，不过补行典礼罢了。册文中还援引了成吉思汗选定窝阔台为继承人的例子，说自己立太子是“上遵祖宗宏规，下协昆弟佥同之议”，目的是为了避免蒙古宗王的反对，说明忽必烈在立太子的问题上是十分谨慎的。

忽必烈虽然采用汉法确立太子，预立皇位继承人，但并没有全部采用汉法，没有宣布废除忽里台制度，忽里台选举皇帝的仪式仍然顽强地保存下来。

不过，此后的忽里台制度仅仅是一种仪式，已经没有什么实际内容了。

有人以为忽必烈采用汉法不彻底，保留了忽里台制度，才导致了元代帝位争夺的激烈。

其实，这是一种误解，忽必烈采用汉法确立太子，忽里台已经不起什么作用，元代帝位争夺激烈完全是由当时政治腐败、大臣专权造成的。

实际上，忽必烈采用汉法确立皇位继承人，已经十分了不起了，保留忽里台选举皇帝的仪式也不是什么严重缺陷。

遵照汉法定机构

忽必烈控制了"在整个有居民的世界里，没有一个国家像它那样有那么多居住地区和那么多人"的国家，如何进行管理，就成了摆在忽必烈面前的重要问题。

忽必烈很清楚，管理这样一个疆域辽阔的国家，只凭个人的努力是不够的，需要许多贤臣良将来辅佐，这样，就要选拔人才，设立机构，建立一套社会稳定的机构，以保证国家长治久安。

要设立统治机构，是仍然沿用蒙古旧法呢，还是采用汉法呢？这是当时蒙古贵族中争论最多的问题。

忽必烈力排众议，采纳了汉族儒士的建议，毅然决然地采用了汉法。

事实上，蒙古在中央政权建设方面，没有什么成就可言，一直比较混乱。成吉思汗

色目人俑

建国时，曾封失吉忽秃忽为也可札鲁忽赤，即大断事官，让他总揽民户分封及刑事诉讼等事，成吉思汗授权忽秃忽说："将举国百姓，分与我母、诸弟、诸子等，不论何人，不得违汝所言"，"于举国百姓之中，惩彼盗贼，勘彼诈伪，死其当其死者，惩其当其惩者"，还要"将举国百姓所分之份，所断之案，书之青册文书，传至子子孙孙"，不得更改。

也可札鲁忽赤实际上成为国家最高行政长官。窝阔台灭金以后，命失吉忽秃忽为中州断事官，统管汉地户口、赋税、刑法等事务，专治一方，汉人称之为"胡丞相"。

此外，大汗建有怯薛组织，承担护卫大汗、宫廷服务、行政差遣等任务。怯薛组织设有必阇赤一职，掌管写发大汗诏令及其他宫廷文书事务。

后来，蒙古统治地域不断扩大，在中原和西域各地区颁布政令以及征收贡赋、任免官吏等，都需要行用文书，必阇赤的作用越来越重要，逐渐得以参与政务，成为次于大札鲁忽赤的辅相之臣。

1231年，窝阔台南征驻跸云中（今山西大同），曾仿中原官称，授予必阇赤长官耶律楚材、粘合重山、镇海三人为中书令和中书左、右丞相，并将必阇赤机构改称中书省。

不过，那时改称的中书省只是权宜之计，并不是蒙古中央统治机构的定制。

忽必烈即位以后，面对蒙古权宜设官、中央统治机构混乱的状况，命令刘秉忠、许衡等人"酌古今之宜，定内外之官"。

刘秉忠、许衡等人以为，唐宋以来，中央实行三省制，但北宋实际起作用的是中书省、枢密院和三司。

至金代，干脆将三省合为一省，称为尚书省，另设枢密院和御史台，掌管军事和监察。刘秉忠、许衡都生于金代，对金制十分熟悉，认为金代的中央机构简要、实用，建议忽必烈仿照金制，在中央设置中书省掌行政，枢密院掌军事，御史台掌监察，作为中央的主要行政机构。

忽必烈听了刘秉忠、许衡等人的汇报，非常高兴地说："天下国家，譬犹一人之身，中书省是我的右手，枢密院是我的左手，御史台是我用来医治左右两手的"。

忽必烈形象生动的比喻，基本上道出了三个机构的职责及忽必烈准备设立这些机构的初衷。

忽必烈采纳了刘秉忠等人的建议，在中央相继建立了中书省、枢密院、御史台等机构。

中书省于中统元年（1260）四月正式建立，名称虽与金代尚书省不同，但实质完全一样。中书省最高长官为中书令，由皇太子兼任，未立太子时空缺。下设官员初无定数，后来定为右丞相、左丞相各一人，总领省事，统率百司；平章政事四人，为丞相的副手；右丞、左丞各一人。参知政事三人，为执政官。因为蒙古人以右为上，故右丞相高于左丞相。

上面这些官员共同构成宰执班子。担任宰执的人员来自各族上层分子，比如，中统二年（1261），即以不花、史天泽为右丞相，忽鲁不花、耶律铸为左丞相，塔察儿、王文统、赛典赤、廉希宪为平章政事，张启元为右丞，张文谦为左丞，商挺、杨果为参知政事。

其中，蒙古三人，汉人六人，汉化契丹人一人，汉化畏兀儿人一人，回回一人，说明忽必烈比较注意联合各族上层分子，特别注意联合汉族地主阶级。

宰执下面设有众多僚佐，主要有参议中书省事、郎中、员外郎、都事等。中书省下设吏部、户部、礼部、兵部、刑部、工部六部，各部最高长官都称尚书。负责各方面具体工作。

枢密院于中统四年（1263）正式设置，掌管天下兵甲机密之务，与中书省分掌行政和军事大权。

枢密院最高长官为枢密使，例由皇太子兼任，未立皇太子时空缺。实际长官为枢密副使、金书枢密院事，后来又在枢密副使之上设知枢密院事（简称知院）、同知枢密院事（简称同知），在金书枢密院事之下设同金书枢密院事、院判等，名额不定。

御史台正式设于至元五年（1268），是中央的最高监察机构。长官有御史大夫、御史中丞、侍御史、治书侍御史等。

忽必烈所设置的枢密院和御史台虽与中书省并称，可以自行奏事、自选僚属，分别对皇帝负责，但在文书往来上仍然显示出与中书省地位的差别。

中书省发送枢密院、御史台的文书，行文使用由上行下的"札"；而枢密院和御史台发送中书省的文书，行文则使用由下行上的"呈"。

青花釉里红镂雕盖罐

与此相联系，作为中书省最高长官的宰执，也体现出位高权重的特点。

宰执中居于首位的右丞相，除个别非常时期以外，必由蒙古贵族担任，其余宰执则参用各族上层分子。

中书省工作时，宰执们列坐一堂，就所议之事各抒己见，最后由右丞相作出决断。有时讨论重大决策问题，也往往由中书省召集枢密院、御史台、六部等机构有关官员举行集体会议。实际上，中书省在中央统治机构中占有突出的地位，具有统率百司的职权。

实际上，枢密院和御史台也要接受中书省的领导。

此外，忽必烈又在中央设置了宣政院，掌管全国佛教事务和吐蕃地区事务，这是忽必烈仿汉制创设的一种新的机构，历史上不曾有过。

又设置了大宗正府，负责审理诸王、驸马投下中蒙古色目人的犯罪案件和汉人南人中的重大刑事案件，与前代宗王府主要管理皇族事务有所不同。

大蒙古时期的最高刑政长官札鲁忽赤，因为中书省宰执分割了他的行政权，于是变成了大宗正府单一的司法长官。忽必烈在中央还设有宣徽院，除掌管前代宣徽院所掌管的朝会、宴享、祭祀、礼仪、御膳等事务外，还掌管征收漠北蒙古人赋税、诸王宿卫怯怜口名籍、选送和推荐怯薛人员、抚恤蒙古部落，等等。还设置翰林国史院，负责纂修国史、起草制诰文书、备皇帝顾问等。又创设通政院掌管全国驿站，大司农司掌管全国农桑水利等。

经过一番改革和整顿，大蒙古国时期中央机构残缺、没有章法的混乱局面，迅速改观。办事紧张而有规律，系统而不紊乱，皇帝应用起来得心应手，更便于运筹帷幄、收效于千里之外了。

各族参用稳地方

忽必烈在改革中央机构的同时，对地方机构也做了改革和整顿，创立了行省制度。

成吉思汗建立大蒙古国时，实行领户分封制，将草原牧民按十进位分别编制为十户、百户、千户和万户，分封给自己的子弟、贵戚和功臣等。

蒙古入主中原以后，"随事创立，未有定制"，地方制度十分混乱不堪。

蒙古沿袭成吉思汗以来的祖宗之法，在蒙古贵族中继续实行分封制，同时学习金朝的经验，在占领区随时、随地、随事临时设置行省，进行管辖。

行省制度可以追溯到魏晋时期的行台。

北朝、隋和唐初都曾置行台尚书省（简称行台）于外州行使尚书省的职权。

金朝沿袭这一制度，为处理地方上的一些重大军政事务，派遣尚书省宰臣出外便宜行事，行使尚书省职权，叫作"行尚书省事"，简称为"行

省"，金末主要是为抵御蒙古和镇压农民起义而设。

金朝行省是中央尚书省的派出机构，代表中央尚书省临时处理某些军政事务，事毕撤销，不是固定的地方行政机构。

蒙古进入中原以后，曾糅合蒙古分封制，仿效金朝的行省名称，对一些投降的金朝官吏或地方军阀，授予"行省"官号，但都不带宰相职衔，又不是为了解决某事而设，带有一定分封性质，所以，与金朝的行省根本不同。后来，这一类行省名号逐渐被取消。

窝阔台在授予降将"行省"官职的同时，又将被征服地区划分为三个较大行政区，分别任命札鲁忽赤进行管理。

至蒙哥时期，这三个大行政区，在汉文史料里被称为"行尚书省"，即"燕京等处行尚书省"，治所设在燕京（今北京），统治中原汉地；"别失八里等处行尚书省"，治所设在别失八里（今新疆吉木萨尔），统治阿姆河以东、阿尔泰山以西原西辽、花剌子模故土；"阿姆河等处行尚书省"，治所设在徒思（今伊朗马什哈德一带），统治阿姆河以西波斯地区。这一类行省具有金末行省的一些性质，但又有所不同，开始向地方行政区划过渡。

不过，这一类行省的名称皆是汉人的附会之词，因为当时大蒙古国的中央政府还没有尚书省的建置，官员也未称行省事。仍称札鲁忽赤等。

忽必烈便是在这种既保存有蒙古分封制，又有临时安顿金宋降人所设的行省和附会金末行省的混乱情况下登上历史舞台的。

忽必烈为了稳定地方秩序，加强对地方的管理，先在地方上设置十路宣抚司作为最高行政机构，以赛典赤、李德辉为燕京路宣抚使，徐世隆为副；宋子贞为益都济南等路宣抚使，王磐为副；史天泽为何南路宣抚使；杨果为北京等路宣抚使，赵炳为副；张德辉为平阳太原路宣抚使，谢瑄为副；孛鲁海牙、刘肃并为真定路宣抚使；姚枢为东平路宣抚使，张肃为副；张文谦为大名彰德等路宣抚使，游显为副；粘合南合为西京路宣抚使，崔巨济为副；廉希宪为京兆等路宣抚使。

忽必烈在设置十路宣抚司的同时，又仿照金末行省制度，常常以中书省宰执挂上"行某处中书省事"的头衔，出外行使中书省的职权，主持地方的政治、经济和军事等方面的事务，因事而设，事毕则罢，没有固定的治所和辖区。

后来，这类行省越设越多，并渐趋稳定，已与前代所设的临时性的中央派出机构大不相同，实际上已成为常设的地方机构。

鉴于这种情况，忽必烈干脆将各地所设行中书省作为地方上最高行政机构固定下来，并向全国推广。

由行中书省成了地方的行政机构，行省官员若再以中书省宰执行中书省系衔，就与中书省的权限没有区别了，且职权太重，为此，忽必烈重新更定官制，撤销中书省宰执行中书省之职，只设某处行中书省丞相、平章政事、右丞、左丞、参和政事等。

后来，又嫌行中书省丞相职权太重，取消其职，以平章政事为行中书省最高长官。

忽必烈整顿地方机构，正式确立了行省制度。其时，将大都周围的河北、山西、山东等地称为"腹里"，由于中央的中书省直接统辖。

此外，忽必烈在全国共设立十个行省：陕西行省，辖境包括今陕西省以及甘肃省、内蒙古自治区的部分地区；甘肃行省，辖境包括今宁夏回族自治区、甘肃省大部分和内蒙古自治区的一部分地区；辽阳行省，辖境包括今辽宁、吉林、黑龙江三省以及内蒙古部分地区和黑龙江以北、乌苏里江以东今属俄罗斯地区；河南江北行省，辖境包括今河南省以及湖北、安徽、江苏三省的长江以北地区。

四川行省辖境包括今四川大部分地区以及陕西、湖南两省部分地区；云南行省，辖境包括今云南省全境、四川省和广西壮族自治区的部分地区以及泰国、缅甸两国北部的一些地方；湖广行省，辖境包括今湖南省、贵州省、广西壮族自治区的大部分地区以及湖北、广东两省部分地区；江浙行省，辖境包括今浙江、福建两省全境，安徽、江苏两省南部，以及江西

省部分地区，还管辖澎湖和台湾；江西行省，辖境包括今江西、广东两省的大部分地区；征东行省则是为了征伐日本而设，曾两度罢设，又两度建立。

征东行省设在高丽，行省丞相由高丽国国王兼任。征东行省的权限由两部分组成，一是依附于元王朝的"藩属"高丽国，由高丽国王管理，下属政权机构和体制不变，财赋亦不用上交中书省。

二是直接在元中央统治下的二府一司，即迁置于辽阳行省境内沈州的管理高丽侨民的"高丽军民总管府"，设于黄海之耽罗岛上的"耽罗军民总管府"和设于黑龙江口奴儿干地区的"征东招讨司"，这二府一司由元中央任命的"参知政事"管理。

在忽必烈所设置的十个行省之中，唯有征东行省的性质与内地行省的性质有所不同。

忽必烈在十个行省之外，又在漠北设立了和林转运司，后改为和林宣慰司都元帅府，作为中央中书省的派出机构，管理政府所属军民和城郭、工局、仓廪、屯田、驿站等事务。后来，元武宗在此基础上建立岭北行省。

忽必烈还在畏兀儿地区设立别失八里、和州等处宣慰司都元帅府。在中央设置宣政院直接管辖吐蕃地区。这两个地区虽然没有设行省，但属于两个特殊行政区，实际上也相当于行省一级建制。

行省的权力很大，掌管整个地方政治、军事、经济和思想文化等，直接对中央及中书省负责。

忽必烈确立行省制度，堪称是中国地方行政制度的一大变革，发展了秦汉以来的地方郡县制度，有效地防止了地方分裂，在中国地方行政区划和政治制度史上占据极其重要地位。

忽必烈所创立的行省制度，为后世所沿袭，明代虽然改行省为承宣布政使司，但习惯上仍称行省，简称为省。省作为地方最高一级行政机构的名称，一直沿用到现代。

行省之下，忽必烈糅合唐宋和辽金制度，设置路、府、州、县等机构。路统于行省，设总管、同知等官员；府一级不普遍设置，统属也不一样，有的统于路，与州平级，有的统于行省，为直隶府，与路同级，个别者则直属于中央的中书省，府设知府（或府尹）、同知等官员；州也有两类，一类直属于行省，称直隶州，与路、直隶府平级；一类则隶属于路和直隶府，皆设州尹（或知州）、同知等官；县一级按户数多少分为上中下三等，设县尹、县丞、县尉等官。

实际上，忽必烈所确立的地方机构是省、路（直隶府、直隶州）、州（府）、县四级行政制度，个别者为明代所沿袭，并在此基础上形成了比较成熟的省、府（州）、县三级制度。

忽必烈担心地方上的路、府、州、县不听从自己指挥，又在这些机构中普设达鲁花赤一职。达鲁花赤是蒙古语"镇守者"的音译，在汉文史籍中也称为"宣差"或"监临官"。

最初，蒙古征服各地以后，无力单独进行统治，一般都要委付当地上层人物治理，同时派出达鲁花赤监临，位在当地官员之上，掌握最后的裁

富春山居图

135

决权力，以保证蒙古大汗的统治。

忽必烈统一全国以后，亦在路、府、州、县等机构中设达鲁花赤，由蒙古人充任。

达鲁花赤在地方各级机构中地位最高，但往往不管实际事务，成为高居于各级地方官之上的特殊官员，具有皇帝特派员的性质。忽必烈是想利用本民族的优越地位，布置眼线，以便及时了解地方情况，以达到控制地方的目的。

但忽必烈所派遣的这些蒙古人充任达鲁花赤，一般文化素养都比较低，就难以对地方政治、经济、文化发展起到促进作用。

忽必烈又在路、府、州、县之下分设乡、都等基层组织，统称为里；城镇中的隅、坊组织，统称为坊。里、坊设有里正、主首、隅正、坊正等办事人员，负责催办税粮、督促徭役、维护地方治安等。

此外，忽必烈还推行村社制。开始，北方人民为了克服人力不足的困难，曾自发地组成了一种"锄社"，在农忙时"先锄一家之田，本家供其饮食，其余次之，旬日之间，各家田皆锄治"。"间有病患之家，共力助之。"农民创造的这种互相帮助的组织形式，发挥了集体力量，夺得了"苗无荒秽，岁皆丰熟"的好收成。

忽必烈听说此事之后，觉得这一组织形式很好，于是大加利用。

至元七年（1270）颁布农村建立村社法令，规定以自然村为单位，原则上每五十家立为一社，社有社长，由社众推举年事已高、通晓农事、家有兼丁的人担任，免去本人差役，专门负责"教劝本社之人务勤农业"。

每社还设立义仓、社学等，社众之间要在生产上互相协助。后来，村社制与里坊制逐渐合一，社长除劝农外，还往往负责统计户口、征调赋役、维持治安、处理诉讼等，成为里正的下属。

忽必烈采用汉法，层层设职，逐级上传下达，最后统于中央，保证了地方井然有序，受到了后人的称赞。

忽必烈在采用汉法、照搬中原王朝专制主义中央集权制度的同时，亦保留了一部分分封采邑制。

成吉思汗建国后，曾在漠北大行分封，诸王贵族都得到大小不等的分地。窝阔台时，蒙古统治范围扩展到中原，诸王、贵族、将领往往将他们俘虏的人户就地安置，派人管理，成为自己的私属，不隶州县。又曾授予金宋降人为"行省"，也带有分封性质。蒙哥时期，也曾在中原地区实行分封。

忽必烈即位以后，并没有完全取消这种分封制度，他在灭宋以后，又将一些江南州郡分赐予诸王贵族作为食邑等。

但他已经认识到分封的害处，曾取消汉人世侯等部分分封，又对封地贵族的特权和不法征敛行为进行一些限制等，基本上将封地变成了贵族的采邑，难以构成对中央统治的威胁。

忽必烈保留部分分封采邑制，在整个国家体制中不占主要地位，这同后来明朝保留的分封制相比，也不为过。故此，忽必烈所确立的中央和地方制度，还是中原王朝长期以来实行的中央集权制度，忽必烈采用汉法占据主导地位。

选用贤能重管理

忽必烈在汉族儒士的帮助下，又根据自己多年的亲身实践，充分认识到"用人"的重要性，所以，尤其重视官吏的选拔与考核。

至元元年（1264），忽必烈罢诸侯世守，裁并路、府、州、县官吏，推行迁转法，把官吏任免权皆收归中央，这又是忽必烈在选举制度方面的一项重大改革，是他加强中央集权的一项重要措施。

至元十四年（1277），中书省又奏准颁行了《循行选法体例》，对内外官员铨注、迁转和升迁等各方面说细具体的规定。自此，忽必烈时期的选举和考核制度基本确立。

忽必烈规定，枢密院、御史台、宣政院三大机构委任下属官吏，可以自行选拔闻奏。其他机构，百官的任免皆要经过中书省审察。

职官升迁，从七品以下归吏部主管，正七品以上由中书省主持，三品以上由皇帝决定。

六品到九品的官职，由中书省颁发委任证书，称为"敕授"；一品到五品官员，由皇帝下制书任命，称为"宣授"。

忽必烈统治时期，尚未实行科举制度。

至元四年（1267）九月，翰林学士承旨王鹗等"请行选举法"，提出"科举取士，最为切务"，建议实行科举选士制度。

忽必烈见到王鹗的奏章，听了王鹗的汇报，以为唐宋辽金以来的科举制度是最好的选官"良法"，下令"其行之"。

中书左三部与翰林学士遂议立程式奏上，结果没有施行。至元十年（1273），忽必烈在大臣的建议下，又准备施行科举。

至元十一年（1274），省臣上奏，谓"去年奉旨行科举，今将翰林老臣等所议程式以闻"，诏令"准蒙古进士科及汉人进士科，参酌时宜，以立制度"。

至元二十一年（1284），丞相火鲁火孙和留梦炎等代表中书省臣，又请行科举，忽必烈即表示同意。

随后，"许衡亦议学

青花凤穿牡丹纹执壶

校科举之法，罢诗赋，重经学，定为新制"。后来不知何故，又未施行。"事虽未及行，而选举之制已立"。忽必烈在汉族儒士的建议下，始终表示同意采用汉法，实行科举选官制度，后来因为种种原因，未及施行，但施行科举的准备工作已经做好，为后来实行科举制度奠定了基础。

忽必烈未实行科举制度，主要通过荐举、特召、吏进和承荫几种途径选用官吏。

荐举就是各级官员根据"才能"和"根脚"举荐人才出仕做官，"元朝之法，取士用人，惟论根脚"。当时荐举，主要根据"根脚"。所谓"根脚"，就是社会出身。中书省等高级官员及地方上路、府、州、县的长官，皆由皇帝任命勋臣、名门以及儒吏出身、品资相当的人员充任。其中，主要是怯薛出身的"大根脚"。

怯薛本来是蒙古大汗的护卫军，既照料大汗的家务又处理国家政事。忽必烈称汗以后，设立中书省分割了怯薛的行政权。使怯薛仅仅成了护卫宫城和照料大汗家务的组织。

但由于怯薛"昼出治事，夜入宿卫"，经常在皇帝身边。就可以通过怯薛长推荐，皇帝直接加以拔擢，而升任高官。

特召是皇帝下令召用的特殊人才。忽必烈在藩邸时就通过一些人推荐下诏书征用了许多才能之士，即位以后，更是思贤若渴，听说谁有才能，必定想方设法罗致。

至元十八年（1281），又下诏"求前代圣贤之后，儒医卜筮，通晓天文历数，并山林隐逸之士"。

至元二十四年（1287），又命程钜夫务必搜访遗逸，"求贤于江南"。忽必烈听说赵孟强、叶李为当世人才，特别嘱咐程钜夫务必将此二人召来。

程钜夫不负忽必烈之望，不但将二人召至京师，又荐举了赵孟頫、余恁、万一鹗、张伯淳、胡梦魁、曾晞颜、孔洙、曾冲子、凌时中、包铸等二十余人，"帝皆擢置台宪及文学之职等"。

吏进为忽必烈选官的主要途径。元代吏员名目繁多，主要有负责处理公文案牍的令史、司吏、书吏、必阇赤，负责翻译的译史、通事，负责传达命令、汇报工作的宣使、奏差，负责掌管印信的知印，负责发送保管文书的典吏等。忽必烈时期，主要从这些吏员中补任官职。

承荫主要是蒙古显贵及各族高官的子弟通过世袭和荫补任职。忽必烈对承荫入仕制度进行了严格限制，尽管没有根除，但比例很小，在社会上影响甚微。

忽必烈主要通过吏员出职选拔官员，为了保证官员的行政效率，制定了一系列吏员出职和官吏考核、监察制度。

忽必烈规定，每年各级官员都要向上级推荐荐举吏员，称岁贡。通常情况下，由"本路长官参佐，同儒学教授考试"，以"习行移算术，字画谨严，语言辩利，《诗经》《尚书》《论语》《孟子》内通一经者"为中选，补充为吏。

忽必烈未行科举，儒士想通过科举做官之途径已经断绝，只好通过补吏入官。

被补为吏员以后，每年都要进行考核，"以性行纯谨、儒吏兼通者为上，才识明敏、吏事熟闲者次之，月日虽多、才能无取者"为下，只有考核为上和次上者才能被贡举到上一级为吏，考核为下者，"不许呈贡"。

自县吏经州、府做到路吏，然后被选入廉访司，再经御史台或行台书吏升为省部史，遂出职为六品或正七品官。

亦有从儒士直接荐举进入廉访司为吏而逐渐迁升者。儒学教官也可以不通过补吏做官，但官品都是很低的。

忽必烈对各级官员的考核比较严格，规定，随朝诸衙门及行省军官，以三十个月为一考，一考长一等。外任地方官以三年为一考，一考进一阶，或二考升一等、三考升二等。

考核标准为五事，即"户口增""田野辟""词讼简""盗贼息""赋役均"。规定，"五事备者为上选，升一等。四事备者，减一资。三事有成者为中选，依常例迁转。四事不备者，添一资。五事俱不举者，黜降一等"。

无论内外官员，满一考后评价政绩，必须由原所在机构提供一份类似鉴定的"解由"。徐元瑞《吏学指南》谓"考满职除曰解，历其殿最为由"。

解由一般有专门的体式规范，内容包括该官员的祖宗三代、年龄籍贯、民族姓氏、出身根脚、入仕资历、请俸时间、身体状况、有无过犯、治政成效、何人保举等。

忽必烈在中统三年（1262），就下诏"置簿立式"，专门记载官员政绩等情况，后发展为"行止簿"。

至元十九年（1282）又规定，"诸职官解由到省部，考其功守，以凭黜陟"。行止簿和解由成为官吏升转的主要依据。

忽必烈在对官吏进行正常管理、考核和升转的同时，又加强了对官吏的监察力度，在中央设置御史台（简称中台），掌纠察百官善恶和政治得失，并直接监临山东、河南、河北等省事，又在地方上分设监临东南诸省的江南诸道行御史台（简称南台），和监临西南西北诸省的云南诸路行御史台（简称西台）。

中台和两个行御史台之下各设若干道提刑按察司，后改称肃政廉访司，为监察道，定期检查各种案卷账目，监督纠劾各级官吏，复按已审案件。配合各级组织机构考核官吏，提出升转和罢黜等方面的建议。

御史台、行御史台与诸道肃政廉访司上下衔接，构织成全国范围的垂直监察系统，不为各级行政机构所干扰，有效地发挥监察作用。

忽必烈确立的这一套官吏选拔、考核和升转制度，基本上属于中原王朝的汉法系统。唯论根脚及承荫的选官制度，虽然十分落后，但也属于中原王朝门阀制度之余绪，就是明清等朝也没有完全根除。

比较系统的吏员出职制度当属于忽必烈发展汉法的一个创造。

忽必烈虽然没有实行科举制，但每年补吏都要经过考核或考试，并有

"性行纯谨，儒吏兼通"之要求，这就使那些想通过补吏为官的人们务必努力学习儒家文化，对于思想文化的发展也是有益的，应该说这属于科举考试的另外一种形式。

尤其是吏员经常接触官员并为其服务，潜移默化，学习不少统治经验，从这些有实践经验的吏员当中选拔官员，在某些方面比那些通过科举、只会空谈的官员具有某些优越性，可以看出，吏员出职和科举选官各有利弊，不应一概而论。

吏员出职要经过层层考核，层层选拔，升迁极慢，甚至有些人尚未做到下级州县官，就到了致仕年令。但确是人才则可不次升迁。

有时，忽必烈亲自破格用人，比如木华黎后裔安童，刚到二十岁就拜为中书右丞相。正由于忽必烈注意从有经验的吏员中选拔官员，又能够破格用人，才保证了周围人才云集，从未出现人才匮乏的状况。

沿袭使用等级制

略通元史的人就知道，元代有四等人的划分，但有关这一制度的明文规定至今尚未发现，四等人制始于何时，还有待于进一步研究。

在金代就已经把人们分成等级了。女真人初进中原，除了重视本民族及与本族属于一个族系的渤海人以外，又把辽地人视为汉人，把原北宋河南山东地区人民称为南人。

其后，又称南宋人为南人，称金统治下的汉人为北人等，在任用掌管兵权和钱谷的官吏时，"先用女真，次渤海，次契丹，次汉人"。

蒙古进入中原以后，曾按照先降服地区统治者的地位高于后降服者的习惯，把境内各族人分别称为蒙古人、色目人、汉人和南人四种，约至成宗大德之后，这种四等人制以及蒙古、色目、汉人、南人的名称才最后形成和普遍应用。

实际上，元代四等人制不过是人们根据征服先后随意称呼、相沿成习的一种不成文规定而已。这一制度虽然不是忽必烈时期最后形成，却是形成中的一个极其重要的阶段。

关于四等人的划分，忽必烈时期基本定型。第一等人为蒙古人，是元朝的"国族"，拥有各种政治、经济和法律上的特权，地位最高；第二等人是色目人，包括西北各族、西域以至欧洲"各色名目"之人，由于他们归附蒙古较早，最得信任，待遇仅次于蒙古人；第三等是汉人，即指淮河以北原来金朝统治下的各族人，包括汉族和契丹、女真、渤海、高丽以及较早为蒙古征服的云南、四川两省之人等，待遇次于色目人；第四等是南人，又称蛮子，囊加歹、新附人，指最后为元朝征服的原南宋统治下的汉族和其他各族人，地位最低。

忽必烈时期，四等人的待遇也各有不同。

在官制方面，蒙古贵族据有特权统治地位，所谓"国家官制，率以国人居班簿首"。忽必烈规定，中央和地方官的正职都要由蒙古人担任，只有极个别的汉人短期内担任过个别机构正职。地方上路、府、州、县设置的首席长官达鲁花赤，也必须由蒙古人担任，若选不到合适的蒙古人，则于有根脚的色目人内选用，只有南方边远地区遇到蒙古人害怕瘴疠不肯赴任的情况下，才允许汉人充任。

忽必烈特别规定，汉人只能充任总管，回回人可担任同知。总管和同知都要听命于达鲁花赤。

在军事方面，忽必烈对汉人、南人严加防范和控制。将主要军权都掌握

掐丝珐琅缠枝莲纹兽耳三环尊

在蒙古族军帅手中，各种军队的数量和驻防情况，对汉人官员绝对保密。

后来还规定，皇帝去上都时，留守大都的枢密院官员，绝不得留汉人。

中统三年（1262），李璮之变发生以后，忽必烈再三严禁民间私藏兵器。

平宋以后，这一禁令又推行到江南，甚至连汉军平时也不准执持军器了。

至元二十一年（1284），又禁止汉人猎户执持弓箭，并禁止庙宇里供列真刀真枪。

第二年，又下令征收汉地、江南的弓箭和其他武器，并分为三等，下等的毁掉，中等的赐予近居的蒙古人，上等的储藏起来。后来，连汉人、南人畜养鹰犬打猎也不允许。

在经济科取方面，对四等人的规定也不平等，比如，括马，政府曾经规定，蒙古人不取，色目人取三分之二，汉人和南人则全取，等等。

忽必烈时期四等人划分已经存在，出现了种种不平等规定，实际上蒙古人下层民众也未享受到优等民族的待遇，相反，被列为低等人的汉人和南人的上层分子却享受到了优等民族的待遇。

忽必烈规定汉人不得参与军机，皇帝赴上都时不准汉人留守大都，却破例让汉人郑制宜留守大都枢密院，郑制宜谦逊推辞，忽必烈说"汝岂汉人比耶"，竟留之。

再如，中书省的要职原则上不许汉人和南人担任，忽必烈却让汉人史天泽担任最高职务右丞相，汉人王文统、赵璧任过平章政事，张启元也任过右丞，张文谦任过左丞，商挺和杨果任过参知政事，等等。就是一般汉族大地主也照样享受优厚待遇，而被列为上等的蒙古民族中的下层人民，在繁重的军役和赋税负担之下，日趋贫困，处于饥寒交迫之中，被迫到处流浪，甚至有沦为奴隶，被贩卖到海外。

不难看出，忽必烈虽然把人分为四等，实质仍然是阶级压迫和剥削，忽必烈建立的政权和各项制度，是各族上层分子的联合专政。

维护特权立新法

成吉思汗建立大蒙古国之时，曾依据蒙古习惯法，将他历年颁布的法令、训言等整理成为《大札撒》，被蒙古后人奉为祖宗大法。

蒙古入主中原以后，并未颁布过正式法律。官吏断理狱讼，在金朝旧地汉人和女真人中间仍然沿用金朝的《泰和律》，并结合一些蒙古法进行比附和变换；在蒙古人中间，仍然沿用成吉思汗时期制定的《大札撒》。

忽必烈即位之后，力图短期内改变法律混乱的状况，于中统二年（1261）八月，令杨果草拟了条格。史天泽、刘肃、耶律铸等人都参加了制律工作，史天泽曾上《省规十条》，耶律铸于至元元年（1264）"奏定法令三十七条"，同时又发布了一系列条格、条画等。

这期间的立法活动，重点在制定官典和官规方面，主要比附金朝《泰和律》而行。

至元八年（1271），忽必烈国号为元，为示政权处于正统地位，下诏禁行金《泰和律》。

随后，令伯颜、和礼霍孙等依据姚枢、史天泽等人所定条格，重新修律，至至元二十九年（1292），由中书右丞何荣祖等人修成《至元新格》，颁行天下。

自此，蒙元初期无法可检、无法可守的情况有了改变。

根据后来颁行的《大元通制》及《元典章》等法律文件，再结合其他史料分析，可以看出忽必烈的一些立法思想及其法律规定的。其中，主要有两个方面。

其一，忽必烈主张使用刑法要谨慎，不能出现差错，并标榜轻刑，以示自己的宽容态度。

其二，忽必烈时期立法，因民族而异，蒙汉不同，具有民族歧视

性质。

蒙古族是一个发展比较晚的民族，政治、经济、文化以至风俗习惯等都与汉族有很大区别。他们进入中原地区以后，还想保持本民族的风俗习惯，想以统治民族高人一等的姿态出现，因此，在元初立法时，"南不能从北，北不能从南"，无法制定出一部全国统一的法律。

在这种情况下，忽必烈采取因民族而异的政策去立法和执法，这就出现了蒙汉异制的法律，具有一定的民族不平等及民族歧视性质。

在法律权利方面，南人与汉人享受不到蒙古人所具有的政治权利，连起码的人身权利也得不到保障。

当时规定，蒙古人和汉人犯法分属于不同机构审理，蒙古人犯法归大宗正府审治，汉人犯法则归刑部。

在量刑上也不平等，法律规定，如果汉人与蒙古人发生冲突，蒙古人打了汉人，汉人不得还手，只能指出见证人，告官审理。

釉里红转把杯

蒙古人若因争吵或乘醉打死汉人，只罚凶手出征并付给死者家属烧埋银（埋葬费）就算了事。

如果汉人杀伤蒙古人，虽有理，也要处以死刑，并照赔烧埋银。

如果蒙古人犯盗案不必在臂上刺字。而汉人犯盗案则要在臂上刺字，等等。

忽必烈时期的法律，允许蒙古贵族占有大量奴婢，并肯定他们掠占奴婢的合法性，规定奴婢的子女永为奴隶。

蒙古贵族在军事征服期间，大量掠夺汉人，变成个人私有奴仆，称为"驱口"。法律规定，驱口与钱物相同，属于主人。后来规定，罪犯家属也要没为官奴婢，使奴婢数量不断增加。

元初法制未定时，如果奴婢有罪，主人可以随便杀死。后来制定了法律，也规定了奴婢犯罪交官审理，主人不得擅杀，但同时又规定，奴婢殴打谩骂主人，主人打伤奴婢并致死，免罪。就是故意打死奴婢者，也不过杖八十七下而已。主人还可以随意奸淫女奴及奴妻，要是奴婢、驱口对主人怒骂、控告主人（除谋反外），也要处死刑。

这些都是为了维护蒙古族特权利益而制定的，或是受其影响而残留下来的不平等的、落后的东西。

兼采杂糅重汉化

从忽必烈所确立的统治制度和措施便可以看出，这位诞生在蒙古黄金家族中的统治者，面对中原地区先进的政治、经济和文化有着浓厚的兴趣，并愿意学习和采纳汉法以巩固自己的统治。

但他又不肯将本民族的东西全部丢掉，而是有选择地部分保留下来。

如此，在他所确立的各项制度中就形成了蒙汉杂糅的特点。其中有中原政权长期延续下来的嫡长子继承制，中央和地方的一套集权制度和机构，官吏选拔和考核制度以及法律制度等，又有蒙古民族自己的忽里台制度、怯薛制度、札鲁忽赤制度、地方投下制度和达鲁花赤制度等。

在这种蒙汉杂糅的政治体制中，汉制占据统治地位，蒙古旧制居于服从地位，忽必烈所确立的政治体制，是中原王朝政治体制的延续，既有对前代专制主义中央集权制度的继承，又有所发展。忽必烈所确立的这一套制度，为元代以后诸帝所沿用，而且为以后各个朝代所沿用和发展。

从忽必烈的统治思想中可看出，他想拉拢各族上层分子帮助他维护维治，又不想抛弃蒙古族的统治地位，所以确立了笼络各族，首崇蒙古

的政策。

在此思想指导下，他将民间对四等人的随意称呼，发展成为一种不平等的四等人制度，在政治、经济、法律等各方面都规定了不相同的待遇，成为历史上民族歧视比较严重的一个朝代。

忽必烈这样做的目的是想保住蒙古族的统治地位和特权地位。然而，忽必烈也清楚，要想统治一个主要的不是蒙古人居住的地区或国家，光靠蒙古民族的支持是远远不够的，必须取得各民族的支持。

故此，他花大力气拉拢各族上层分子，尤其是汉族地主阶级。在中央和地方统治机构中，汉人不占据主要地位，但却占据大多数，实质具有以汉治汉的性质。对其他各族，忽必烈也注意参用，建立了各族上层分子的联合专政。

忽必烈就是在这种既想拢络汉族等各族人，又不想得罪蒙古人的矛盾的思想指导下，确立了他的蒙汉杂糅的政治体制和首崇蒙古、各族参用的用人政策。

这种政治体制和用人政策，实质属于汉法系统，在一定时期内所起到的积极作用是主要的。尤其是忽必烈本人，能够挣脱蒙古旧俗的束缚，学习中原地区的先进统治经验，大刀阔斧地采用汉法，因而他堪称是蒙古诸帝之中最有成就的佼佼者。

劝课农桑理税赋

忽必烈即位之后，就立即诏告天下"国以民为本，民以衣食为本，衣食以农桑为本"，随后便采取一系列措施，力图尽快恢复饱受战乱破坏的北方农业生产。从只关心草原游牧，转变为劝农桑和重视发展农业生产，说明忽必烈的经济政策已向汉地倾斜。

首先是设置劝农官署。中统二年（1261）八月，忽必烈命令设立劝农司，以陈邃、崔斌、成仲宽、粘合从中为滨棣、平阳、济南、河间劝农使、李士勉、陈天锡、陈膺武、忙古带为邢洺、河南、东平、涿州劝农使，分道检查农业生产。

至元七年（1270），纳张文谦提议，置大司农司，以张文谦为司农卿，专掌农桑水利。下设四道劝农官及知水利官，巡行劝课，察举勤惰，"亲行田里，谕以安集，教之树艺"。

忽必烈还欲以御史中丞孛罗兼领大司农，右丞相安童认为台臣兼领，前无此例，忽必烈回答："司农非细事，朕深谕此，其令孛罗总之。"

忽必烈命令州县长官兼劝农事，岁终申报司农司和户部，考察成否。秩满时，要在解由内注明殿最。提刑按察司须负责对劝农桑业绩的体察和监督。又严明赏罚地方官劝农桑成效。高唐州官员因勤于劝课受升秩奖赏，河南陕县尹王仔却以惰于农事被降职。

司农司曾奉忽必烈的命令，"相风土之宜，讲究可否"，拟定和颁布农桑之制十四条，以为规则。在此基础上，"遍求古今所有农家之书，披阅参考，删其繁重，摭其切要"，最后汇编成一部《农桑辑要》，推广先进的农业技术。

在乡间村屯，又实行五十家立一社，择高年晓农事者为社长，敦本业，抑游末，设庠序，崇孝悌。北方的社，建立于至元七年（1270）。平定江南后，社也推广到南方。忽必烈曾下达"既是随路有已立了社呵，便教一体立去者"，"立社是好公事也"等圣旨，亲自推动立社劝农桑。忽必烈还命令探马赤军户同样立社。由于牵扯到军户数目，此类立社，后来改在万户建制内举行。

其次，禁止占民田为牧地，禁止损害庄稼。蒙古入主中原以来，诸王权贵和蒙古军队占据农田，"近于千顷，不耕不稼，谓之草场，专用牧放孳畜"，随处可见。这无疑造成了中原农业耕地面积的萎缩和生产条件的破坏。

忽必烈多次下令："严格限制诸王权贵和蒙古军队的牧地范围，禁止强占民田为牧地。"中统二年（1261）七月，忽必烈诏谕河南管军官：

"驻有军马的城邑可在近郊保留部分牧场，其余应听还民耕。"

中统四年（1263）七月，又命令征南都元帅阿术，禁止所部蒙古军占民田为牧地。

至元元年（1264）四月，当御苑官南家带奏请兴修驻跸凉楼并扩充御用牧地时，忽必烈率先垂范，诏命修凉楼待农事之隙，牧地则分给无地农户。

自至元二年（1265）开始，忽必烈还将黄河南北荒芜田土和僧侣所占良田，分配给蒙古军士等耕种。这种提倡鼓励迁居汉地的蒙古人从事农耕的做法，似乎更为积极。又实行蒙古人种田及有羊马之家，停止供给口粮，无田土者依旧供给的政策。后者可以保证尚未从事农耕者的生计，减轻他们对农耕民的侵犯。

忽必烈还颁布诏令，严格禁止蒙古军践踏农田，损害庄稼。如中统三年（1262）正月，曾禁止诸道戍兵及权势之家放纵牲畜侵害桑枣禾稼。

四月，又下令禁止徐邳地区征戍军队纵牧畜损害农田庄稼。

中统四年（1263）七月，禁止野狐岭行营蒙古人进入南、北口纵牧畜，损践桑稼。

不久，忽必烈颁发的圣旨条画规定："诸军马营寨及达鲁花赤、管民官、权豪势要人等，不得恣纵头匹，损坏桑枣，践踏田禾，骚扰百姓。如有违犯之人，除军马营寨约会所管头目断遣，余者即仰本处官司就便治罪施行，并勒验所损田禾桑果分数赔偿。"在一般禁止以外，另加治罪和赔偿措施，于是使上述政策更为行之有效。

忽必烈还鼓励开荒复业与兴修水利。中统三年（1262）四月，忽必烈命令各行省、宣慰司、诸路达鲁花赤、管民官积极鼓励和劝诱百姓，开垦田土，种植桑枣，不得擅兴不急之役，妨夺农时。至元八年（1271），又推出定期减免开荒者税收的政策。"凡有开荒作熟地土，限五年验地科差。"考虑到桑树杂果成熟期较长，遂补充规定种植桑树限八年，杂果限十五年后科差。

由于朝廷的积极提倡，元朝初年的水利事业也获得可喜的成就。如中统二年（1261）提举王允中、大使杨端仁奉忽必烈诏令，开凿怀孟路的广济渠，引沁水经济源、河内、河阳、温、武陟五县，达于黄河，全长六百七十七里，灌溉民田三千余顷。翌年，又任命"习知水利""巧思绝人"的郭守敬为提举诸路河渠。至元元年（1264），张文谦偕郭守敬行省西夏中兴，修复疏浚唐来、汉延二渠，灌溉田地近十万顷。

匆匆十载过后，忽必烈的劝农桑政策"功效大著，民间垦辟种艺之业，增前数倍"；"凡先农之遗功，陂泽之伏利"，"靡不兴举"，基本上做到了"野无旷土，栽植之利遍天下"。尤其是元中叶以后，全国各地普遍收到了种植桑麻的良好成效，尤其是齐鲁地区最为繁盛。由于忽必烈政权的推动和鼓励，黄河流域的农业生产得到了较快的恢复和发展。

沧浪独钓图

中统至元之初的财赋整顿，同样是值得称道的。

当时，忽必烈与阿里不哥围绕着汗位谁属的战争刚刚爆发，兵马频繁调拨，军需开支浩大，一概仰赖中原汉地的财赋支持。

再加上营造宫室，新设军政机构廪禄和宗藩岁赐，都需要巨额经费。储积无几和国用不足，是忽必烈政权建立之初所面临的首要难题。

忽必烈把这方面的事情，先是交给了中书省平章政事王文统全权负责。

王文统，字以道，金北京路大定府（今内蒙古宁城县）人，曾得中经义进士。年轻时，搜集阅读历代奇谋诡计之书，"好以言撼人"。

金元之际，王文统以"布衣"游说各地军阀诸侯，受益都世侯李璮的赏识，留为幕僚，军旅之事都要听其谋划决策。

李璮还命儿子彦简拜王文统为师，王文统则将女儿嫁给李璮，两人关系由此更为亲密。王文统足智多谋，帮助李璮从南宋军队处夺取了久攻不下的涟水和海州（今江苏涟水和连云港），声名大噪。

早在忽必烈率兵渡江攻鄂州之际，刘秉忠、张易即举荐道："山东王文统，才智士也。"

忽必烈即汗位伊始，迅速将王文统提拔至朝廷，授以中书省首任平章政事，掌管日常政务和财政，"凡民间差发、宣课盐铁等事，一委文统等裁处"。

王文统的理财，颇有方略。杨果誉王："材略规模，朝士罕见其比"。这也是刘秉忠、张易及廉希宪举荐他的原因。

忽必烈曾以钱谷大计询问，王文统"敷对明敏，虑无遗策"。还"以簿书委积，重为规划，授诸掾成算，以备不时顾问"。

忽必烈对王文统的经邦理财之术，非常赏识，不时"纶音抚慰"，"且有恨其见晚之叹"。念及王年龄较大，忽必烈特许其不必劳于奏请，平时可运筹于中书省，遇大事则面陈。

王文统的理财活动，包括三方面的内容：

一是整顿户籍和差发。中统元年（1260），在王文统的主持下，对汉地的户口进行整顿和分类，大抵分为元管户（业已登入朝廷户籍且无变化的人户）、交参户（曾经登入朝廷户籍，后迁徙他乡又在当地重新登录入籍的人户）、协济户（没有成年人丁的人户）、漏籍户（从未著入朝廷户籍的人户）。

其下又细分成丝银全科户、减半科户、止纳丝户、止纳钞户、全科系官户、全科系官五户丝户等名目。他们缴纳的丁粮、丝料和包银，又依户别等第而有高下。

还命令各路差发采用取"甘结文字""立限次""置信牌"等方式，以保证"从实尽数科征"。针对诸王封君投下五户丝径自从相关路州征取的旧制，王文统等又以"恩不上出，事又不一，于政体未便"等理由，奏准实行各路皆输京师和各投下赴中书省验数关支的新办法。

翌年，中书省又对投下私属人户进行甄别梳理，按照不同情况逐一确定他们所承担的投下赋役和朝廷差发。

以上整顿，初步改变了蒙古国时期户籍归属和差发征收的混乱状况，使国家得以直接控制较多的户籍和赋税。

二是食盐榷卖。中统二年（1261），王文统在世祖皇帝颁布诏谕"申严私盐"等禁的同时，又将榷卖食盐的价格由每引白银十两减至七两，这样就便于官府向盐商批发和推销行盐盐引了。

此外，还加强了对各地榷盐的管理。如将河间一带的沧清深盐使所，改由宣抚司提领；对河东解州池盐，在路村特地设置解盐司统辖其事；山东盐运司的岁办盐收入，也提高至白银二千五百锭。

对于綦阳等冶铁官的存废，中书省没有贸然行事，而是让掾属王恽等反复论证成本收益几何与利弊得失。最后奏准废黜冶户而归民。

榷盐收入的增加，为忽必烈政权提供了一项稳定而可观的税赋来源。

三是推行中统钞。窝阔台灭金以后，各路都在本境内使用自己的纸钞，国家没有统一的钞币，造成某些混乱和不便。

中统元年，王文统为首的中书省在全国发行中统元宝交钞，面值有壹拾文、贰拾文、叁拾文、伍拾文、壹百文、贰百文、叁百文、伍百文、壹贯、贰贯十种。

规定中统钞不限年月，通行流转，官府的酒醋盐铁等课程和各种差发均以中统宝钞为主。

中统钞以所储白银为本，钞壹贯（两）相当于白银一两，发行数量大体依银本多寡而定。允许百姓持钞倒换白银，也可倒换昏坏纸钞。后者除

景德镇蓝釉瓷

按规定缴纳三分工墨费外，别无克扣增减。

同时，废黜了各路原先使用的钱钞。王文统还接受真定宣抚使刘肃的建议，命令各路以旧钞如数倒换中统钞，以避免百姓蒙受损失。

由于此时的中统钞以白银为本，各路换钞时还须把本路金银送往中书省。真定路情况比较特殊，原有金银已被拖雷妻唆鲁和帖尼取走。经宣抚使布鲁海牙遣官与王文统交涉，立即破例颁降新钞五千锭。

中统钞推行初期，王文统唯恐钞法壅滞，公私不便，整日与都省官及提举司官讲究利弊所在，制定了一套包括纸钞与白银子母相权，银本常不亏欠，京师总钞库不得动支借贷等严密规则。

中统钞的广泛流通和钞值物价的平稳，既方便了民间贸易及百姓生活，又改善了国家的财政收支。另外，中统钞可用于缴纳各种赋税，减轻了白银等形式的税收负担。如蒙哥汗始，科差中的包银每户纳四两，二两缴白银，二两缴丝绢、颜料。

由于百姓无银可缴，州县不能按时完纳，率多向回回斡脱商借贷白银，受其"羊羔息"盘剥。甚至有"十年阖郡委积数盈百万，令长逃债，多委印去"的情况。

中统初，忽必烈颁布免除负银诏书，特别是中统四年（1263）包银全部以钞缴纳后，包银强制输白银的弊端才彻底祛除。

王文统的上述理财，取得了较大的成功。中统二年（1261）五月，忽必烈命令王文统主持的中书省与前燕京行台当面对检所掌税赋数额，结果，以上年比中统元年，数虽多而实际收入少；以中统元年比上年，户数相同而实际收入多，王文统的理财政绩，明显超过了前燕京行台。

二十余日后，燕京帑藏财富运至上都，忽必烈亲往观看，非常喜悦地说"自祖宗已来，未有如是之多"。后又对中书右丞廉希宪说"吏弛法而贪，民废业而流，工不给用，财不赡费，先朝尝已戚矣。自相卿等，朕无此戚"。

忽必烈对王文统理财的称赞，不是轻率和无根据的。就连与王文统有政见分歧的姚枢也承认，中统年间做到了"民安赋役，府库粗实，仓廪粗完，钞法粗行，国用粗足，官吏转换，政事更新"。

在理财方面，忽必烈一般是"责以成效"和从严要求的。当藩邸亲信近臣、另一名平章赵璧因军储事受谴责怪罪时，忽必烈竟毫不客气地把赵平章拘禁在府第，严格予以管制。

除了王文统，刘秉忠和史天泽也是中统年间帮助忽必烈奠定元帝国基本规模的重要宰辅。

刘秉忠北上投靠忽必烈最早，也是"金莲川幕府"中邢州术数家群的领袖。忽必烈即汗位后，他一直充当忽必烈的主要谋臣。诸如中统建元纪岁，建国号，定都邑，颁章服，立朝仪，立中书省，置十路宣抚司，议定官制等，他都是首倡者和积极推进者。忽必烈对刘秉忠深信不疑，几乎是言听计从。

中统初，忽必烈曾命令专门为刘秉忠修建上都南屏山庵堂，供其居处。后又诏命刘还俗，妻以窦默之女。还册授光禄大夫和三公之一的太保。

刘秉忠的成功之处，是在于他兼通释、道、儒三学，又居漠北多年，熟悉蒙古习俗，故能够糅合蒙古旧典、中原汉法而成一代新制，以为忽必烈君临大漠南北所用。

史天泽是投靠蒙古政权较早，势力最大的汉地世侯之一。他又是拖雷家族真定分地的守土臣，故与蒙哥、忽必烈等一直保持着特殊亲密的关

系。忽必烈总领漠南，他被委任为河南经略使，负责河南一带的屯田、兵戎等。蒙哥汗亲征川蜀，他又率兵从征，还奉命掌管御前宿卫。中统二年（1261）五月，史天泽担任中书省右丞相，这也是所有汉人和汉世侯中唯一身担此要职的。

他主持中书省，定省规十条，使政务处理有章可循。又奏罢诸色占役，实行统一赋税科差规则。他在多员宰辅中间弥缝协调，委曲论列，又在皇帝与宰臣之间上传下达，使汉法在忽必烈政权草创阶段得以较顺利的推行。在辅佐忽必烈而成"中统初元之治"过程中，史天泽出力颇多。

深化改革重决策

中书省、枢密院等官府建立以后，官僚机构内部的吏治和效率，使忽必烈感到很不如愿，他决定还要进一步完善，才能适应政府运行机制。

有一次，忽必烈询问应召的转运使张雄飞等人："今任职者多非材，政事废弛，譬之大厦将倾，非良工不能扶，卿辈能任此乎？"

张雄飞回答："古有御史台，为天子耳目，凡政事得失，民间疾苦，皆得言；百官奸邪贪秽不职者，即纠劾之。如此，则纪纲举，天下治矣。"

忽必烈听了，连连称善。宰相廉希宪和翰林学士高智耀也向忽必烈提出过尽快设立御史台的类似建议。

至元五年（1268）七月，忽必烈下令设立御史台，以右丞相塔察儿为首任御史大夫，张雄飞则担任侍御史。此外，还设御史中丞、治书侍御史等。

御史台的职司主要是纠察百官贪赃不法和谏言政治得失。忽必烈本人对御史台格外重视。

御史台由台院、殿中司、察院三部分组成。台院设大夫、中丞、侍御史若干员，是御史台的首脑机关。殿中司设殿中侍御史，专门纠肃朝仪和监督大臣奏事等。察院设监察御史三十二人，专掌举刺百官善恶和讽谏政治得失。

御史台官员任用，依然是蒙古人居长，参用一定数量的汉人。御史大夫，开始就贯彻非蒙古"国姓"不授的原则，而且以蒙古勋旧贵胄"大根脚（家世、出身）"为主。

首任御史中丞为帖赤和阿里，从名字看，此二人并非汉人。

后来，参用的张文谦、董文用、崔彧、张雄飞等汉人中丞，多半是忽必烈亲自选拔的藩邸旧臣。监察御史起初均为汉人，至元十九年（1282）十月，经崔彧提议和忽必烈批准，改作蒙古人十六员、汉人十六员。还确定了台察官自选的规则。

御史台设立伊始，忽必烈就颁布《立御史台条画》，规定其纠弹不法、上书言事、照刷文卷以及监督刑狱铨选等职司。

半年后，忽必烈又下令建立隶属于御史台的四道按察司。后来又改建二十二道肃政廉访司。还增立江南、陕西二行御史台。

忽必烈建立的御史台，具有品秩高，自成与中书省、枢密院鼎立的系统，台谏合一，地方监察高度完善等特色。

御史台的建立，使忽必烈在实行汉法官制方面达到了最高点，从而给元帝国的朝政添加了新的监察机制。立台数月，即追理侵欺粮粟近二十万石，在整顿吏治方面取得了较明显的成效。

忽必烈知人善任，使用了一批杰出人才担任台察相关职务，也是御史台成效显著的重要原因。

蒙古勋贵玉昔帖木儿任御史大夫，"事上遇下，一本于诚"，敢于在忽必烈大发雷霆时争辩不已，言辞耿直，甚至让忽必烈也不得不息怒。

当权臣阿合马以"庶务责成诸路，钱谷付之转运，今绳治之如此，事何由办"为由，欲将按察司并入转运使司且请路府与宪司互相照刷案牍时，玉昔帖木儿斥责道："风宪所以戢奸，若是，有伤监临之体。"

玉昔帖木儿终于挫败了阿合马废黜、打击按察司的阴谋。

至元二十八年（1291），权相桑哥倒台，最终也是玉昔帖木儿率怯薛近侍在忽必烈面前轮番奏劾的结果。

崔彧负才气，刚直敢言，颇受忽必烈器重。阿合马、桑哥垮台后，忽必烈两次命令他出任御史中丞，整顿台纲，在确定台察官自选和台察官皆得言事，奏劾贪官污吏及权相奸党等方面多所建树。忽必烈对他的各种奏议，多半是言听计从。

至元二十九年（1292），崔彧劾集贤院官詹玉贪酷暴横，谎报江南有叛，矫命乘传往鞫。忽必烈立即谕旨："此恶人也，遣之往者，朕未尝知之。其亟擒以来。"中书省奏请以崔彧为中书省右丞，忽必烈的答复是："崔彧不爱于言，惟可使任言责。"可见，对崔彧了解之深，委任之专。

监察御史姚天福常常廷折权臣，忽必烈嘉奖他的刚直，赐号"巴儿思"，谓其不畏强悍，犹若老虎。后来，在纠正御史台设大夫二员和废黜按察司等错误上姚天福都发挥了积极作用。

然而，忽必烈凭借御史台监察百官的同时，又相继任用阿合马、卢世荣、桑哥等理财大臣，替他搜刮财富。而当御史台官员检举纠劾阿合马、卢世荣、桑哥等违法行为时，忽必烈总是有意无意地站在这些理财大臣一边，予以包庇袒护。

陈思济、魏初相继奏劾阿合马不法，忽必烈只令近侍对奏章略加核实，不了了之。

而且，让近侍核对弹劾事实，本身就是将御史置于近侍监督之下的不恰当做法，就是对御史监察权的某种压制和侵犯。

忽必烈对被纠劾的权臣的纵容庇护，助长了他们的嚣张气焰，致使相当长的时期内中书省（尚书省）与御史台相对立，省臣压制台察的情况十分严重。

其实，忽必烈并非未觉察阿合马、桑哥等权臣的违法行为，也并非不知道台察官的重要性，只是他要从事灭南宋、平定蒙古叛王及海外征伐等大规模的军事活动，需要权臣为其敛财养兵。因此，只好暂时压抑御史台监察官。阿合马被杀后，忽必烈命令崔彧出任御史中丞。

不久，崔彧却因奏劾上任不足十日的右丞卢世荣而忤旨罢职。而当桑哥垮台后，忽必烈再次任命崔彧为御史中丞，整顿台纲。这些均能说明忽必烈对台察官和理财官交互重用，取其所需的真实用意。

出于上述复杂矛盾心理，忽必烈有时的举措也会令人费解。例如，阿合马死后其罪状被揭露，忽必烈以监察官失职为由，撤换了御史中丞以下的大部分官员，又饬戒台察官员："官吏受贿及仓库官侵盗，台察官知而不纠者，验其轻重罪之。中外官吏赃罪，轻者杖之，重者处死。言官缄默，与受赃者一体论罪。"桑哥事败后，忽必烈再次指斥道："桑哥为恶，始终四年，其奸赃暴著非一，汝台臣难云不知。"

最后，在大夫玉昔帖木儿的提议下，将久任台察者罢免，新任者暂留。

台察官在纠弹理财权臣的过程中，得不到忽必烈的充分支持，事后却屡受责难，甚至被当作替罪羔羊，这的确叫人啼笑皆非。

表明御史台监察官虽然在忽必烈朝得到长足的完善和发展，但因其御用鹰犬耳目的根本属性，始终不能摆脱忽必烈对台察官、理财官同时重用的两难。其正常功能无法充分发挥就是十分自然的了。

中书省、枢密院、御史台三大官府相继建立前后，忽必烈身旁的

钧釉花口双耳驼座瓶

一群汉族官员还帮助他详细论证了上述官府的构建体系及其相互关系。

许衡曾经和刘秉忠、张文谦历考古今官制的分并统属之序，又把省、部、院、台、郡、县等百司的联属统制，绘制为图，然后奏请于上。朝廷官员们还就中书省、枢密院、御史台三官府的公文行移规则，进行集议。

当时，商挺任职枢密院，高鸣任职御史台，两人都不喜欢许衡的见解，坚持定为咨禀。还以"台院皆宗亲大臣，若一忤，祸不可测"等语试图令许衡让步。

双方各不相让，一起把自己的意见向忽必烈奏报。

最后，忽必烈裁定："衡言是也，吾意亦若是。"由此确定了中书省、枢密院、御史台三大官府公文行移的基本规则。

作为蒙古草原古老传统的忽里台贵族会议，盛行于蒙古国时期。而皇帝主持的若干枢要大臣或省院台大臣奏闻，又是窝阔台时期形成的雏形，至忽必烈朝最终确立的。

元朝建立后，枢要大臣奏闻逐步成熟，并随着中书省、枢密院、御史台的相继建立，完成了向省院台大臣奏闻的过渡。

王恽《中堂事记》说，中统二年（1261）四月六日"诸相人见"，"因大论政务于上前，圣鉴英明，多可其奏"。

四月十三日，"诸相入朝，以议定六部等事上闻，纶音抚慰，大允所奏，曰：向来群疑，焕然冰释"。

中统三年（1262）二月，忽必烈召见窦默、姚枢、刘秉忠及张柔，拿出李璮给王文统的书信让他们看。忽必烈问："汝等谓文统当何罪？"窦默、姚枢、刘秉忠等文臣异口同声地回答："人臣无将，将而必诛。"

于是，忽必烈下令杀了王文统。这是忽必烈与汉族臣僚议定诛王文统的较特殊的枢要大臣奏闻。

此后，仍不时有"奏事内廷""廷臣奏事""凡省台监奏事奏已，上或有所可否"之类的记载。以上记录，虽然比较零散简单，但大体包含了若干大臣奏事和议论政务，皇帝"有所可否"，乾纲独断等基本内容，故不失世祖朝以降省院台大臣奏闻的概括描绘。

王恽及马祖常经常提出批评建议，主要是参照汉唐等传统王朝的皇帝定期视朝制度而发的。他们之所以提出非议，不外是忽必烈以降的蒙古皇帝没有像汉唐两宋那样，采取严格繁缛的礼仪，定时、定地朝见文武百官，处理政务。

忽必烈以降不是没有"视朝"，而是采取了省院台大臣奏闻的特殊方式，进行最高决策。

这种奏闻方式，与汉地王朝百官均能参加的"常朝"有较大差别，即时间不固定，地点不固定，参与者也只是少数省、院、台亲贵大臣及怯薛近侍。

在这种特殊"视朝"方式下，大多数汉族臣僚"鲜得望清光"，自然会愤愤不平。在汉族臣僚纷纷扬扬的非议声中，省院台大臣奏闻的特殊"视朝"方式就被曲解和掩盖了。

忽必烈采取这种特殊的"视朝"方式，原有两个：其一，自元世祖忽必烈开始，蒙古统治者在部分吸收汉法、运用汉法的同时，仍较多保留了蒙古草原旧俗。保持蒙、汉政治和文化的二元结构及蒙古贵族的特权支配，这始终是元帝国的重要国策。

受此国策的影响，蒙古统治者虽然逐步减少了忽里台贵族会议在最高决策中的比重，但不愿意也不可能照搬汉地式的"常朝"。

其二，元代朝廷用语一般是蒙古语。忽必烈等大部分蒙古皇帝不懂汉语，大部分汉族臣僚又不懂蒙古语，君臣间的上奏和听政，不能不受语言隔阂的较严重制约，而需要借助怯里马赤译员做中介。

这种情况下，文武百官朝见皇帝和上奏政事，就变得十分困难。忽必烈自然而然地会经常使用少数蒙古人和熟悉蒙古语的色目人、汉人大臣参加的省院台大臣奏闻，来代替汉地式的"常朝"。

人们从世祖初参与省院台大臣奏闻的中书省宰执廉希宪、张文谦都精通蒙古语，左右司郎中贾居贞"由善国语，小大庶政，不资舌人，皆特人

奏"；右丞相史天泽自称"老夫有通译其间，为诸公通达尔"等史实，也能窥见一斑。

这似乎是忽必烈朝开始的省院台大臣奏闻具有自身特色而异于前代常朝的另一个直接原因。

忽必烈朝每次奏闻均留有具体准确的年月日。但所载奏闻上下相隔时间，则因史料零散和不完整，或隔数日，或隔数年，无法见识其真面目。

比较而言，王恽《中堂事记》所保存的有关元初省院台大臣奏闻的时间记载，是相当完整和珍贵的。

另外，在相关的官方文书等史料中，除了记载省院台大臣奏闻的举办年月日外，又加缀四怯薛番直次第日期，而且这类加缀始终如一，未见变动。这应是蒙古怯薛番直制度渗入省院台大臣奏闻在日期记录上的实际反映。

省院台大臣奏闻举办的地点可分三类：

一是大都皇宫内，如大都皇城西殿，皇城暖殿，香殿，紫檀殿等。

二是上都宫殿及斡耳朵内，如上都斡耳朵火儿赤房子等。

三是两都巡幸途中的纳钵及大都郊外行猎处。

溪山风雨图

举办时间不固定，场所或两都宫内各殿，或巡幸途中纳钵（皇帝牙帐），变化多端，靡有定所。这或许是忽必烈朝省院台大臣奏闻显得不甚正规而容易被人们忽视的重要原因。

其实，在看待省院台大臣奏闻的举办时间和场所时，无疑有一个采用何种标准或尺度等问题。如果用汉地王朝正规礼仪意义上的"常朝"作标准，忽必烈朝省院台大臣奏闻似乎不伦不类，难登大雅之堂。如果从蒙古"行国""行殿"的草原游牧传统角度去观察分析，就比较容易得出合理的认识了。

所谓"行国""行殿"，均是无城郭常处，逐水草而居的游牧国君栖息理政习俗。忽必烈朝开始的省院台大臣奏闻时间和场所的不确定性，正是这种习俗在朝廷议政决策方式上的表现。

也就是说，时间和场所的不确定性，是蒙古草原习俗给省院台大臣奏闻带来的印痕，并不影响其视朝和最高决策的属性和功能，故无可厚非。

出席省院台大臣奏闻的，除了主持人皇帝外，由上奏大臣与陪奏怯薛执事两部分组成。上奏大臣主要来自中书省（尚书省）、枢密院、御史台、宣政院等四个枢要官府。其中，尤以中书省官员比例最大。间或也有秘书监、司农司等个别寺监。这与元代中书省、枢密院、御史台、宣政院长期拥有独立上奏权及中书省总辖百官上奏的制度基本吻合。

关于上奏大臣的人数，郑介夫说："今朝廷得奏事者，又止二三大臣及近幸数人而已。"

张养浩说："况今省台奏事，多则三人，少则一人，其余同僚，皆不得预。"

以上说法，似乎符合忽必烈朝的情况。上奏大臣仅仅二三人，很可能是忽必烈等皇帝沿用蒙古那颜及伴当旧俗，看重少数大臣长官上奏所致。

怯薛近侍以陪奏者的身份参与省院台大臣奏闻，是元代朝政中值得注意的现象。

云都赤，蒙古语意为"侍上带刀者"，怯薛执事官之一。单就带刀护卫的职司而言，云都赤的陪奏，起初主要是护驾防奸。

实际上，陪奏的怯薛执事并不止云都赤，还有速古儿赤（掌尚供衣服者）、怯里马赤（译员）、火儿赤（主弓矢者）、博儿赤（掌烹饪饮食者）、昔宝赤（掌鹰隼者）、必阇赤（掌文书者）、阿塔赤（掌牧养御马者）及给事中等。尤其是速古儿赤陪奏出现的次数甚至超过云都赤，居怯薛执事之冠。

陪奏的怯薛执事，大抵是依其所在的四怯薛番直，分别负责皇帝的生活服侍、护驾、文书记录、圣旨书写等职事。

但在陪奏时有些怯薛执事官的实际作用并不限于其原有职司，而是重在辅佐皇帝裁决机密政务，军政财刑，无不涉及。如曾充任元世祖御前侍从的贺胜，"无昼夜寒暑，未尝暂去左右"，虽然身为汉人，也可"留听""论奏兵政机密"。

按照"虽以才能受任，使服官政，贵盛之极，然一日归至内廷，则执其事如故"的制度，某些带"大夫""院使"等官衔的宿卫大臣，在省院台大臣奏闻的场合，仍是以内廷宿卫的身份出现的。在皇帝及其他人心目中，他们也是与一般出身的省院台大臣有别的"近臣"。

省院台大臣奏闻的参加官员，由上奏大臣和陪奏怯薛两部分人员组成，表面上看似乎是偶然的。事实上，它反映了忽必烈朝以降省院台外廷官和怯薛内廷官的内外衔接及其在省院台大臣奏闻中各自所处的位置和功用。怯薛执事是蒙古国时期草原游牧官的核心部分，也是蒙古汗廷的基本职官。

中书省、枢密院、御史台则是忽必烈开始建立的汉地式枢要官府。二者长期在内廷和外廷并存且有一定的分工合作。

怯薛执事实际上类似于汉代的"内朝官"，省院台大臣则类似于"外朝官"。二者以陪奏和上奏两种角色参加省院台大臣奏闻，从而使之某种意义上成为皇帝主持下的内廷怯薛、外廷省院台大臣的联席决策形式。

省院台大臣奏闻的议政内容相当广泛，军事、民政、财赋、刑法，监察、驿站，都在省院台大臣奏闻的议政内容之列。

关于省院台大臣奏闻的具体程序和决策方式，《元典章》卷三十四《兵部一》《逃亡·处断逃亡等例三款》载：

至元二十四年十二月初九日，安童怯薛第一日，本院官奏，月的迷失奏将来有，镇守城子的军人逃走有。在先，那逃走的根底一百七下打了呵，放了有来。那般呵，惯了的一般有。

如今那般逃走的每根底，为首的每根底敲了，为从的每根底一百七下家打呵，怎生？么道将来有。俺与省官每忙兀歹一处商量来。忙兀歹也说，我也待题来。若不那般禁约呵，不中的一般。么道说来。叶右丞也那般道有。玉速帖木儿大夫俺一同商量的，依著月的迷失的言语，为首的每根底敲了，为从的每根底一百七下家打了，惩戒呵，怎生？么道。奏呵，为首的每根底问了，取了招伏呵，对著多人订见了呵，敲了者。为从的每根底，依著在先圣旨体例里一百七下打了，放者。么道，钦此。

此硬译体公文的前半，是枢密院转达江西行枢密院官月的迷失有关处罚逃军的奏章，也包括月的迷失和江淮行省左丞相忙兀歹的商讨意见。

随后又是枢密院官与中书省右丞叶李、御史大夫玉速帖木儿会商后拟议奏报的处理意见。最后，是以世祖忽必烈圣旨形式出现的朝廷决策。所反映的上奏、拟议、决策三程序，前后相连，井然有序，不失为省院台大臣奏闻的议政决策的一个典型。

至元二十一年（1284）十一月，忽必烈任用卢世荣为中书省右丞，掌管财政，控制了中书省的实际权力。未逾十日，反对卢担任宰相的御史中丞崔或被罢黜。翌年正月，卢世荣又以中书省的名义，奏请废黜了江南行御史台。

应该强调的是忽必烈在省院台大臣奏闻中的最高决策权十分突出，行

使最高决策权时比较认真。所下达的圣旨多半比较具体且带有针对性，多半不只是对省院台大臣上奏意见的简单同意，而是要加入皇帝个人的一些决断意见。

最典型的是至元二十四年（1287）二月十五日省院台大臣奏闻时尚书省左丞叶李上奏设立太学事，忽必烈所降圣旨曰：

> 您说的宜的一般，那田地里立太学，合读是什么书，合设学官并生员饮食分例，合立的规矩，外头设儒学提举去处写出来，我行奏著，那时分，我回言语。钦此。

元世祖忽必烈在肯定叶李设立太学及各路儒学提举司奏议合理性的同时，又进一步要求臣下就太学所读书籍、所设学官、生员饮食分例等规则，以及设置儒学提举司的具体地点等，拟出详细方案，然后重新上奏，以便皇帝作出相应的决策。

世祖忽必烈在位三十余年，虽留下中统二年以"手诏"答四川降将杨大渊等零星记载，但另一些史料又表明"手诏侍郎杨大渊"乃翰林院词臣王恽所代笔。

黄缙《都功德使司都事华君墓志铭》所载颇有价值："都功德使所掌祝釐禬禳，皆朝廷重事，每人对上前，都事则载笔以从，书其奏目及所得圣语。虽在庶僚，而日近清光，士林中以为荣。"

按照黄缙的说法，省院台大臣奏闻的最终决策形式皇帝圣旨，或是由随同上奏大臣的都事等首领官身份者"载笔"书写的。

除都功德司都事外，中书省、枢密院、御史台等大臣也携有经历、都事、直省舍人等，或许这些人也执行"载笔""书其奏目及所得圣语"的任务。这又不失为省院台大臣奏闻圣旨决策多数为口头而非皇帝亲自书写的证据之一。

蒙古国时期朝廷的决策方式主要是忽里台贵族会议。参加忽里台的贵族们大抵奉行平等议事的原则。对军国大事，大汗不能单独决断，而必须经过贵族会议的讨论和认可。忽必烈朝确立的省院台大臣奏闻则不然。

刘福通铸"龙凤通宝"

奏闻的主持者和裁定者明确是皇帝，参加者包括中书省、枢密院、御史台等上奏大臣和陪奏怯薛执事。

奏闻中，省院台大臣虽然可以参与奏议，并拟出初步处理意见，但其身份是大汗的臣仆，"军国机务，一决于中"，裁决权牢牢掌握在皇帝手中，皇帝对省院台大臣奏闻全过程拥有主导权。

忽必烈以忽里台会议的使用逐渐减少，省院台大臣奏闻越来越多地充当朝廷主要决策方式，说明后者基本适应了大汗专制集权的发展趋势。省院台大臣奏闻作为最高决策方式，比忽里台贵族会议有了明显的进步。

省院台大臣奏闻对中书省的大都留省和上都分省制也带来一定影响。由于元世祖以降两都岁时巡幸的长期施行，中书省在每岁春夏常因扈从和留守分作上都分省和大都留省两部分。人们习惯上称大都留省为"都省"，扈从上都的中书省官员为"分省"。

第六章　运筹帷幄统大军

精锐部队守京师

当时的蒙古军队被称之为"铁蹄旋风"，声威远播，他们攻城略地，所向披靡，且凶猛狠辣。故此，兵锋所指令人胆寒、谈之色变。蒙古军队何以有如此赫赫雄威，这与他们的军事制度及蒙古人能征善战是分不开的。

忽必烈建国以后，为保持强大国力，尤其注意军事建设，他总结以前的军事经验，改革了成吉思汗以来的军政合一制度，实行军民分治，使军职不得干预民政，确立了当时世界上无与伦比的军事制度。

忽必烈日常确立的军事制度，主要分为宿卫军和镇戍军两大系统。

宿卫军系统的主要职责是守卫京师，战时出征。忽必烈建立的宿卫军队由怯薛军和侍卫亲军两部分构成。

怯薛军是成吉思汗建立大蒙古国时期由称为那可儿（伙伴）的亲兵组成的侍卫部队，当时确立编制为人员为一万人，其中宿卫一千人、箭筒士一千名、散班八千名。其成员皆为蒙古各千户征召的精锐之士和贵族子弟，主要职责是护卫大汗、宫廷服役和参预军政事务的管理。

他们平时分四班轮流护卫大汗营帐，战时随大汗出征，作为军队中坚力量，专打硬仗，是大汗手中掌握一支可以左右战局的强大武装。

忽必烈即位以后，保留了怯薛建制，但其原来掌管的军政领导事务，皆移交给了新设的中书省和枢密院等机构，怯薛军仅仅成了负责保障皇帝安全、掌管宫城和皇室大帐防卫以及护驾出征、宫廷服役等。

忽必烈时期，怯薛军常额在一万人以上，最多时达到十五万人。

随着政权的日益巩固，大汗出征的次数越来越少，怯薛军的主要职责就成了列值禁庭以充护卫侍从了。但他们凭借皇帝近侍的身份，也常常干预政治，并获得优先选拔为高级军政官员的特权。

为了保证皇帝的安全，忽必烈规定，怯薛军由皇帝或亲信大臣直接节制，他人不得干预。

忽必烈于中统元年（1260）又建立了一支"武卫军"，人数约三万余人，四年后改称为"侍卫亲军"，分为左、右两翼。

至元八年（1271）又改编为右、左、中三卫。卫设都指挥使为最高长官，卫下的建制分千户、百户和十户（牌）。这种侍卫亲军制度是忽必烈采用汉法而后实行的一种混合兵制。

其中"卫"的名称来自唐制，卫的长官"都指挥使"的名称来自宋制，而卫下的建制则又出于蒙古旧制。

侍卫亲军的主要职责是守卫京师，其士兵最初主要来自中原汉军万户属下的军队，后来，蒙古和色目人不断加进来，成分越来越复杂。

随着民族成分的递增，忽必烈又将侍卫亲军按民族分编为汉人卫军、色目卫军和蒙古卫军几个部分，又将其内部分工逐步固定下来，即由汉人卫军负责扈从皇帝行幸上都、屯田、工役造作等工作；由色目卫军和蒙古卫军负责出征作战和保证全国的安全和稳定，并监督以汉军为主的地方镇戍部队。

侍卫亲军归中央枢密院直接统领，军队数额保持在二十万人左右，逐渐取代了原来怯薛军的军事地位，成为元朝军队的主力。

严密部署镇地方

忽必烈所确立的镇守全国各地的镇戍系统的军队，主要分为蒙古军、探马赤军、汉军和新附军四种。

早期蒙古军主要成员都是草原各部落蒙古人，后来，成吉思汗把对外战争中招降和掳掠来的哈剌鲁、畏兀儿、唐兀、阿速、钦察、康里、回回、阿儿浑族壮丁也编入蒙古军队中。

忽必烈建国之后，沿袭这一制度，统称他们为蒙古军。蒙古军为元代的主要军队。

探马赤军，起初是木华黎经略中原时，从兀鲁兀、忙兀、札剌亦儿、弘吉剌、亦乞烈思五个蒙古部落中挑选一部分士兵组成的精锐部队，在野战和攻打城堡时担当先锋。"探马"意即"先锋"。

探马赤军原来是蒙古军的一部分，后来，民族成分不断扩大，也吸收色目人、女真人和北方汉人等，甚至还出现了纯粹由畏兀儿人组成的探马赤军。

汉军是由金朝降军、北方汉族地主武装、早期宋朝降军和早期蒙古在中原地区征发的士兵为基础，经过改编而成的军队。忽必烈十分注意对汉军的整顿和编制，逐步训练成为一支战斗力很强的队伍。

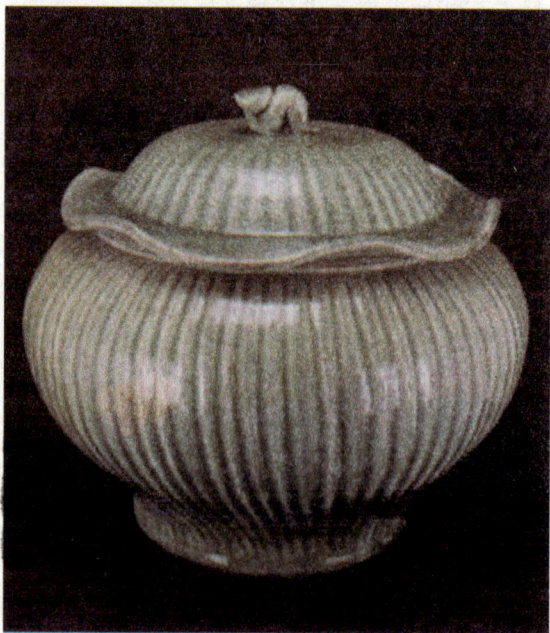

豆青釉条纹荷叶盖罐

新附军主要是收编南宋降军所组成的军队，在蒙古各军之中，不太受重视。

如同四等人制划分一样，忽必烈尤其重视蒙古军和探马赤军。他规定在京师附近的腹里地区，主要由蒙古军戍守；华北、陕西、四川、河南、山东等地主要由蒙古军和探马赤军相参戍守；南方以蒙古军、汉军、新附军驻成，防御重点是临江沿淮地区。

忽必烈对新附军不太信任，曾将其中部分编入其他军队，由蒙古人、色目人或汉人将领统领，将其一部分安排在边陲之地从事屯田和工役造作等工作。

另外，忽必烈还建设一些带有乡兵性质的军队，如东北的高丽军、女真军、契丹军、乣军，云南的寸白军，福建的畲军等。

这些军队多由当地少数民族壮丁组成，负责维持地方秩序，遇有特殊情况也被调发出征或镇戍其他地区。

忽必烈的军队建制还采用蒙古传统的十进制，分为十户、百户、千户和万户，分设长官为牌头、百户、千户、万户和都万户，在非蒙古军的万户和千户部队里，还设有达鲁花赤进行监督。

忽必烈规定，各地蒙古军和探马赤军由设在山东、河南、四川、陕西的四个蒙古军都万户府（都元帅府）统领，隶属于中央的枢密院。

其余镇戍军队，隶属于各地方行省，由行省平章管军事。但遇有战事，皆由行枢密院统领，调遣、更防等重要军务，受枢密院节制。

忽必烈赋予枢密院掌管怯薛军以外的全部军权，既统领中央的侍卫亲军、直辖地方上的蒙古军和探马赤军，又监督各行省管军的长官。

枢密院的长官不但有调兵权，而且直接管领军队，任用军官。

忽必烈时期规定，枢密院直接听命于皇帝，枢密院的主要长官必须由蒙古人、色目人担任，地方上，各行省兼管军事的平章也由蒙古人和色目人担任。

全国兵马总数，只有皇帝和枢密院的蒙古官员知道，行省兵马也只有为首的蒙古官员知道，汉人和南人不得过问。这就将从上到下的军权统一到蒙古人和色目人手中，最后听从皇帝的指挥。

为保证军队的战斗力，忽必烈除了加强军队的军事训练以外，又加强了对各级军官的管理，定期进行考核，考核的内容主要有五个方面，即治军有法，镇守无虞，铠仗精完，差役平均，军无逃窜。严格禁止军官役使

和"不恤"士卒。

因为忽必烈利用和笼络了汉人、南人中的军事人才，使当时的兵源得到了保证；各级主要军事长官皆由蒙古人和色目人担任，使蒙古和色目人上层紧紧地控制了军权；又加强了军队训练和军官的管理，保证了军队的战斗力，加强了对地方的控制，保证了全国的稳定。可以说，忽必烈的军事部署比起他的前人来高出一筹。

建设水兵和炮兵

忽必烈执政时期，其部队主要兵种有骑兵、步兵、炮手军和水军。

蒙古军和探马赤军主要是以骑兵为主。

蒙古民族是一个游牧民族，自幼学习骑马射箭，在马鞍上长大，所以也被称为"马背民族"。

这种优越条件，促使蒙古军成为当时景为精锐的骑兵队伍。探马赤军主要由蒙古人构成，其他各族也主要是游牧民族，因而容易组成骑兵队伍，蒙古骑兵行军作战主要使用轻便的环刀、大斧和长短枪等武器，行军作战都比较灵巧方便。

通常每个骑兵有一匹或多匹从马，以便长途行军时轮换乘骑，且很少携带笨重辎重物品，因此，作战的冲击力和长途奔袭的快速机动能力都要大大超过其他军队。

汉军和新附军主要是步兵，继承了金宋战法，士兵配有刀、枪、箭、戟等武器，在地形险阻的阵地战和城塞攻防战中发挥重要作用。

炮手军是蒙古在多年征战中渐渐发展起来的一个兵种。

元太祖九年（1214），大将俺木海曾受命担任随路炮手达鲁花赤，挑选五百余人，组成第一支炮队，主要靠缴获金宋大炮使用。

忽必烈在战争中看到了炮石的威力，很想发展炮手军。他即位以后，听说回回人阿老瓦丁和亦思马因等人能够制造回回炮，立即召至京师大都，让他们领导工匠成批造炮，并于午门前试放，获得成功。

至元十年（1273），元军久攻襄樊不下，忽必烈遂将亦思马因等炮匠连同大炮一起送往襄樊前线使用。亦思马因"置炮于城东南隅，重一百五十斤，机发，声震天地，所击无不摧陷，入地七尺"，终于攻克了襄樊。

亦思马因送往襄樊前线的大炮，实际上是一种巨型抛石机，还不是火药炮。

蒙古军队在灭金之时曾领略了金人铁火炮"震天雷"的威力，忽必烈所以下决心要造成自己的火炮，不久也获得了成功。

至元十一年（1274）和十八年（1281），忽必烈两次东攻日本，就使用了火炮。有坂诏藏《兵器考·火炮篇》记载，元军第一次同日军作战时，使用的"飞铁炮火光闪闪，声震如雷，使人肝胆俱裂，眼昏耳聋，茫然不知所措"。

《太平记》中也有元军使用铁火炮同日军作战的描写，球形铁炮抛出之后，"一次可发射二三千弹丸，日本兵被烧被害者多人"。

当时，日本有一位名叫竹奇季长的画家，把自己亲自经历的情景画了下来。其中一幅画面上，左边是元兵，右边是日本兵，中间地下有一只铁火炮，呈炸裂状，下半完整上半已破裂。可见忽必烈时期火炮也有了重大发展。

忽必烈为了扩充炮手军，大规模征调炮匠，组织开矿冶炼，制造兵器，设置炮手总管府、回回炮手都元帅府等机构，专门掌管炮兵，将炮手军建设发展到一个新的阶段。

忽必烈对水军建设亦做出了重要贡献。早期蒙古军仅有骑兵，善于陆地作战，水战则束手无策。

蒙古灭金以后，发动了攻宋战争，宋地江河颇多，经常水战，蒙古统治者开始意识到建立水军的重要性。元太祖十年（1215），蒙古军将领解诚在对宋作战中夺得战船千艘，被任为水军万户兼都水监使，建立了第一

支蒙古水军。

那时的蒙古水军，主要靠缴获宋朝战船作战，水中作战技术及灵巧机动等方面还存在着许不足之处。

忽必烈即位以后，为弥补自己的不足，把大规模建设水军当成攻宋的首要任务来抓。他任命张荣为水军万户，打造战船，积极进行水军建设。

忽必烈采纳刘整等人建议，大规模训练水军，很快就形成了一支战船千艘、士兵万人的水上武装。

到至元十年（1273），元军集结在襄樊前线的水军已达十六万人，战舰已达万艘，形势十分可观。

到至元十六年（1279），宋元崖山海战时，元军以其巨大的冲击力和机动灵活的水上战法，大败宋军，说明这时元朝的水军已经不比宋朝差了。

忽必烈又曾出兵攻打日本、安南等国，都出动了大量战舰，显示了元朝水军的威力。

由于忽必烈重视水军建设，使元朝的军兵种及其结构发生了重要变化，使原来仅善于陆地作战的蒙古军，发展为要陆战则陆战，要水战则水战，水战陆战皆宜的强大武装。在中国古代军事建设史占有重要地位。

忽必烈的部队兵源充足，战斗力强，与他所实行的兵役制度是分不开的。

忽必烈在蒙古地区仍然实行全民皆兵制度，蒙古族人不分贵贱长幼，"上马则屯备战斗，下马则屯聚牧养"。

遇有战事，"家有男子十五以上、七十以下，无众寡，尽为军"。十五岁以下少年皆编入"渐丁军"（逐渐长成为丁的军队），体验军队生活，接受军事训练。由于忽必烈时期兵源充足，实际上仅为二丁签一。

在其他各族中，主要实行军户制，军人单列户籍，父亲退役儿子继承，世代为兵。征兵时主要以民户的财产和劳动力状况为依据，一般多选取中户为签军对象。

每户单独出一人应役者，称独军户。

而那些无丁或无力服兵役的军户，则要二三户或四五户合出兵员一名，出兵户为正军户，其他为贴军户，贴军户要资助应征者鞍马、器杖、盘费等。

如果应役者在戍所病死。一百天以后，该军户要派次丁替补；如果应役

大元国宝

者战死沙场，一年以后，该军户派丁替补；如果军户贫困潦倒，或者年迈无子，经核实以后削落军籍，但要以别家民户替补。军户种田，可免税粮四顷，称为"赡军地"。

忽必烈时期的军户皆通过奥鲁进行管理。奥鲁，汉译为"老小营"，指征戍军人的家属所在。忽必烈即位之初，沿袭以前制度，由奥鲁官管理军户。

奥鲁官的职责，一是从军户中征发丁男充军应役，并及时起征亡故军人的户下子弟承替军役，弥补军队缺员。

二是负责按时为本奥鲁签发的当役军人置备鞍马、器械、盘费等，以保障后勤供应。

三是赡养征戍地军人老小，处理军户间的民事纠纷等。各路奥鲁官府自成系统，不受地方路、府、州、县管辖，仅受枢密院节制。后因奥鲁官贪污受贿，舍富取贫，剥削贫苦的军户，不利于中央集权。忽必烈遂逐渐改由地方路、府、州、县长官兼领诸军奥鲁，管理军户。

但是，蒙古军和色目军奥鲁还保持单独系统。

四通八达设驿站

大蒙古国时期，烽火不息征战频繁，为传达紧急军事情报，开始设置驿站。

忽必烈统一全国后，为了"通达边情，布宣号令"，把这一制度推行到全国各地，分布区域之广、组织之严密、制度之完整，皆为前所未有。

忽必烈确立的驿站制度，以首都大都为中心，遍布全国各地，四通八达，东北可以通到黑龙江口的奴儿干地区，北方通到叶尼塞河上游吉利吉思部落，西南通到今西藏地区的乌思藏宣慰使司都元帅府辖境。

具体做法是在大约每隔五六十里或百数十里的驿路上设置一个驿站，每个驿站由若干站户管理，繁忙的驿站多至二三千户，一般为百余户。驿站备有马匹、车辆、船只、床铺以及各种饮食等。

忽必烈确立的驿站分陆站和水站两种，陆站主要有马站、牛站、车站、轿站、步站等，使用马、牛、驴、车等交通工具，东北地区还有狗站，用狗拉雪橇奔驰在冰封雪盖的大地上，往来运载使者及各种的货物。

水站主要设置在南方沿海地区，以舟船为主要交通工具。

传达紧急军事情报等公事，使者要有圆牌作为乘驿凭证。圆牌也称圆符，专为传递军情等紧急事务而做，由朝廷铸造和掌管。诸王公主驸马以及出征守边将帅和地方官府，亦视其地位或需要颁给若干面圆牌，以备随时差遣，但与朝廷颁发圆牌有所区别。朝廷所遣使者佩金字圆牌，诸王公主和地方官府所遣使者佩银字圆牌。

起初，圆牌上铸有海东青图像，称海青牌或海青符。

至元七年（1270），忽必烈重新改换牌面，不用海东青，改铸忽必烈任用八思巴所创造的蒙古新字，汉语意为"长生天气力里皇帝圣旨：违者治罪"。

如果遇有紧急军事情报，使者包头束腰，带上圆牌，腰系小铃，乘上快马，用最快的速度奔向下一个驿站。

下一个驿站的站户，听到铃声，马上穿戴整齐，扎好铜铃，备好良马，等到使者飞驰而来，立即接过文书和圆牌，打马飞驰至下一站。

路上行人和车辆见到圆牌或听到铃声，应立即让路。

使者如果遇到所乘马匹疲乏或其他障碍时，可以在路上夺取马匹，所有人不得抗拒。这样，使者就可以经常得到良马以供奔驰。如果此辗转传递，军情战报等紧急公事就可以惊人的速度传到指定地点。

一般公事差遣人员，不持圆牌，主要持"铺马圣旨"，或"札子"作为凭证，各驿站也必须供给马匹和饮食等。

同驿站相辅而行的，还有急递铺，每隔三里、十里、十五里或二十五里设置一铺，每铺置铺卒五人，用徒步奔跑的形式传递朝廷及州县的军政机要文书和其他紧急文书。

凡传递省、台、院及边关紧要文书，用木匣封锁，用黑釉红字书写号码并标明发送承受衙门及入递时刻，随到随送。

一般公文则按所投下处分类装封，每件系一牌，用绿釉黄字书写号码。

在传递紧急文书时，铺卒腰系革带，上悬铜铃，用最快的速度跑向下一铺，下铺的铺卒听到铃声，马上扎好腰带和铜铃，在铺前等候，等到上铺铺卒来到铺前，立即接过文书奔向下一铺，下一铺亦如此接递。

铺卒经过之处，车马行人都要让路。夜间要手持火炬，照常奔跑。按照此种方式传递，每昼夜需行程四百里或五百里，紧急文书，一昼夜要行十日之程，"百日路程之文书消息，十日可以递至"。

元世祖忽必烈通过四通八达的驿站，及时传递了军政机要文书，了解了边疆情况，迅速传递中央的号令等。

后来，驿站又发展成为运送货物的重要交通运输线，对促进中央和地方的联系以及经济文化交流等，起到了重要作用。

忽必烈完善的这种驿站制度，对当时的俄罗斯、波斯、埃及等中亚、西亚诸国都产生了重大影响，在俄罗斯竟沿用了数百年之久。

决胜千里显奇谋

忽必烈生于草原上的黄金家族中家族，于鞍马之间习马练箭，练就一身骑马射箭的好本领。

但忽必烈又与一般的蒙古人不同，不但自己能够骑马射箭，更重要的则是能够指挥他人骑马射箭。

在忽必烈的一生中，由他亲自指挥的战役并不多，主要有长途跋涉的云南之役、奇兵进围鄂州之役和亲征阿里不哥、亲征乃颜之役，这几次战役，忽必烈都没有打败仗，可以看出忽必烈的战略战术指挥思想。忽必烈的军事才能，更多的则不是表现在战术上。

在战略上，他不仅善于指挥士兵，而且善于指挥大将，具有统筹全局、高屋建瓴、运筹帷幄、决胜千里的战略思想。

在多年的征战中和汉族儒士的帮助下忽必烈逐步悟出了"一天下者，以德不以力"的道理，开始改变以前一味征伐之做法，采取"攻心为上"的战略策略。

他在平大理的过程中，令姚枢"裂帛为旗，书止杀之令"。禁止滥杀。

武士俑

灭宋战争发起后，要伯颜以宋朝大将曹彬为榜样，不嗜杀掠，做他的"曹彬"。又优待降将，示之不疑，委以重任，刘整、吕文焕、张弘范等均授予方面之权。

这些做法目的就是为了笼络和瓦解敌方的军心，以便迅速取胜。他发动灭宋战争，本来是要统一天下，却抓住宋朝羁留使者之事，大做文章，让全天下的人都知道宋朝无故拘留使者，不仁不义，然后他再摆出一副正义之师的架式，大举进攻，以期收到瓦解对方斗志、鼓舞己方士气的效果。

事实上，他的战略目的确实达到了。"攻心为上"的策略，本来是汉人发明的专利，但忽必烈采用汉法以后，运用起来却有过之而无不及，完全可以使一些汉人为之汗颜。

在忽必烈的军事思想中，集中兵力、解决主要矛盾的思想亦比较突出。他在即位之初，面对进攻南宋和平定阿里不哥之乱等诸种矛盾，毅然决定暂时停止攻宋，集中兵力对付阿里不哥。

在平定阿里不哥之乱期间，对其他势力极力拉拢，很快取得旭烈兀军等人的支持，并将阿里不哥身边的玉龙答失等人拉到自己身边，使阿里不哥真正成了孤家寡人。

这种集中兵力对付主要敌人的策略使忽必烈获得了成功。

在对宋战争的问题上也是如此，他在灭亡南宋的条件不成熟的形势下，提出了对宋迂回大包围的战略，亲自率领军队越雪山，过草地，履幽谷，历穷乡，冲破各种艰难险阻，战胜各种饥饿和困惫，终于灭掉了大理，实现了对宋的战略包围。

成熟之际，他又不失时机地发动了灭宋战争，一改原来主攻鄂州的作战方略，从襄樊突入，不计一城一地之得失，抓住主要矛盾，直攻南宋首都临安，结果又使忽必烈大获全胜。

在军事统御制度方面，忽必烈鉴于诸王尽专兵民的弊害，力主实行中央集权，断然罢黜世侯，设置牧守，实行军民分职。

在灭宋战争时，他就授予伯颜以方面之权，全权处理灭宋事宜。后来，重新整顿军队，确立了从中央到地方一套统一的军事领导体制，选拔蒙古精锐，仍为怯薛军，保卫皇帝，归自己直接指挥。

忽必烈又设立枢密院专理天下兵马之事，挑选天下精锐聚于腹心，成立侍卫亲军，归枢密院直辖。枢密院还要直辖各地蒙古军和探马赤军，过问各行省兵马，将军权全部集中到中央。

这种军事集权制度的出现，正是忽必烈学习汉族军事思想的结果，是忽必烈采用汉法的一个表现。

在军兵种方面，忽必烈在原来骑兵和步兵的基础上，发展了炮手军和水军，不但中央的军队有炮手军，各路也有炮手军；不仅蒙古军队中有炮手军，汉军及各镇戍军队中也有炮手军，不但陆地作战用炮，而且水上作战也用炮。使蒙元军队从单一的骑兵制发展成为多军兵种的强大的武装力量。

在作战方法和战略战术方面，改变了原来单一的大迂回、大包围、平原野战和奇袭取胜的方式，常常水陆齐出，先用大炮轰击，扫清障碍，继而以步骑冲杀，一举获胜。

经过忽必烈的军事改革，凡是重大战役，再也不是单靠铁骑作战，而是骑、炮、舰诸军联合行动，协同作战。无论是野战、奇袭、长围，还是阵地战、攻坚战，忽必烈的军队都能适应，从而使蒙元的战略战术发生了重大变化，具有十分重要的意义。

后勤供应也是前线作战能否取胜的重要因素之一。忽必烈之前，蒙古军队的后勤供应没有章法，主要靠阵前掳掠，即实行"因粮于敌"的政策。

后来规定，"奥鲁"随军，由奥鲁负责军队的后勤供应，也主要是靠缴获敌方的粮草武器等。

忽必烈总结了前代寓兵于农的历史经验，要求军人且耕且战，"屯戍以息兵，务农以足食"，逐步建立起军队屯田制度。无论是中央的侍卫亲

溪山风雨图册

军，还是地方上的镇戍军，都要进行屯田，并相继在河南、江浙、江西、湖广、四川、云南等行省境内设置屯田机构。

至元十三年（1276），忽必烈与北方诸王战争爆发，忽必烈除了抽调人力物力从事粮饷转运外，又在战区及其附近的陕西、甘肃、岭北、辽阳以及征东行省等地驻地屯田，以保障军需供应。这种寓兵于农的军事思想也是忽必烈学习汉法的结晶，是历史上的一个进步。

军事将领为执行落实正确战略战术的根本，假如战略战术制订得再好，没有人去执行和落实，也是一句空话。因此，忽必烈特别重视对将领的笼络和使用。

他不管是哪个民族，只要有军事才能，就破格任用。在他所任用的军事将领中，既有蒙古人、色目人，也有汉人。

忽必烈对这些将领赏罚分明，凡是立有战功者都予以奖励，除了赐给土地、物资等物质奖励外，还常常赐号"拔都儿"等，进行精神奖励。

忽必烈就使用这种办法，使用了大量军事将领，基本上运用自如，甘心为其效命尽忠，不怀二心。

第七章　内争迭起皆戡定

海都之乱被平定

忽必烈采用汉法，引起蒙古守旧贵族的反对，他们抱住祖宗之法不放，极力反对忽必烈用汉法治理社会，并想夺取其政权，以便实施他们用蒙古法治理大蒙古国的计划，因此，他们发动了一次次反对忽必烈统治的叛乱和斗争。

在这些斗争中，最主要的是海都、昔里吉、乃颜、合丹、笃哇等人的叛乱。

海都是窝阔台之孙，他是一个很聪明能干而又狡猾的人，对一切事情都安排得比较周密。

蒙哥夺取汗位以后，汗位从窝阔台系转到拖雷系手中，窝阔台后裔一直心怀不满。

当时，海都只有十五六岁，却表现出攫取汗位的强烈欲望，总以为自己是窝阔台后人，有权继承汗位，因此反对蒙哥和忽必烈为汗。

蒙哥即位以后，看到了窝阔台系后王的威胁，为了削弱他们的势力，便把海都迁到海押立（今哈萨克塔尔迪·库尔干尔）一带，海都更加不满。

忽必烈和阿里不哥争夺汗位时，海都支持坚守蒙古旧俗的阿里不哥。阿里不哥败降后，海都便不断积蓄力量，密谋夺取大汗之位。

海都以海押立为基地，团结窝阔台系诸王，势力日益兴盛，逐渐成为窝阔台汗国首领。海都要想夺取汗位，只靠窝阔台一系的力量是不够的，为此，他大力拉拢术赤系后王和察合台系后王。

海都通过花言巧语，编织一些忽必烈的坏话，极言忽必烈得势必危及术赤系和查合台系的人身安全，并极有可能被其铲除。

术赤后王和察合台后王都相信了海都的话。

特别是术赤后王、拔都之孙、钦察汗的忙哥帖木儿汗及察合台后王木八剌沙等表示积极支持海都，愿意和他们一起争夺汗位。

忽必烈即位之后，曾预感到海都将不会服从自己的统治，多次派遣使者征请海都入朝，都被海都"我们的牲畜瘦了，等养肥之后，我就遵命前来"等托词所拒绝。

当时，忽必烈正忙于准备攻宋，无力西顾，为了稳住海都，每年继续赏赐海都银两布帛，并把蔡州（今河南汝南）分给海都作为食邑，表示优容。

同时，又派遣使者分赴钦察汗国和察合台汗国，尽量分化其势力，把他们拉过来。这时，察合台汗国阿鲁忽汗已死，其妻兀鲁忽乃未得大汗忽必烈允许，就把自己的儿子木八剌沙立为察合台汗国之汗，木八剌沙很快倒向海都一边。

忽必烈为控制察合台汗国，把在中原的察合台曾孙八剌派回本汗国，并授予继承汗位诏书，让他想方设法夺取察合台汗国的汗位，以牵制海都。

八剌回到察合台汗国以后，先不出示诏书，伪装拥护木八剌沙，逐步夺取了汗国的兵权，然后将木八剌沙废掉，自立为汗。

八剌夺取察合台汗国的汗位以后，曾遵照忽必烈的旨意牵制海都，与海都发生了一系列摩擦。这时，海都积极扩展自己的势力，侵夺了察合台汗国的部分领土，并把他的行营迁到阿力麻里（今新疆伊犁哈萨克自治州霍城西）之地。

八剌率军反击，初战胜利，但海都得到钦察汗国忙哥帖木儿的帮助，又把八剌打得大败，八剌退走河中（今锡尔河与阿姆河之间）。

海都见八剌与自己为敌，分裂察合台后王，对自己夺取汗位大为不利，就在自己获胜的基础上，派遣乞卜察克（也是窝阔台的孙子）去拉拢八剌。乞卜察克向八剌转达海都的话说："我的侄儿哟，你怎么这么傻呢，你以为帮助忽必烈会得到什么好处吗？那就错了。你想想看，那忽必烈专门信任汉人，身边的汉儒不离左右，亲亲热热，哪一个不超过对你的信任。将来忽必烈灭掉南宋，一统天下，得到好处的还不是那些汉人，哪儿会轮到你呢！"

本来八剌就对忽必烈采用汉法、亲近汉人有意见，听海都及其使者乞卜察克这么一说心就动了。乞卜察克见八剌有些动摇，接着说："我们的首领海都聪明能干，对您也非常赏识，不如和我们一起干吧，把汗位夺过来，一定有你的好处。"

八剌认为很有道理，立即点头答应了。从此，八剌背叛忽必烈，而与海都结好，并为了争夺忽必烈的属地斡端（今新疆和田），与忽必烈开战。

海都把八剌拉拢过来以后，于至元六年（1269）纠集术赤后王忙哥帖木儿和察合台后王八剌等，在答剌速（今塔拉斯）河畔召开忽里台，划分了各自在中亚草原的势力范围及河中农耕区的财赋收入，将河中地区三分之二的土地划归八剌，其

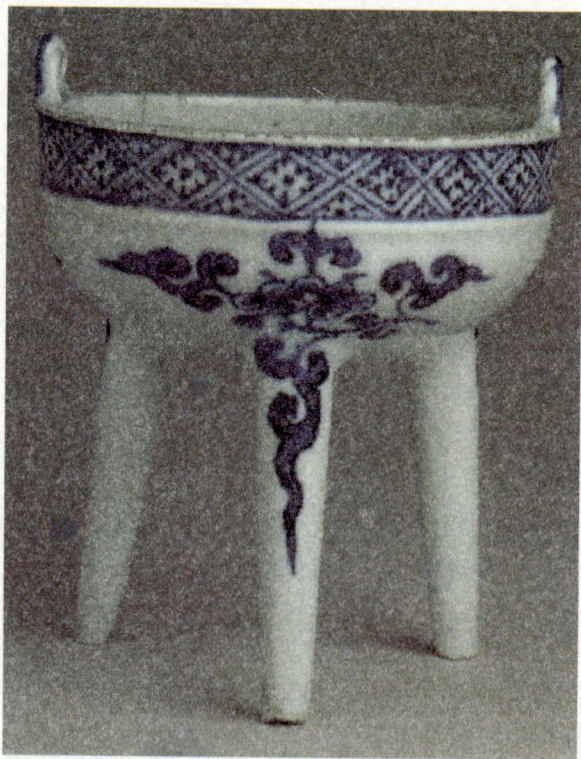

青花花卉纹鼎

余分隶于海都和忙哥帖木儿。

会上，海都被推选为盟主，发誓保持蒙古族游牧生活及习俗，共同对抗忽必烈。但八剌觉得他分得的土地不足以供养所统领的游牧部族，而垂涎于伊利汗国所属的呼罗珊（今阿母河以南兴都库什山脉以北地区），想把其地夺取过来。

海都对忽必烈的弟弟旭烈兀建立伊利汗国不满意，与伊利汗国阿八哈汗是宿敌，因此，积极支持八剌向伊利汗国扩张。这样，会上便把斗争的目标扩大为忽必烈和阿八哈二个。

其后，他们遣使责问忽必烈说："本朝旧俗与汉法不同，现在你留在汉地，建造都邑城郭，风俗礼仪及各种文化制度，都遵用汉法，忘记了自己的祖宗之法，这是为了什么？"公开向忽必烈挑战。

至元七年（1270），八剌举兵进攻伊利汗国，占据呼罗珊大部分地区，海都也派遣乞卜察克等人率兵往援，后因乞卜察克与八剌部将扎剌儿台失和，一怒之下撤兵而走。

伊利汗国阿八哈汗闻讯，设计诱使八剌进至只涅平原，伏兵四起，大败八剌军队。八剌请求海都发兵为援。海都想乘机吞并八剌的军队，遂率兵前来，突然包围八剌营帐。八剌见海都如此不讲信义又气又恨，恼怒而死。八剌所属军队遂转而效忠海都，海都的势力进一步壮大起来。

海都成为雄踞西北的一大势力，发誓要与忽必烈争个高低。

面对海都的威胁，至元七年（1270），忽必烈亲自率师西北，并派遣太子真金驻兵称海（今蒙古科布多东南），派遣万户伯八、断事官刘好礼镇守吉利吉思和谦谦州（两处均在今叶尼塞河上游流域）等处。

至元八年（1271），又派皇子北平王那木罕出镇西北，以加强对海都的防御。同时，派遣使者出使钦察汗国，企图把钦察汗国的术赤后王拉过来，以削弱海都的势力。

海都在八剌死后，又援立八剌之子笃哇为察合台汗，此后，察合台汗国完全被海都所控制。于是，海都不顾忽必烈的防御和警告，率领军队对

忽必烈发动了声势浩大的征伐。

忽必烈闻讯，立即命令军队迎击，在别失八里（今新疆吉木萨尔）一带，大败海都叛军，海都不得不率残兵退去。忽必烈亦不追击，只是派遣皇子那木罕进据察合台汗国都城阿力麻里，率重兵戍守。海都见状，一时不敢轻举妄动。

至元十一年（1274），忽必烈派军大举攻宋，海都见有机可乘，又率大军乘虚来袭。忽必烈非常生气，于第二年正月正式下令追缴颁发给海都与八剌的金银符印，再一次派遣昔班为使，劝谕海都罢兵，并前来朝见大汗。海都不但不听，又策动诸王背叛忽必烈，占领南疆一带。

这时正是伯颜伐宋大军深入建康准备一举灭宋之时忽必烈为了防御海都，急忙将伯颜从军前召回，意欲暂时停止攻宋，全力讨伐海都。伯颜向忽必烈汇报了攻宋的军事进展情况，认为灭宋之机绝不可失。

忽必烈听了伯颜的汇报，认为伯颜说得有理，同意伯颜立即返还军前，对南宋发起最后总攻，以灭亡南宋。同时，派遣右丞相安童以行中书省、枢密院事衔，前往阿力麻里，辅佐皇子那木罕率大军北征。

在此次北征大军中，有蒙哥之子昔里吉、蒙哥之孙撒里蛮、阿里不哥之子玉木忽儿、岁哥都之子脱黑帖木儿等，他们对忽必烈夺取汗位都十分不满。

至元十三年（1276）夏，那木罕和安童大军在伊犁河边度夏，"出去打了几天猎"，脱黑帖木儿和昔里吉在打猎时相遇，脱黑帖木儿煽动昔里吉说，大汗之位本来应该属于你，忽必烈"使我们和我们的父亲们受了多少侮辱"，不如"我们把那木罕和安童那颜抓起来交给敌方吧，然后推举你为帝，干我们自己的事业吧"。

昔里吉深以为然，于是，他们串通撒里蛮、玉木忽儿等人，在一天夜里突然袭击，把那木罕抓起来送到钦察汗国忙哥帖木儿处，把右丞相安童抓起来，送到海都处，越过按台山占领吉利吉思等地。随后，他们回师进攻蒙古在漠北的中心和林。

忽必烈听说北征大军出现了叛乱，感到情况万分紧急。这时，元军已经攻破南宋首都临安，大军开始陆续返回。

至元十三年（1276）七月，忽必烈听说昔里吉率兵准备进犯和林，急忙派遣从临安护送所俘宋帝至大都的李庭率军北上防堵，又令南征大将阿术西巡，驿召重臣相威北还，授予征西都元帅之职，总领汪惟正军，以镇西土。

至元十四年（1277）初，应昌（今内蒙古克什克腾旗达里诺尔西）的蒙古弘吉剌部贵族只儿瓦歹又起兵响应叛军，与昔里吉南北呼应，大有不夺取帝位誓不罢休之势。

面对这种形势，忽必烈火速把征宋主将伯颜、别吉里迷失等人调回，让他们率领大军北征。伯颜等急速赶到漠北，前锋别吉里迷失在和林一带追及只儿瓦歹，把他们全部消灭。

随后，与东犯的昔里吉叛军相持于鄂尔浑河，双方夹水而阵，整整相持了一天。伯颜乘昔里吉的军队懈怠之机，兵分两队，出其不意，突然奋击，一举打败了昔里吉的部队，夺回了被掳的大帐，并将昔里吉叛军赶到阿尔泰山以外，稳定了漠南漠北的局势。

昔里吉失败以后，内部出现了矛盾和斗争。至元十六年（1279），复犯和林的脱黑帖木儿被元将刘国杰打败，求助于昔里吉。昔里吉未能发兵相助，脱黑帖木儿大为不满，于是，又去煽动撒里蛮自立为汗。

昔里吉听说脱黑帖木儿与撒里蛮搅在一起，并拥立撒里蛮为汗，大为恼怒，急忙与明理帖木儿及其他诸王聚军为备，并派遣使者责问脱黑帖木儿，为什么要在内部"造成纷扰与动乱"？

脱黑帖木儿回答说："昔里吉没有勇气和胆量，因此我们想让能够胜任的撒里蛮做君主。"昔里吉没有办法，又派人去对撒里蛮说："如果你要取得帝位，可以向我要，何必去求脱黑帖木儿呢？"脱黑帖木儿代替撒里蛮回答说："为什么我们要向你请求帝位，并且到你那里去呢？你自己到我们这里来吧。"

昔里吉知道自己无力对抗撒里蛮和脱黑帖木儿，只好屈从，亲往脱黑帖木儿处，共同商议拥立撒里蛮为汗之事。脱黑帖木儿又对昔里吉说："如果你是诚心诚意地来的，那你现在就派遣急使去通知拔都的儿子们和海都说：'我们自愿遵奉撒里蛮为自己的君主'。"昔里吉没有办法，只好去通知。

玉木忽儿得报后，拒绝前来拥立撒里蛮。脱黑帖木儿便率师去攻打玉木忽儿。由于脱黑帖木儿平时对士兵残暴，颇多怨恨，还未接战，皆纷纷倒戈，尽降玉木忽儿。脱黑帖木儿仅率十二人逃走，中途被虏获处死。撒里蛮失去脱黑帖木儿的支持势力大衰，没有能力与昔里吉对抗，只好投降昔里吉。部众不愿意归顺昔里吉，三三两两地结伙投降元朝。

昔里吉害怕撒里蛮为乱，又把他押送钦察汗国的火你赤处。途中被撒里蛮部众救获。撒里蛮于是重整军队，夺取昔里吉的辎重，于至元十九年（1282）正月，遣使于忽必烈，表示愿意归顺。

昔里吉得到这一消息，率军来战。但部众已不愿意继续与忽必烈为敌，又出现倒戈事件，全军尽降于撒里蛮，昔里吉也被撒里蛮擒获。

玉木忽儿闻听昔里吉被擒，急忙率军来救，结果，士兵也临阵倒戈，玉木忽儿也成了撒里蛮的俘虏。撒里蛮决定押解昔里吉和玉木忽儿投奔忽必烈。玉木忽儿假装有病，请求停留二三日，暗中贿赂附近的答里台斡赤斤（成吉思汗弟）后王，请求援救。

撒里蛮毫无戒备，被其突然袭击打败，撒里蛮仅与一妻逃脱，投奔忽必烈，忽必烈非常高兴，优礼有加。

昔里吉和玉木忽儿虽然逃脱，但元气大伤，后来走投无路，也分别投降了元朝。明理帖木儿则投降了海都。

昔里吉叛乱，由于他自己想称王，引起海都忌讳，因此，没有很好地得到海都的帮助，终于被忽必烈所战胜。

在忽必烈全力镇压昔里吉叛乱时，海都取得了喘息之机，秣马厉兵，势力重新发展起来。

至元二十四年（1287），海都一面策动察合台汗国笃哇汗与他联合犯边，一面串通东北铁木哥斡赤斤后王乃颜、哈撒儿后王势都儿、合赤温后王胜纳哈、合丹等，发动了声势更加浩大的叛乱。

乃颜是成吉思汗幼弟铁木哥斡赤斤的玄孙。在成吉思汗分封时，与其母月伦所得封地最多，以哈喇哈河（今哈尔哈河）流域为中心，后来不断向哈剌温山（今大兴安岭）以东扩展，占据了东北大部分地区。

乃颜的祖父塔察儿曾以东道诸王之长率先拥戴忽必烈为汗，因而特受尊崇，势力又有新的发展。乃颜继承了铁木哥斡赤斤、成吉思汗母月伦及其祖父塔察儿的财产和封地，兵马繁盛，势力强大。他自恃“国土甚大，幼年骄傲”，“不欲为大汗之臣，反欲夺取其国”，一心想要专擅称王。

乃颜听说海都在西北反元，曾密谋起兵相应，以便对忽必烈进行东西夹击。但还没等他起兵，忽必烈就得到了辽东宣慰使关于乃颜“有异志，必反”的报告，忽必烈为了防御乃颜，立即在辽阳设立东京等处行中书省，震慑东北。乃颜见忽必烈在东北设置行省，心里有些不安。

至元二十四年（1287），西北诸王海都等进攻按台山（今阿尔泰山），乃颜以为有机可乘，就在海都的撺掇下联合势都儿、胜纳哈、合丹

阿尔泰山

189

等发动了叛乱，率军直逼潢河（今辽河上游西拉木伦河）流域。

忽必烈听说乃颜叛乱的消息大怒道，这个混账东西也想当大汗。真是不自量力，我"若不讨诛此叛逆不忠之鞑靼二王，将永不居此大位"。说罢，立即叫来伯颜，令他率领一支军队进据和林，截断乃颜与海都的联系，以防海都率兵东进。又派遣阿沙不花前往东道诸王别里古台后王纳牙处，说服他亲身朝觐自陈，以瓦解东道诸王同盟，削弱叛军的力量。然后，忽必烈亲自调遣蒙汉四十万大军，带病亲征。

乃颜听说忽必烈亲征，急忙率领军队退至呼伦贝尔高原的不里古都伯塔哈（在哈尔哈河与诺木尔金河交汇处的三角地带），在那里集结重兵，誓与忽必烈决一死战。

忽必烈派遣探子侦得乃颜动静，命玉昔帖木儿率领蒙古军、李庭率领汉军，分道秘密出击。

忽必烈大军进军神速且秘密，一天，天刚刚拂晓，忽必烈大军如同从天而降，突然出现在乃颜营前。那时，乃颜与其宠妻仍在帐篷中睡觉，听说忽必烈大军已经杀过来了，急忙披衣而起，钻出营帐去组织军队进行抵抗。

乃颜不愧是位训练有素的武将，在此危急时刻，仍然保持镇定，很快就把军队组织起来，摆好了阵势。

忽必烈见乃颜已经摆好了阵势，急令玉昔帖木儿率领蒙古军进击。哪知蒙古军将士多是乃颜从前的将校或亲属，军前对阵，往往立马对语，诉说亲朋之情，不是丢弃刀枪不战，就是虚晃几枪，各自退下阵来。忽必烈看看不行，采纳叶李建议，急调李庭、董士选所统汉军上阵，用"汉法"战斗。

乃颜是一位基督教徒，在他的旗帜上立有十字架作为标志，军队号称；四十多万，以战车环卫为营。忽必烈的汉军以步兵持长矛，在火炮掩护下进攻。

双方混战一日，杀得难解难分。后来，乃颜的军队还是敌不过忽必烈军队的迅猛攻击，士兵大败而逃，乃颜亦坐上战车，仓皇而遁。忽必烈挥军追击，俘虏不可胜计。乃颜逃至失烈门林亦被追兵追及，没有办法，只好束手就擒，成了忽必烈的俘虏。

几个士兵把乃颜押至忽必烈面前，忽必烈满脸怒气，令其跪下。乃颜把脖子一扬，装成不可一世的样子，说什么也不跪。这时，上来几个士兵，强行将乃颜按倒跪在地上。

忽必烈看了乃颜一眼，痛斥道："你也是黄金家族的子孙，你的曾祖铁木哥斡赤斤很受成吉思汗的溺爱，所得分地分民最多。你的祖父塔察儿率先拥戴我为汗，我一直对你们家族不薄，让你继承了铁木哥斡赤斤的封地和铁木哥斡赤斤母亲月伦的封地，又不断地给你赏赐。致使你的封土最大，军队最多。你的权势也算不小了，财产也算是不少了。可你贪心不足，背叛了你祖父、父亲拥戴我的爱心，妄图自立为汗，恩将仇报，真不知天下羞耻之事。你是黄金家族的子孙，我本应该原谅你，可你作恶多端，罪大恶极，无论如何也不能原谅。你还有什么话可说？"

乃颜听了忽必烈的话，说："成吉思汗给我们家族的封地是够多的了，你给我们的赏赐也不算少，可你总要改行'汉法'，用汉人的制度和法令来束缚我们，又要加强中央集权，限制地方世侯和封王，说不定什么时候，你就会把我的封地夺走，让我成为一个穷光蛋。你说，这我能够容忍吗？再说，我们都是黄金家族的子孙，大汗之位总不能让你们一系去坐吧。我今天就是想要去坐一坐。现在，我败在你的手下，没有什么话可说，要杀要砍，随你的便吧。"

忽必烈听了乃颜的话，深有感触地说："我是要改行汉法，因为汉法比较先进，制度比较严密，用汉法管理国家就会管得好，就会使经济发展起来，这对我们都有好处啊！我怎么会把你弄成穷光蛋呢？你完全误会了。但现在你犯下了背叛大汗的滔天大罪，我没有办法原谅你。"

说罢，大手一挥，几个士兵上来就把乃颜拉走了。

忽必烈不愿意让天空、土地和太阳看见黄金家族后人的鲜血，命人把

乃颜密裹在一片毡子中，令士兵往来拖拽。乃颜疼痛难忍，嗷嗷直叫，叫着叫着，声音越来越小，直至无声无息。乃颜就这样离开了人世。

在乃颜兵败被俘之时，合丹也表示投降，后来逃还本部，至元二十五年（1288），又联合哈撒儿之孙火鲁火孙，再次发动叛乱。忽必烈命皇孙铁穆耳和李庭等人率军平叛。铁穆耳在托吾儿河（今洮儿河）、贵列儿河（今归流河）之间，大败合丹的军队，合丹被迫东走。

后来又与元军转战于那兀江（今嫩江）、托吾儿河、宋瓦江（今松花江）等地。至元二十七年（1290），元年分路进剿，合丹势穷，窜入高丽。

元军又与高丽合兵进讨，大败合丹。至元

元朝蒙古人弯弓图

二十八年（1291），合丹被彻底打败，不知所终。也有人说，合丹在战争中被打死。

忽必烈在平定乃颜、合丹叛乱期间，将叛王的分民和财产没收，又限制了封王的军权，使东道诸王的势力大为削弱，完全受朝廷所置行省控制，有效地加强了中央集权。

在东北地区乃颜、合丹叛乱期间，海都和笃哇等一直在西北地区配合骚扰。海都在北边用兵，笃哇则袭扰畏兀儿地区。于是，忽必烈又先后派出皇子阔阔出、皇孙甘麻刺、铁穆耳等出镇北边，防御海都；又命皇子奥鲁赤、皇孙阿难答和在中原的察合台后王阿只吉、出伯等率军出镇别失八里（今新疆吉木萨尔一带）、阿力麻里（今新疆伊犁哈萨克自治州霍城西）、斡端（今新疆和田）等地，防守畏兀儿和吐蕃地区，以抗击笃哇。

后来，忽必烈又相继把伯颜和玉昔帖木儿调往北边，收复益兰州等五部，把海都赶到阿尔泰山之外。忽必烈直接控制了阿尔泰山以内的西北地区。

到这时，海都的军队虽然没有最后被消灭，但他再也没有力量与忽必烈抗衡了。至成宗大德五年（1301），海都兵败受伤而死。

大德十年（1306），海都余党再败，向成宗投降。海都之乱终于平息了。

随机应变罢世侯

忽必烈夺取政权、改行汉法期间，蒙古贵族内部改行汉法派和坚守祖宗旧法派的斗争相当激烈，汉人世侯与蒙古统治者之间的矛盾以及汉法派内部义理派和功利派的斗争亦十分激烈，忽必烈夺取政权不长时间，就暴发了李璮的叛乱。

李璮是金末红袄军领袖李全的儿子。李全是金潍州北海（今山东潍坊）人。

金卫绍王至宁元年（1213），蒙古军队进攻山东，其母、兄弟都为乱兵所杀，加上金朝后期统治腐朽，剥削残酷，无以为生，遂于仲兄李福等聚众起义。

次年，红袄军首领杨安儿兵败被杀，杨安儿的妹妹杨四娘子（名妙真）率众来会，两人结为夫妇，继续与金朝统治者进行英勇斗争。宋嘉定十一年（1218），李全率军进入宋境，投靠了宋朝。

第二年，帮助宋朝击败金军，使金兵不敢再犯宋朝淮东。后来，李全又北上驱走金降将张林，占居益都（今山东益都），遂以益都为中心，发

展起个人势力来。

元太祖二十一年（1226），蒙古军队进入山东，包围了益都。李全坚守一年以后，兵败投降。

那时，蒙古统治者实行拉拢汉族军阀的政策，遂任李全为山东淮南楚州行省（又称益都行省），专制山东，随即率军南下攻宋。元太宗二年（1230），攻占楚州，十月突袭扬州失利，次年正月为宋军袭杀。

李全死后，由其妻杨妙真袭职。不久，杨妙真死，蒙古统治者又以李璮袭领益都行省，继续统治益都等地，发展成为专制一方的世侯。

蒙古统治者为了招纳和利用汉族地主武装，进入中原之初，封任了不少象李璮这样专制一方的汉人世侯，初步建立了蒙汉地主阶级的联合统治。

但在权益分配上，双方仍然存在着矛盾。

从汉人世侯方面来看，他们多数想发展自己的势力，成为独霸一方的地方统治者，个别世侯在自己势力强大之后进而想夺取中央政权，成为全国的统治者，在当时兵荒马乱的年代，他们有这些想法也不算奇怪。

从蒙古统治者方面来看，他们是想利用汉人世侯，以帮助他们打天下，当然希望汉人世侯听命于他们，而不希望汉人世侯搞独立王国。因此，双方的矛盾和斗争逐步向前发展。

李璮就是一个想搞地方独立王国，进而想夺取中央政权的汉人世侯。他在自己势力难以与蒙古抗衡的时候表示臣服蒙古，利用蒙古和南宋的矛盾，积极发展个人势力。

因此，他臣服蒙古并非真心，曾多次拒绝蒙古统治者的征调。

蒙哥去世，李璮更加积极发展自己的势力，他一面利用南宋虚于防守之机，进犯南宋，取涟水、海州等四城（今江苏东海县以东至涟水沿海一带）；一面加修益都城防，储存粮草，截留山东的盐课和赋税等，加紧反叛蒙古的物质准备。

中统元年（1260），忽必烈即帝位，其幼弟阿里不哥也在漠北自立为帝，两兄弟为了争夺帝位大打出手，争战不休。李璮乘此机会，屡次伪造边警，"恫疑虚喝，挟敌国以要朝廷，而自为完缮益兵计"。

对于李璮的不轨行为，许多人都有所察觉，并向忽必烈做了密报。忽必烈为了全力对付阿里不哥。对其不轨行为隐而不发，相反用高爵厚赏来安抚稳定李璮，以换取这位汉人世侯对自己的支持。

于是，忽必烈破格加封李璮为江淮大都督。李璮并不满足，又伪称"宋调兵将攻涟水"，"请缮城堑以备"，忽必烈批准了李璮的请求，下诏"出金符十、银符五授链，以赏将士有功者，且赐银三百锭，降诏奖谕"。又规定"蒙古、汉军之在边者，咸听节制"。

中统二年（1261）正月，李璮又诡称获得涟水大捷，上书朝廷，忽必烈又下诏奖谕。"仍给金符十七、银符二十九，增赐将士"。

继而，李璮又"报宋人来攻涟水"，忽必烈又下诏"遣阿术、哈剌拔都、爱仙不花等悉兵赴之"，李璮遂乘机请求"节制诸道所集兵马，且请给兵器"，中书省商议，准备"与矢三万"，忽必烈下诏"给矢十万"。

经过三番五次的要挟，李璮取得了节制诸道所集兵马之权，得以大规模修缮城垒，自恃兵精粮足，开始积极进行反叛活动。

为取得成功，李璮积极与朝中王文统交结，并与山东河北等地汉族军阀书信相通，希望取得他们的支持，以收到里应外合之效。

王文统原来是金朝末年的经义进士，但他为学不局限于儒家，其他各家思想兼收并蓄，特别喜欢读那些权术、谋略之书。

金朝灭亡以后，北方知识分子不是投靠蒙古，就是投靠归附蒙古的汉人军阀，而那些归附蒙古的汉人军阀也需要招揽谋士以加强自己的军事和政治势力。

王文统以自己所学权谋之术游说汉人世侯，开始，没有得到汉人世侯的赏识，后来投奔李璮，李璮与其讨论天下大事，非常高兴，当即留为幕僚。

王文统见自己的才学得到李璮的赏识也很高兴，即教李璮借南宋以自

重，乘机扩充军事实力，等待时机，以求称王。

李璮以为王文统才华出众，令其子李彦简从其学习，王文统亦将自己的女儿嫁给李璮为妻，由是，王文统深得李璮信任，"军旅之事，咸与谘决"。

忽必烈即位之前，大力搜罗人才以为己用，刘秉忠、张易等人曾向忽必烈推荐王文统，称他为才智之士。后来，廉希宪、商挺、赵良弼等人也推荐过王文统。

因此，忽必烈刚一即位，就提拔王文统担任中书省平章政事，行中书省事于燕京，主管中原汉地政务。

王文统执政后，参与国家大政方针之制定，颁布一系列条规，以革除赋税、吏治诸方面的积弊，又建议发行中统元宝交钞等。

可以说，中统初年的各项政治经济制度的建立，他都起了相当重要的作用。在理财方面，既限制了蒙古、色目贵族的任意搜刮，又使国家财政收入大增，保证了忽必烈进攻阿里不哥的物资供应。因而，深得忽必烈的信任，忽必烈曾有意提拔他为丞相，但因他出身布衣，资望不足而作罢。

王文统虽为儒士，但不像一般儒士那样空谈义理，而是讲究理财，注重功利，这种做法遭到义理派儒士的反对。特别是王文统得到忽必烈的特殊信任，更为这些义理派汉儒所不容。因此，他们不断地向忽必烈说王文统的坏话。忽必烈听了很不高兴，因为他很重视讲究理财的王文统，而不重视空谈义理的许衡。忽必烈又曾与姚枢等人讨论天下人才，当论到王文统时，姚枢说："此人学术不纯，以游说干诸侯，他日必反。"

王文统对义理派汉儒也不满意，曾将张文谦挤出朝廷，又通过忽必烈，任姚枢为太子太师、窦默为太子太傅、许衡为太子太保，外示优尊，实际是不让这些人在忽必烈身边以备顾问。两派之间的斗争在暗中悄悄地进行。

在这种形势下，李璮通过书信往来，联络王文统一起造反。这时，王文统十分矛盾，若不答应李璮，关于借重南宋、乘机扩充势力、以求一逞的建策又是自己提出来的，不答应李璮一起叛乱，有点儿自食前言。如果答应和李璮一起叛乱，又觉得对不起忽必烈对自己的信任。

原来向李璮建策时，他仅仅是李璮的谋士，只从李璮的发展考虑问题。如今，他已经成了忽必烈的谋士，需要从整个国家的角度考虑问题。

特别是与忽必烈的几年相处，他发现忽必烈确是一位聪睿豁达的难得的君主，有点儿愿意为他服务了。所以，答应与李璮一起叛乱，实在是对不起忽必烈。因此，对于李璮叛乱之事，他一时不知如何处理为好。经过反复思量，他决定先不去向忽必烈告发，也不同意李璮立即叛乱，劝他再等几年，意欲拖一拖时间，看看形势再说。

至于山东河北等地汉人世侯，多数人和王文统的态度差不多，原来都曾经反对过蒙古统治，但和蒙古统治者，特别是忽必烈接触以后，觉得忽必烈改行汉法，实行的一系列政策还可以接受，逐步转变了态度，开始愿意和忽必烈合作了。但他们意欲在和忽必烈合作的同时，仍然保持自己的

元朝蒙古包

一定实力，任这一点上，又与忽必烈的中央集权有所矛盾。

这些汉人世侯在这种矛盾的心态中，答应与李璮一起叛乱的人寥寥无几，多数人取观望态度，或者口头答应，而实际上并不参与行动。

这种形势对李璮并不利，可他利令智昏，自认为有一支五万多人的军队，兵精粮足；有岳父王文统打入中央内部；又娶了诸王塔察儿之妹以结好于蒙古贵族；还有儿子封为平州总管，可为羽翼；又有山东河北等地汉人世侯原来的计划和许诺，觉得自己的力量足可以与忽必烈抗衡了他不顾王文统暂缓举兵的劝告，执意发动叛乱。

中统三年（1262）正月，李璮通知他在朝中为质的儿子李颜简私自逃回，又遣使于南宋，献涟海三城，请求宋人配合支援。

二月，乘忽必烈全力抗御阿里不哥之机，李璮发布檄文，歼灭蒙古戍兵，正式发动了叛乱。

消息传至北方前线，忽必烈马上筹划对策，他问汉人幕僚姚枢说："如今，李璮发动叛乱，你看如何？"姚枢回答说："从李璮来说，此行可以有三策。若乘吾北征之隙，濒海直捣燕京（今北京），控扼居庸关，据我于关外，惊骇人心，使中原波动，那是上策；若是与宋联合，据守益都以为持久之计，经常出兵扰我边地，使我疲于往返奔救，是为中策；如果出兵济南，等待山东等地汉族军阀应援，必将束手就擒，是下策。"

忽必烈又问："如今这个叛贼将实行何策？"

姚枢说："李璮必出下策，只能等着被俘。"

忽必烈听后大喜，即刻派遣诸王哈必赤等率领各路蒙古、汉军从北方前线转师而南，前往山东平叛。又以不只爱不干、赵璧行中书省事于山东，予以配合。还命河北诸县皆籍军守城，兵员不足，则括答失蛮（伊斯兰教徒）、畏兀儿、也里可温（基督教徒）等户为兵。全力讨伐李璮。

不出姚枢所料，李璮果然没有采用姚枢所说的上策和中策，而是按姚枢所说的下策，率兵进据济南。李璮出兵获胜，比较顺利地占据了济南，似乎取得了重大军事胜利，对其夺取政权割据一方信心十足。

中国著名帝王

忽必烈传

当时，李璮确也投宋请求宋人配合支援，但李璮投宋并不是出于真心，宋人对其并不完全相信，等到宋人收复涟海后，才封李璮为保信宁武军节度使，督视京东河北等路军马、齐郡王，又令知淮安州、兼淮东安抚副使夏贵发兵以为应援。

夏贵并不卖力，只在符离、蕲县等处采取观望之策，根本构不成对忽必烈的牵制和威胁。实际上，宋人和李璮不过互相利用而已。

至于李璮进据济南所企盼的山东河北等地汉人世侯纷起响应，望穿秋水，也未见一人。

他叛乱起兵，移檄四方以后，响应者之一是太原总管李颜奴哥与达鲁花赤戴曲薛等，他们"颂李璮伪檄，传行旁郡"，但还没有来得及行动，就被拘捕。

另一响应者是受封为济南公的军阀张荣的儿子、邳州行军万户张邦直兄弟等人，但张荣的孙子、万户张宏却没有响应，当李璮率兵逼近济南时，张宏就"偕其祖济南公告变京师"。李璮也曾遣使招德州军民总管刘复亨，也遭到拒绝。又遣使招部民卢广，也不成功。

可见汉族地主武装根本没有起兵响应李璮，相反倒与蒙古军联合在一起，共同参加了平定李璮叛乱的斗争。实际上，李璮不过是一支孤军。

忽必烈派遣的哈必赤的军队，很快开到山东前线。

四月，忽必烈又增派史天泽到山东节度各路军队，史天泽听说李璮进据济南，笑着说："豕突入苙，无能为也。"到了济南，他对哈必赤说："李璮诡计多端，又有精兵，不宜同他硬拼，当以岁月毙之。"哈必赤深以为是，于是，"乃深沟高垒，绝其奔轶"，把济南团团围困起来。

李璮长期被围，内缺粮草，外无援兵，军心涣散，势穷力蹙，日子越来越不好过了。在这种形势下，蒙古军队的汉人将领董文炳又向哈必赤和史天泽提议，暂缓武力进攻，用计擒破李璮，当即获得史天泽批准。

于是，董文炳单骑驱马进抵城下，向李璮爱将田都帅等人喊话说："反将只是李璮，你们都是受蒙骗者，只要投降过来，仍然是我们的人，

希望你们不要执迷不悟，自取灭亡。"

这种攻心战术果然奏效，田都帅等立时开城投降，城内顿时大乱，七月二十日，李璮眼看大势已去，于是投大明湖自尽，哪知湖水太浅，未被淹死。

正在这时，李璮部众奔上前来，李璮以为他们来救自己，哪知这些人不由分说就把李璮五花大绑捆缚起来，推推搡搡，送到蒙古军前请赏去了。

李璮被押至史天泽军中，受尽折磨后被斩首示众。

史天泽、严忠济都是汉人世侯。很可能他们曾经与李璮等约定共同起兵，因此，他们害怕李璮吐露他们之间过去的关系，立刻把他在军前处死了。但忽必烈对此事并未追究。

李璮叛乱爆发以后，有人向忽必烈告发，说王文统曾经派遣其子王荛与李璮互通信息，指使李璮叛乱。

忽必烈立即把王文统叫到面前，问道："汝教璮为逆，积有岁年，举世皆知之。朕今问汝所策云何，其悉以对。"

王文统回答说："臣亦忘之，容臣悉书以上。"王文统写毕，欲上

凌霄花玉佩

交忽必烈，忽必烈命其读之，其文有"蝼蚁之命，苟能存全，保为陛下取江南"之语，王文统希望忽必烈不要杀他，他可以帮助蒙古统治者攻灭南宋，统一天下。

正在这时，王文统给李璮的三封书信被查获，送到忽必烈手中，王文统一见书信"惊愕骇汗"。

忽必烈指着信中"期甲子"之语，问王文统曰："甲子之期云何？"

王文统回答说："李璮久蓄反心，以臣居中，不敢即发，臣欲告陛下缚璮久矣，第缘陛下加兵北方，犹未靖也。比至甲子，犹可数年，臣为是言，姑迟其反期耳。"

忽必烈非常生气，说："你不要多说了。朕拔汝布衣，授之政柄，遇汝不薄，何负而为此？"乃命左右斥去，绑缚起来。

随后，忽必烈把窦默、姚枢、王鹗、刘秉忠、张柔等人召来，拿出王文统给李璮的三封书信，向他们问道："汝等谓文统当得何罪？"文臣皆言："人臣无将，将而必诛。"张柔则大声喊道："宜剐！"忽必烈又说："汝同辞言之。"窦默等人异口同声说道："当死。"于是，忽必烈就把王文统处死了。

忽必烈对王文统私通李璮之事既有清醒的认识，处理又特别谨慎。他听了回回的话，回答说："昔姚公茂（姚枢）尝言王文统必反，窦汉卿（窦默）亦屡发其奸，秀才岂尽反耶。"忽必烈虽然这么说，但对曾经推荐过王文统的廉希宪、张易、商挺、赵良弼、刘秉忠等汉族文人仍然有所怀疑。

兴元同知蜀地降人费正寅乘机上告廉希宪是王文统在西南地区的朋党，商挺为王文统的羽翼，又引陕西行省都事赵良弼为辅等。

于是，忽必烈下令将商挺、赵良弼逮捕审讯。经审讯和调查，发觉费正寅完全是以私怨主观臆度和诬告，立即宣布商挺和赵良弼无罪，予以释放。被怀疑的其他幕府旧臣也在查明事实真相后解除了嫌疑，并继续受到重用。

对地方汉人军阀与李璮勾通的追究，忽必烈更表现出极大的理智和宽容大度。

在地方汉人军阀中，虽然只有张邦直等人附叛，但与李璮书信相通的汉人世侯不算少数，特别是在金朝灭亡之初，他们互相往来比较频繁，可能有过相约抗蒙之事，因此，才有史天泽军前擅杀李璮之事。

忽必烈清楚地认识到这批汉人军阀，都有一定的政治军事实力，如果处理不好，就会激起他们的反抗，影响他同阿里不哥的斗争以及同南宋的斗争，弄不好，他这个新生政权就有垮台的危险。

经过认真思考，忽必烈决定对这些汉人军阀进行拉拢和安抚，而不去追究他们与李璮的关系。

忽必烈在追究李璮叛乱的问题上处理得如此谨慎和宽容，基本上安定了全部汉人官僚，有效地巩固了蒙汉地主阶级的联合专政。

忽必烈虽然没有追究与李璮有牵连的人，但通过李璮叛乱，看到了集兵权与民权于一身的汉人世侯的危险。大臣们也纷纷上书，"谓李璮之变，由诸侯（主要指汉人世侯）权太重"。于是，忽必烈开始一步一步地剥夺世侯的权力，加强中央集权。

汉人世侯史天泽在李璮叛乱中是一个重点怀疑对象，忽必烈虽然没有追究他以前和李璮的关系，但对他的猜忌也有所表露，一些大臣更明确地说出了"李璮之变，由诸侯权重"的话，等于向他敲了警钟。

史天泽清楚地看到了这一点，为了取得忽必烈的信任，借李璮叛乱之事，率先上书说："兵民之权，不可并于一门，行之请自臣家始"，"于是，史氏子侄，即日解兵符者十七人"。张柔诸子中，张弘略、张弘范都交出了兵权，严忠嗣也例解兵权，居于家中。

史天泽在汉人世侯当中不但势力很强，而且颇有影响，他这么一带头，就为忽必烈剥夺世侯权力提供了方便。于是，忽必烈开始大幅度地削弱汉人世侯的权力，改革地方政治。

中统三年（1262）十二月，忽必烈下令在各路实行军民分治。原来的世侯之家，集地方军、政、财权于一身，任免属下官吏、生杀予夺，都由世侯说了算，实际上成了地方的小独立王国，这是李璮能够拥军叛乱的主要原因。

有鉴于此，忽必烈规定"各路总管兼万户者，止理民事，军政勿预。其州县官兼千户、百户者仍其旧"，"诸路管民官理民事，管军官掌兵戎，各有所司，不相统摄"。

又规定，"诸路管民总管子弟，有分管州、府、司、县及鹰坊、人匠诸色事务者，罢之"。将世侯大部分管民权及部分管军权收归中央，有效地抑制了世侯的势力。

中统四年（1263）正月，忽必烈为了进一步限制私人的权力，规定诸奥鲁官（奥鲁，意为"老小营"，指征戍军人的家属所在，为管理军需后勤的组织）不再隶属于万户，成立了专领在籍军士家属并负责军需后勤的奥鲁总管，凡奥鲁官内有各万户子弟及私人者，一律罢免。

至元元年（1264）十二月，鉴于李璮叛乱，廉希宪又上奏说："国家自开创以来，凡纳土及始命之臣，咸令世守，至今将六十年，子孙皆奴视部下，都邑长吏，皆其皂隶僮使，前古所无，宜更张之，使考课黜陟。"

忽必烈认为廉希宪说得很有道理，立即宣布取消世侯的世袭制，行迁转法。无论是地方的都邑，还是世侯封地，都要通过考核选拔和罢黜官吏，再也不允许世侯自选了。

继而，忽必烈又下令取消汉人世侯的封邑。史天泽将卫州封地主动归还朝廷，张柔、严忠济等汉人世侯的封户也全部改为民籍，归属有关机构管辖。

通过以上措施，忽必烈有效地限制了地方军阀的势力，使汉人世侯威风扫地。地方军阀的势力再也没有能力对抗中央了，忽必烈有效地加强了中央集权。

忽必烈在李璮叛乱期间始终镇定自若，大有泰山崩于前而不变色之势，运筹帷幄，指挥有方，短期内平定了叛乱。叛乱以后的善后处理，也

表现出极高的聪明和才智，即使蒙汉地主阶级的联合保持下来，亦削弱了汉人世侯的势力，有效地加强了中央集权，巩固了自己的新生政权。忽必烈对这一问题的处理，既明智又果断，充分体现了一位政治家风度。历史证明，他当时的做法是正确的。

王著锤杀阿合马

因李璮叛乱之影响，忽必烈认为汉人并不可靠，不可以委以大任，开始对汉人产生猜忌心理，于是逐渐和汉人疏远起来。

其实，忽必烈与汉人疏远还另有原因，更重要的则是汉人儒士本身的问题。

汉人儒士，多数是程朱理学之徒，他们对中国古代哲学思想的发展做出了重要贡献。不过，他们有一个共同特点，即崇尚空谈，不务实际；讲究义理，反对功利，主张"存天理，去人欲"，等等。这种中国古代的传统思想，对人们的影响极为深刻。

这种"仁义"思想，在蒙古初入中原时期，对改变蒙古的杀掠政策以及帮助蒙古统治者确立各项统治制度和政策，都曾起到过积极作用。

但是，形势不断发展变化，汉儒仍然死守着"仁义"思想，反对"功利"，有时就显得特别迂腐和不识时务。

比如，至元十年（1273），忽必烈攻破襄阳、樊城以后，急召姚枢、许衡等人商讨灭亡南宋之事。

当时，灭宋的条件已经具备，应该不失时机地发动灭宋战争。

在朝的文武大臣都看到了这一点，纷纷劝忽必烈及时攻宋，并积极献计献策，以邀功求赏。

唯独迂腐的许衡，死抱着"仁义"思想不放，反对兴师灭宋，他建议忽必烈，"当修德以致宾服。若以力取，必戕两国之生灵以决万一之胜负"，仍然主张"统一天下，以德不以力"。

"统一天下，以德不以力"的仁义道德思想有一定道理，因为光靠野蛮的武力征服是难以统一天下的，必须辅以思想征服及其拉拢招抚等才会奏效。

但把这种思想发展到极端也是不切合实际的，因为光靠仁义道德思想也是不会统一天下的，必须辅以武力征服才能成功。

许衡在元朝具备统一条件的形势下仍然主张以德征服，而反对武力进讨，就像春秋时期的宋襄公一样，讲究的是一种蠢猪式的仁义道德。这种不切实际的主张，理所当然地要受到崇尚实际的忽必烈的反对。

再如，至元十二年（1275），南宋首都临安（今浙江杭州）即将攻破之际，忽必烈命阿合马与姚枢、徒单公履、张文谦等儒臣商讨在原来南宋统治地区实行中统钞法问题。

原来南宋统治地区也发行纸币，称为"交子"和"会子"，统称"交会"。毫无疑问，忽必烈占领江南，就应该用自己的货币中统钞倒换南宋的交会，这应该是一种比较浅显易懂的道理。

可姚枢和徒单公履却反对用元朝的"中统钞"倒换南宋的"交会"。姚枢说："江南交会不行。必致小民失所。"徒单公履说："伯颜已尝榜谕交

弥勒佛

205

会不换，今遽行之，失信于民。"两人都认为用中统钞倒换南宋交会会导致老百姓不便，给江南人民带来灾难。

其实，当时的情况并非如此，亡宋的交会已形同废纸，如果让交会继续流通的话，不但会给老百姓带来灾难，也不利于巩固国家的统一。因此，忽必烈说："枢与公履，不识事机。"忽必烈的批评是对的，他毅然决定用中统钞倒换交会，在江南地区推行中统钞法，使江南地区很快稳定下来。

汉儒不仅有时表现出迂腐和无知，更重要的是他们讲求仁义道德，而反对功利，满足不了当时战争不断、百废待兴的金钱需要。

因此，忽必烈开始意识到满嘴仁义道德的汉儒们作用的有限性，对儒士们吟诗作赋、崇尚空谈、不务实际的风习渐渐不满起来。他曾说过，"汉人惟务课赋吟诗，将何用焉"，充分反映了他的这种思想变化。

汉儒们不能帮助忽必烈解决财政上的巨额需求，忽必烈开始把眼光转到善于经商和理财的色目人身上，在采用汉法的同时又吸收了一些色目法。这样，又引起了汉法派和色目官僚集团的矛盾和斗争，终于爆发了王著锤杀阿合马的事件。

忽必烈对色目法的吸收，是从任用阿合马开始的。阿合马是回回人，出生于中亚费纳喀忒（今乌兹别克塔什干西南锡尔河右岸）。最初服务于蒙古弘吉剌部按陈那颜帐下。

自从成吉思汗娶了弘吉剌部特薛禅之女孛儿台以后，汗族与弘吉剌部就确立了世代为亲的规矩。成吉思汗曾特殊下旨，弘吉剌氏"生女为后，生男尚公主，世世不绝"。阿合马所服务的按陈那颜就是特薛禅之子。按陈有女察必，后嫁忽必烈为皇后（顺圣皇后），阿合马得以随察必入宫，开始接近忽必烈。

阿合马特别善于经商和理财，在和忽必烈的接触中，其才能逐步显露出来，慢慢获得了忽必烈的信任。中统二年（1261），被任为上都同知，次年又受任领中书左右部兼诸路都转运使，开始负责管理财赋。

至元元年（1264），阿合马又升任中书平章政事，掌握了朝中大权，正式开始了他的理财生涯。

阿合马理财，善于运用经商的经验，在结合汉族剥削方法的同时，又采用西域色目人的一些剥削方法，大力进行搜刮。

阿合马理财，主要实行以下几种措施：

第一，整顿税收，实行包税制。为了加强对财政的管理，至元三年（1266），忽必烈在阿合马的建议下，正式设立"制国用使司"作为主管全国财政的专门机构，以阿合马为制国用使司最高长官。

至元十二年（1275），以对宋战争和对北方诸王的斗争，军费不足，以及国家建设需要大量经费等，阿合马请求重新设立诸路转运司十一所，并派使进驻京各所，负责整顿税收，筹措经费。

阿合马在整顿税收过程中，在全国推行包税制。包税，也称"扑买"或"买扑"，即将某一地区应交税额，承包给税官。承包税额确定以后，朝廷不再过问征税的方式，也不管他们怎样加税征收，只要各地区按数额上交赋税就行。

这种包税法主要来自西域，宋金时期曾经在矿冶河泊等局部地区实行过类似的包税法，但影响极为有限。

大蒙古国时期，中亚地区流行的这种包税制大量传入内地，窝阔台时，奥都剌合蛮曾经任用色目商人，在各地实行包税。富民刘忽笃马、涉猎发丁、刘廷玉等人曾想以银一百四十万两的数额承包天下课税。阿合马推广此法，为了增加政府收入，谁能增加税额就让谁去办理。

安西王相府官赵炳向阿合马建言，"陕西课程岁办万九千锭，所司若果尽心措办，可得四万锭"。

阿合马即命赵炳负责陕西地区税收。赵炳大肆搜刮。两年以后，京兆等路税收就超过了四万锭，达到了"五万四千锭"。饶州总管姚文龙认为，江南财赋岁可办钞五十万锭，阿合马即任姚文龙为江西道宣慰使，管理江南税赋及茶法。

阿台马推行包税制，确实保证和增加了国家税收。但承包人为了获取利益，常常随意加税，额外多取，这就极大地加重了老百姓的负担。

阿合马在推行包税制的同时，对商税也进行了整顿。当时，京师大都有一些蒙古贵族和色目大商人，依仗权势，无所不为，经商拒不交税。阿合马建议："凡在京权势之家为商贾，及以官银卖买之人，并令赴务输税，入城不吊引者同匿税法。"

忽必烈深表赞赏，并令其制定商税法。至元七年（1270），于是颁行"三十分取一之制，以银四万五千锭为额，有溢额者别作增余"。阿合马整顿商税，并制定商税制度，令富商大贾缴税，这是正确的。

第二，实行盐、铁、药材、茶叶等专卖政策。阿合马理财，规定食盐由国家专卖，不准走私。

中统四年（1263）正月，阿合马请设东平

龙泉窑青釉塑贴四鱼纹洗

等路巡禁私盐军，查禁食盐走私。

至元十二年（1275），元兵南下，姚枢与徒单公履等上言，建议北盐及药材，可以让老百姓从便货卖。

阿合马不同意，特上奏说："臣等以为此事若小民为之，恐紊乱不一。"坚持食盐和药材专卖，并建议在南京、卫辉等路籍括药材，在蔡州发盐十二万斤，由政府专卖，禁止私相贸易。

对于金、银、铜、铁等矿冶及其器物制造，更是规定由国家专营和

专卖。

中统四年（1263）正月，阿合马就"请兴河南等处铁冶"，后来又推荐礼部尚书马月合乃"兼领已括户三千，兴煽铁冶"，大力发展冶铁业。

阿合马还"榷民铁铸为农器，厚其值以配民"，收购老百姓家中废铁，再加工铸造成农具，加价卖给农民。民间不便买用，阿合马便强行抑配。此外，阿合马还禁止私造铜器等，均由官府专营专卖。

阿合马实行盐铁官营并没有错，历史上自汉武帝实行盐铁官营以来，各个朝代基本上实行官营政策，均收到一定效益。

阿合马所实行官营政策。与历史上不同的是，一切从商人眼光着眼，以获利为前提，因此在经营和专卖过程中出现一些问题，其功利思想也遭到一部分人反对。

第三，理算钱粮。理算也称"拘刷""根刷""打勘"等，意思是检查各地官司钱粮收支情况。查其欺隐，追征历年积欠。

阿合马理财，屡次大规模进行理算，特别是统一江南之后，理算更加频繁。阿合马理算钱粮，检查各级官府的欺隐、积欠及贪污等，本身并没有错，只是阿合马及他所任用的理算官员均有一颗商人脑瓜，分赴各地以诛求获利为务，只要给他一些好处，理算即可顺利过关，否则必然要理算个翻天覆地。

因此，各级官员争相贿赂理算官员，使理算活动有名无实，成为额外搜刮的一种手段。

州县上下司务，每年打勘一两次，贿赂归于官长，州县官吏皆以为苦。各级官吏层层搜刮，有如鸬鹚得鱼满额，即为人索取；鸬鹚再去取鱼，人又来索取。各级官员所获，最后都被阿合马等人索取。

各级官员无所得，继续向下级官员索取，最低一级官员无所取，只好加重对老百姓的搜括。结果，不但未能理算清楚各级官府的欺隐、积欠及贪污，相反倒助长了各级官员的贪污受贿，进一步增加了老百姓的负担。

第四，滥发纸钞。中统初年发行中统交钞，以丝或银为本，印数有限制，每年不过十万锭。至元十一年（1274），灭宋战争和平定北方诸王叛乱战争开始以后，阿合马为了搜刮钱财，开始大量印行交钞。增加纸钞的发行量，是政府搜括财富的一种手段，在一定时期内确可以缓解政府的财政亏空。

但纸币大量发行，引起纸钞贬值，物价飞涨，使持币者蒙受巨大损失，导致社会动荡不安，从长远的观点看问题，无疑于饮鸩止渴的一种做法，不宜提倡。

阿合马通过以上一系列措施，确实为朝廷搜括到不少钱财，因而得到急需金钱的忽必烈的宠信。忽必烈高兴地说"宰相明天道、察地理、尽人事，能兼此三者，乃为称职""回回人中阿合马才任宰相"。对阿合马作了高度评价。阿合马依恃忽必烈的信任，专权自恣，"光荣地履行宰相职责约二十五年"。

但是，阿合马大量引入色目人的剥削方法，管理国家像经商一样，追求利润，大肆搜刮，极大地增加了老百姓的负担，引起了人民群众的普遍不满，逐步激化了阶级矛盾。

阿合马还依仗忽必烈的信任，排斥异己，把自己的亲信安插到各个要害部门。

阿合马自恃力量强盛，肆无忌惮地诋毁汉法，贪污受贿，无所不为，又引起了蒙古贵族和汉人地主中汉法派官员的极大不满，他们纷纷起来与阿合马抗争。

中统三年（1262），阿合马领中书左右部，兼诸路都转运使，总管财赋，请求将有关事务直接上奏皇帝，不经中书。

忽必烈令廷臣讨论，张文谦坚决反对，说"分制财用，古有是理，中书不预，无是理也"。忽必烈听了张文谦的话，以为很有道理，给予支持，不准阿合马所请。

至元元年（1264），总管财赋的阿合马党徒自相攻击，忽必烈命中书省调查其事，"众畏其权，莫敢问"，中书平章政事廉希宪以与阿合马斗争为己任。"穷治其事"，将调查到的真实情况报告忽必烈，忽必烈下令"杖阿合马"，撤销阿合马所领中书左右部，并入中书省。

至元三年（1266），忽必烈为了获取更多的财富，在阿合马的建议下，设置了制国用使司，总理财政，并以平章政事阿合马兼领使职。

阿合马大权在握，更加变本加利地排斥汉儒官员及倾向于汉法的蒙古贵族。丞相线真和史天泽屡次与阿合马辩论，都被"多智巧言"的阿合马所击败。

大将木华黎四世孙安童以勋旧子弟任中书右丞相，忽必烈令许衡做他的汉文辅导老师，安童又奏请儒臣姚枢入省议事。

阿合马见安童亲近汉儒，大为不满，也想予以倾陷。

至元五年（1268），阿合马奏请以安童为三公，以解除他在中书省的实权。忽必烈将其事交给儒臣们讨论，商挺说："安童，国之柱石，若为三公，是崇以虚名而实夺之权也，甚不可。"

众人纷纷附合商挺之意，阿合马的阴谋没有得逞。

阿合马想要架空安童的阴谋虽然没有得逞，但其后他奏事不经中书，越过安童。直接向皇帝上奏，安童知道以后非常气愤，他对忽必烈说："臣近言尚书省、枢密院、御史台，宜各循常制奏事，其大者从臣等议定奏闻，已有旨俞允。今尚书省一切以闻，似违前奏。"

忽必烈也觉得阿合马太过分了，说："汝所言是。岂阿合马以朕颇信用，敢如是耶！其不与卿议论非是，宜如卿所言。"

但阿合马擢用私人，仍然"不由部拟，不咨中书"，安童没有办法，只好固请，"自今唯重刑及迁上路总管，始属之臣，余事并付阿合马"。只好向阿合马妥协。

许衡在朝，一直坚持同阿合马斗争。至元十年（1273），朝廷议设行枢密院，阿合马欲以其子忽辛兼掌兵权，许衡再次起来抗争，他认为"国家事权，兵、民、财三者而已，父位尚书，典民与财，而子又典

兵，太重"。

忽必烈听了许衡的话，说："你担心他会造反吗？"许衡回答说，阿合马虽然不反，但这是"反侧之道也。古者奸邪未有不由如此者"。

忽必烈把这些话转告给阿合马，阿合马非常生气，质问许衡说："公何以言吾反？"许衡回答说："吾言前世反者，皆由权重，君诚不反，何为由其道？"

阿合马自知无话可答，只好反唇相讥道："公实反耳，人所嗜好者，势利、爵禄、声色，公一切不好，欲得人心，非反而何。"

虽然汉法派官员纷纷奏劾阿合马"蠹国害民"，但都被阿合马这种巧辩所掩饰过去，阿合马仍然得到忽必烈的信任。

随着时间的推移，在忽必烈身边有影响的汉法派官员，特别是汉法派中的义理派官员，已经日渐减少。

至元十一年（1274），刘秉忠病死；至元十二年（1275），史天泽亡故；至元十三年（1276），赵璧去世；姚枢在阿合马掌权不久就被排挤为昭文馆大学士，主持详定礼仪，退居闲散职位，到至元十五年（1278）离开了人世；同年，董文炳也病死了；廉希宪被罢相闲居以后出放外任，身体欠佳，至元十七年（1280）病亡；同年，窦默、李德辉也进了阴曹地府；许衡在至元十年（1273）因阿合马排挤而被迫辞职还乡，至元十八年（1281）忧郁而死；王恂也于同年而亡。工部侍郎董文用虽然身体尚好，至元十三年（1276）也被阿合马谗陷，出为卫辉路总管。

这样，在朝廷中的汉法派官员，就只有张文谦、张易、赵良弼及倾向于汉法派的蒙古贵族安童了。

安童身任右丞相，曾对阿合马进行一些牵制，但至元十二年（1275）受命辅助皇子那木罕出镇阿力麻里，伯颜继任为中书右丞相，阿术任左丞相，伯颜和阿术都是武人，长期率师在外，这样，身为平章政事的阿合马便控制了朝中主要大权。

在汉法派官员体弱多病、纷纷亡故之时，身任御史中丞的张文谦成了汉人儒臣的实际领袖，运用手中的监察权力，事事牵制阿合马。阿合马视为眼中钉、肉中刺，必欲去之而后快，因此，上奏忽必烈，请求罢黜诸道按察司，既可以排除台谏机关对他的牵制，又可以整治一下张文谦，借以动摇张文谦的地位。

张文谦看出了阿合马的阴谋，向忽必烈极陈利害，得到忽必烈的赞许，诸道按察司才得以保留。虽然如此，张文谦深知为阿合马所忌，无力与之抗争，只好上疏求去，后被改任为昭文馆大学士，领太史院事，领导修历工作。

张易、赵良弼见状，知道一时难与阿合马为敌，遂视"权臣（指阿合马）奸欺，结舌其旁，符无与己然者"，委曲求全，保存权位，一时与阿合马相安无事。

这些汉法派官员看斗不过阿合马，只好站到支持汉法的皇太子真金一边，暗中策动真金，企图利用真金的势力来与阿合马抗衡。

真金是忽必烈皇后察必所生长子，早在忽必烈身居藩邸时，就令年少的真金从姚枢、窦默学习儒家经典，又选王恂、李德辉等人为伴读。姚枢"日以三纲王常、先哲格言熏陶德性"。

元卵白釉瓷雕伏虎罗汉造像

213

中统二年（1261），大儒刘秉忠的弟子王恂被提升为太子赞善，中统三年真金被封为燕王，王恂一直给侍左右，王恂亲手撰成一部二十万言的总结历史经验和教训的教材，供真金学习。在汉儒的影响和熏陶下，真金很快成了儒家的忠实信徒。

至元十年（1273），在汉儒的建议下，忽必烈依据汉制，正式册立真金为皇太子。本来，真金对学习汉文化就很感兴趣，自己所取得的皇太子地位又是汉儒帮助的结果，因此，他对汉儒非常感激，更乐于亲近汉儒和推行汉法了，而汉儒们也以真金为自己的靠山，真金与汉儒紧紧地结合在一起了。

真金被立为皇太子，兼任中书令和判枢密院事，并不掌握实权，难以参与政事。当时规定，中书省和枢密院所议军国大事都是先向忽必烈奏闻，经忽必烈审批后再报告真金，真金对于忽必烈已经作出的决定，尽管有意见也不好提出来，只好默认和服从。

汉儒们觉得这种状况难以同握有实权的阿合马抗争，便积极策划，想方设法让真金出来参决朝政，以裁抑阿合马的势力。

至元十六年（1279）十月，汉儒在忽必烈年事已高、病足而难以行动的情况下，串通太一道教五祖李居寿，借做醮事之机，向忽必烈提出了"皇太子春秋鼎盛，宜预国政"的建议，接着担任符宝郎的近侍董文忠也建议忽必烈改变皇帝御批之后再报告太子真金的办法，实行先启后闻制度，即中书省和枢密院所议军国大事先报请真金审批，然后再奏闻皇帝，如果真金审批不妥，忽必烈还可以诏敕的形式重新裁断。

这种做法并没有削弱忽必烈的权力，倒减轻了忽必烈不少的负担。

因此，忽必烈欣然同意，立即下诏皇太子真金参决朝政，"凡中书省、枢密院、御史台及百司之事，皆先启后闻"。太子先启后闻制度，虽然没有削弱忽必烈的权力，却极大地扩大了皇太子真金的权力，从此，阿合马奏事，必须先经真金批准方能上奏忽必烈，极大地增加了汉法派同以阿合马为首的色目官僚斗争的实力，汉法派同色目派的斗争开始有了转机。

真金在汉儒的影响下，早就对阿合马恨之入骨。

至元十五年（1278），安童荐用的汉人、湖南行省左丞崔斌入朝，"极言阿合马奸蠹"，并说"江南官冗，委任非人"，"阿合马溺于私爱，一门子弟，并为要官"。

忽必烈听了十分生气，命令御史大夫相威、枢密副使孛罗前往调查。调查情况得实，忽必烈下令，汰其冗员，罢黜阿合马亲党，对阿合马是一次不小的打击。

因而，阿合马对崔斌怀恨在心，想方设法陷害。后来，崔斌调任江淮行省左丞，又废除了阿合马的一些弊政。阿合马遂派人搜罗崔斌细事，诬为犯罪，把崔斌处死。

真金听说此事时，正在吃饭，当即放下筷子，急遣人前往相救，但为时已晚，崔斌的脑袋已经落地。

由于真金公开站出来反对阿合马，汉法派势力出现转机，他们开始密谋采取更大行动，以除掉阿合马。

益都千户王著看到阿合马专权暴敛，引起了朝中内外的普遍不满，一个个恨不得杀掉阿合马，遂秘密铸造了一个大铜锤，发誓要锤杀阿合马，为民除害。

王著虽然胆量过人，有古侠士之风，但光靠他一个人也难以完成锤杀阿合马之重任。王著深知这一点，于是与一个名叫高和尚的人秘密结纳起来。

这位高和尚，原来是一位江湖术士，自称有神术，可以役鬼为兵，打败任何敌人。枢密副使张易听说其事，遂向忽必烈建议，请求高和尚出山，帮助朝廷平定北方诸王的叛乱。

忽必烈听信了张易的话，即派遣高和尚随同和礼霍孙前往漠北出征，以试验其神术，王著也被任为千户同往，两人开始结识。

高和尚靠装神弄鬼，怎能击退敌兵？其结果不用说，人们也会知道。

高和尚神术无验，装病家中，他派人去向朝廷大臣说："我要死了，过四十天后复活。"朝廷大臣半信半疑。正在这时，又有人来告，说高和尚已经死了。

于是，朝廷大臣派人去调查，据说，高和尚像死人一样僵卧家中，他的孩子们则号啕痛哭。人们以为高和尚真的死了。可过了四十天以后，高和尚又出来了，"并且放出消息说，他复活了"。人们都以为高和尚有神灵，争相传颂并前来投拜。高和尚通过这种办法，聚集了不少人。

就这样，王著与高和尚深相交结，并与朝廷一些人取得联系，等待时机，一举杀死阿合马。

通行宝钞

至元十九年（1282）三月，忽必烈按照惯例，离开大都前往上都巡幸，皇太子真金随同前往，阿合马与汉人张易等留守大都。

王著一看时机已经来到，便与高和尚密谋举事。他们计划在十七日晚聚集众人，找一个貌似皇太子的人假扮成真金模样，诈称太子还京作佛事，出其不意，杀死阿合马。

两人商议已定，分遣一部分人前往控制居庸关，另一部分人簇拥皇太子仪仗乘夜入城。

在此之前，他们先派遣二名西番僧前往中书省，谎称太子真金今晚要与国师回城作佛事，传令中书省备办斋品供物。二位僧人到达中书省，负责皇太子宫中警卫的高觹，见二人面孔生疏，怀疑有诈，左盘右问，没有结果，仍然将二位僧人逮捕起来，与尚书忙兀儿、张九思聚集卫士，加强戒备。

将及中午，王著又遣崔总管假传皇太子令旨，命枢密副使张易发兵，于当夜赴东宫门前会集。张易即率领右卫指挥使颜义（或作颜进）领兵至宫外，正巧碰到高觹的警戒部队，高觹问："果何为？"张易神秘地回答说："夜后当自见。"

高觹追问到底发生了什么事？张易才附耳悄悄地告诉高觹说："皇太子来诛阿合马也。"从张易的回话分析，张易好像参与了这次诛杀阿合马的活动。

入夜，王著派人先行驰见阿合马，说太子马上就要到了，命中书省官员到宫前迎候。阿合马害怕皇太子，不敢疏忽，即派遣右司郎中脱欢察儿等数骑出健德门，远程迎接并观察动静，很快与王著、高和尚的部众相遇，假扮成真金模样的皇太子大声斥责脱欢察儿等人无礼，下令将其杀死。

随后，王著将铜锤藏入袖中，夺马南入健德门，直至东宫西门外。这时，夜已二鼓，守卫东宫西门的高觹、张九思见烛笼仪仗、人马喧嚣而来，正在紧张和恐怖之际，只听一人来到宫门前大呼开门。

高觹、张九思因为听了张易的话心怦怦直跳，甚不放心，二人商议说："以前太子殿下还宫，必派完泽、赛羊二人先入报信，然后启关。我们只有见到他们二人才能开门，以防不测。"

于是，高觹大声呼喊完泽二人，不见回音。高觹疑虑加深，对叫关者说道："皇太子平日未尝行此门，今何来此也？"王著、高和尚一听，知道走错了门，赶紧循垣转趋南门，大声喊开宫门，在宫前下马。

阿合马不敢怠慢，急忙率领中书省官员来迎。伪太子立马指挥，呼省

官至前，大声责问起阿合马来。就在伪太子责问阿合马之际，王著从袖中取出铜锤，突然抓住阿合马，高举铜锤，砸碎了阿合马的脑袋。

继而，他们又把阿合马的死党郝祯叫来，当场杀死。又把右丞张惠抓了起来。其他官员见状，莫测其故，谁也不敢说什么。

守卫西门的高觿、张九思见王著一行转向南门，心中疑惑，遂留下张子政等人守门，也骑上快马赶至南门。

当他们二人赶到南门时，烛影下遥见阿合马及郝祯被杀，知道情况有诈，大声喊道："此贼也!"急令卫士前往捕杀。留守达鲁花赤博敦闻声持梃直前，一梃将伪太子击落马下，卫士弓矢乱发，起事者顿时溃散，高和尚逃走，王著挺身而出，泰然就擒。

当日黎明，中丞也先帖木儿与高觿等人立即驰往上都奏报。忽必烈自察罕脑儿获得大都暴乱的消息以后大为震怒，急至上都，命枢密副使孛罗、司徒和礼霍孙、参政阿里等驰返大都进行查办，很快在高梁河捕获高和尚。判处王著、高和尚死刑，张易也因受起事者调动兵马而同时被处死。

王著临刑时视死如归，大声说："我王著为天下除害，今天就要死了，将来必定会有人记述我的事迹。"当时，王著只有二十九岁。

这次参加大都暴动的多达数千人，冒充皇太子仪卫的队伍就达八十余人。

这次暴动的组织也很周密，并能窃用皇太子仪仗、印信，使用关防骗开大都城门，调集官员和军队，就连阿合马本人也没有任何察觉，顺利地达到了铲除阿合马的目的。大都暴动，杀死阿合马、郝祯以后，再未乱杀。

这种精心的组织和安排，绝不是一般的下层平民所能做得到的。很可能这次暴动的幕后组织者就是张易，说不定皇太子真金也曾预闻此事。

此事爆发以后，忽必烈以为非同小可，他曾怀疑事变的背后有更大阴谋，甚至怀疑汉人要推翻他的统治。因此，当有人说张易不仅是应变不审遽以发兵，恐怕是位知情者，应该传旨四方时，曾有意应允其请。

但忽必烈毕竟是位了不起的政治家，没有贸然下旨，而是等到弄清事实真相以后再作处置。为此，他特意召见董文忠荐用的儒臣王思廉，避去左右，问道："张易反，你知道吗？"王思廉回答说："不太清楚。"忽必烈说："造反就是造反，还有什么说不清楚的呢？"王思廉慢慢地回答说："僭号改元谓之反，亡入他国谓之叛，群聚山林贼害民物谓之乱，张易之事，臣实在弄不清楚属于哪一种。"

王思廉实际上是想方设法为张易辩护，暗中寓有张易即使参与杀死阿合马之事也不是造反，仅仅是反对回回人阿合马而已，绝不是反对大汗忽必烈。果然，忽必烈又问起是否反对他的问题来，忽必烈说："朕自即位以来，如李璮之臣，岂是因为我也像汉高帝、赵太祖那样，骤然得帝位吗？"王思廉回答说："陛下神圣天纵，前代之君不足比也。"

忽必烈听了以后，十分感叹地说："朕往者，有问于窦默，其应如响，盖心口不相违，故不思而得，朕今有问汝，能然乎？"

忽必烈说到这里，看了看王思廉，问道："张易所为，张文谦知道吗？"张文谦早年与张易是同学，二人关系很好，皆与许衡等汉儒过从甚密，因此，忽必烈也怀疑起张文谦等汉儒了。

王思廉明白忽必烈的意思，一口断定说："张文谦不知。"忽必烈追问："你怎能证明张文谦不知道？"王思廉回答说："二人不和，臣所以知道他不知。"

从忽必烈和王思廉的谈话中可以看出，忽必烈不但认定张易参与了谋杀阿合马之事，而且怀疑汉臣是否要推翻他的统治了。

当时，汉臣极力维护其利益，想方设法为张易开脱。就连事先预闻张易所说，"皇太子来诛阿合马"之语的张九思，也找到皇太子真金说："张易应变不审，而授贼以兵，死复何辞！若坐以与谋，则过矣，请免传首。"真金将这些话转达忽必烈。

忽必烈在查清这些汉人只是反对阿合马，而不是反对他以后，不失

时机地采取了缓和汉人舆情的措施，同意将张易的罪状改为"应变不审"，免于处罚，对一些有牵连的人或家属也不予追究，这种做法无疑是正确的。

王著锤杀阿合马事件，正像忽必烈调查结果那样，不是汉人反对忽必烈的斗争，而是汉人反对阿合马专权暴敛的斗争。

实质是朝中汉法派官员反对以阿合马为首的色目派官员的斗争。当时的汉法派，包括倾向于汉法的蒙古贵族都反对阿合马采用回回法大肆搜刮，是汉法派反对色目法派的斗争，确切地说，是汉法中义理派反对色目功利派的斗争。

王著锤杀阿合马，广大汉人拍手称快，消息传开，大都市民无不喜悦异常，人们在歌颂王著侠士之行的同时，纷纷揭露阿合马贪污受贿和卖官鬻爵等罪行，说阿合马欺男霸女，无恶不作。忽必烈得知此情怒不可遏，下令将阿合马剖棺戮尸，从坟墓中把阿合马的尸体挖出来，"在脚下系上绳，拖到市场的'广场'上，让大车从他身上驶过"，"纵犬食之"。

忽必烈又下令籍没阿合马家财，在搜查其妾住家藏时，"得二熟人皮于柜中，两耳具存"。

忽必烈听说此事气得要死，下令活剥了阿合马的儿子忽辛、阿散等人的皮，把阿合马"四十个妻子和四百个妾分配了"，把"他的财产和家具都充了公"。

忽必烈又下令，原来因向阿合马献纳妻女姊妹而得官者一律罢黜，将阿合马占据的民田归还原主。阿合马的党徒得到了比较彻底的清算。

汉人张易、王著、高和尚等人在同阿合马斗争中虽然死亡了，但最终的胜利还是属于汉法派及以太子真金为首的倾向于汉法的蒙古贵族。

理财失败丢性命

这里所要讲述的卢世荣理财及其失败，揭示的是汉法派内部义理派与功利派之间的斗争，实际上是蒙、汉义理派同蒙、汉功利派的一次较量。

阿合马被杀以后，皇太子真金推荐和礼霍孙为中书右丞相，耶律铸为左丞相，甘肃行省左丞麦术丁为中书右丞，张雄飞为参知政事，张文谦任枢密副使，董文用为兵部尚书。

真金和和礼霍孙都是倾向于汉法的官员，真金自幼就受儒家思想熏陶，成了儒家思想的忠实信陡。

主掌中书省大权以后，更是注意学习汉人的统治经验，他曾遣使征召原南宋工部侍郎倪坚，访以古今成败得失，倪坚对曰："三代得天下以仁，其失也以不仁。汉唐之亡也，以外戚阉竖。宋之亡也，以奸党权臣。"告诫真金，要以"仁"治天下，真金深以为然。

真金曾经劝蒙古贵族子弟阿八赤入学读书，阿八赤即遵

幽篁秀石图

令进入蒙古国子学，学习蒙古文化，过了一年，真金又见到阿八赤，问其读什么书，阿八赤回答说读蒙古书。

真金心中不悦，说"我命汝学汉人文字耳，其亟入胄监"，改学汉文。真金还曾对新提拔上任的参议省事何玮、左司郎中徐琰说"汝等学孔子之道，今始得行，宜尽平生所学，力行之"。

可见真金就是要用孔子的"仁学"思想治理天下，属于义理派的代表人物。和礼霍孙也倾向于汉法，真金为了鼓励他放手更改阿合马在经商思想指导下实行的功利法，特对他说"阿合马死于盗手，汝任中书，诚有便国利民者，毋惮更张。苟或阻挠，我当力持之"。

真金与和礼霍孙开始加大力度更改阿合马时期的政治、经济等政策。他们大力查处阿合马党羽，起用一批忽必烈幕府仍健在的元老旧臣，又征聘了一批汉人儒士，如郭佑、何玮、徐琰、马绍、杨居宽、杨恭懿、刘因、何荣祖、杨仁风等，极大地扩大了义理派的势力。

随后，他们就着手改善吏治。

至元二十年（1283）正月，和礼霍孙上言："阿合马专政时，衙门太冗，虚费俸禄，宜依刘秉忠、许衡所定，并省为便。"马上得到忽必烈批准，裁撤了阿合马所滥设的一百七一所官府，汰除了不少冗官。

政府相继规定，民间贷钱取息，应以三分为率，不许多取；禁止本路长官任用私人担任所属境内府、州、司、县的官员；整顿盐法和钞法；检校京师及其附近地区隐漏田土，按亩征税，令权贵所占田土归还各户；裁汰江南所括十九万匠户，还籍为民。

同时，忽必烈又规定，中书省和御史台等机构如有处理不公之事，允许人们赴登闻鼓院击鼓上诉。

真金和与礼霍孙整顿社会秩序，主要是更改阿合马所行各项措施。其中，主要是从政治制度方面清除阿合马时期的积弊，而在发展经济和增加政府财源方面未提出任何积极有效的措施。再加上阿合马死后"朝廷之臣讳言财利事"，人们只谈"仁义"，而不敢谈理财富国，"皆无以副世祖裕国足民之意"。

忽必烈见阿合马死后重新改组的中书省官员，个个只会空谈"义理"，谁也不能为富国裕民提出新的举措大失所望。开始积极寻求能够帮助他理财富国的人。

总制院使桑哥很为忽必烈信任，他见忽必烈积极寻求理财之人，便把汉人卢世荣推荐给忽必烈，说卢世荣"有才术，谓能救钞法，增课额，上可裕国，下不损民"。

忽必烈所说有此等奇才非常高兴，忙下诏召见，奏对之间，颇合忽必烈之意，准备大用。

至元二十一年（1284）十一月，忽必烈特召中书省官员与卢世荣在御前廷辩，各自讲述自己的施政方针与救弊政策，互相也可诘难。

辩论中，忽必烈对和礼霍孙等中书省官员的发言和论辩越来越不感兴趣，而对能言善辩的卢世荣的富国裕民新设想大为欣赏。辩论的结果，以卢世荣的胜利，和礼霍孙等中书省官员的失败而告终。

忽必烈下决心重新改组中书省，任用卢世荣推行他的理财新措施。这时，安童和皇子那木罕已从被俘的海都处及钦察汗国处释放还朝，卢世荣建议仍以安童为中书右丞相，当即为忽必烈所采纳。

于是，忽必烈罢免和礼霍孙、麦术丁、张雄飞等人，以安童为中书右丞相，卢世荣为右丞，前御史中丞史枢为左丞，不鲁迷失海牙、撒的迷失并为参政，前户部尚书拜降参议中书省事。

卢世荣被破格提拔为右丞的第二天，就与安童一起向忽必烈建言："阿合马专政时所用大小官员，例皆奏罢，其间岂无通才？宜择可用者仍用之。"忽必烈表示同意。于是，卢世荣起用前河间转运使张弘纲、撒都丁等多人，开始实施他的理财新措施。

卢世荣的理财措施，主要有以下几个方面：

第一，整顿钞法。中统钞发行之初，印数有限，币值稳定，信誉较高。阿合马专权之时，为了搜刮财富，大数量印行纸钞，使中统钞不断贬

值，物价上涨，纸钞的信誉逐渐降低。卢世荣为了稳定币值和扩大财政收入，确定金银价，准许民间使用金银交易，又大括天下铜钱，计划铸造至元钱和发行另一种绫卷，与中统钞相参行用，用这些本身具有价值的货币，稳定中统钞的币值。

卢世荣又将各路平准库改为平准周急库。平准库所存本来是因发行纸钞而存贮的准备金，专门负责纸钞与金银兑换等，以保证币值稳定。

卢世荣将平准库改为平准周急库以后，"轻其月息，以贷贫民，如此，则贷者众，而本且不失"。

将平准周急库的纸钞准备金轻息贷给人民，既可起到稳定纸钞币值的作用，又可从高利贷者手中夺回些商业经营利润，增加政府的财政收入。

第二，实行盐、铁、茶、酒、粮食国营专卖和提高商税政策。为增加政府收入，卢世荣也主张实行部分商品专卖政策，由国家和商人联合经商，并提高一些商品的价格。

如盐法，以往"盐每引十五两"，而"官豪诡名罔利，停货待价，至一引卖八十贯，京师亦百二十贯，贫者多不得食"。商人牟利在三倍至四

青白釉捏雕瓷枕

倍以上。

卢世荣建议食盐由国家专营，将"二百万盐引"卖给商人，让商人代售。留一百万引散发诸路设立的常平盐局，由各级政府直接出售。

如果商贩随意增加盐价，政府即将自己直接控制的盐引按规定的市平价格出售，以平抑物价。这样做，既保证了"庶民用给"，又增加了国家收入。

卢世荣在经营盐引时适当地提高了盐价，对老百姓并无损害，而政府则从商人手中夺回大量金钱。

对于铁也实行官营制度，对于酒的专卖，主要是针对富豪造酒质量低劣且价格昂贵提出来的。当时，"京师富豪户酿酒酤卖，价高味薄，且课不时输"，卢世荣建议"一切禁罢，官自酤卖"仅酒专卖一项，据卢世荣估计，可以"增旧课二十倍"。茶和粮食也实行国营专卖政策，在粮价控制上，充分利用各地的常平仓，在谷价贱时，政府收购大量粮食，存储起来，以备粮价上涨时再按原来市平价格出售，以稳定市场粮价。至于茶叶，也没有增加老百姓的负担，而是削夺了茶商的利益。在对外贸易方面，卢世荣"于泉、杭二州立市舶都转运司，造船给本，令人商贩，官有其利七，商有其三"。即政府造船并承担经商资本，而由政府选中的商人去经营对外贸易，获利按三七分成。这种官本商办的对外贸易形式，在元代被称为"官本船"制度。后来长期沿用。

第三，设立规划钱谷和管理经商的机构。卢世荣在全国州郡城市设立市易司，管领牙侩（中间人），商人货物四十分取一，其中四分给牙侩，六分作为地方官吏俸禄。又于至元二十二年（1285）二月，请罢行御史台，各地按察司改为提刑转运司，兼管钱谷等事，设立了真定、济南、太原、甘肃、江西、江淮、湖广等处宣慰司兼都转运使司等。又请中书省立规措所，以规划钱谷，用善于经商者作为官吏，不管是不是自身人（一般百姓），只要善于理财能够赚钱就行。

第四，发展畜牧业。卢世荣又建议在上都、隆兴等路设群牧都转运

司，以官钱买布帛于北方易羊马，选蒙古人放牧，畜产品中的八成交官，余下的二成归牧民所有。牧养的马匹还可以充军用，羊可以供赐予。

第五，减轻地税与劳役。卢世荣曾建议"免民间包银三年"；"免大都地税"；"乡民造醋者，免收课"；"官吏俸免民间带纳"；"江淮民失业贫困，鬻妻子以自给者，所在官为收赎，使为良民"；"逃移复业者，免其差税"；"江南田主收佃客租课，减免一分"；"怀孟诸路竹货"，"从民货卖收税"，并"罢各处竹监"；江湖渔业，"贫民恃以为生"；"今后听民采用"；等等。

原来驿站事繁役重，站户除供应马、车等交通工具外，还要供应往来使臣的食宿等，有些站户因此穷困潦倒，往往"卖妻鬻女以当站役"，卢世荣规定，"今后除驿马外，其余官为支给"。这些减免赋役的措施，对人民是有好处的，有利于经济的发展。

卢世荣理财，曾自称："我立法治财，视常岁当倍增，而民不扰也。"又曾上奏忽必烈说："臣言天下岁课钞九十三万二千六百锭之外，臣更经画，不取于民，裁抑权势所侵，可增三百万锭。"

卢世荣以"不取于民""裁抑权势"作为理财裕国的方针，通过限制豪商以增加政府的财政收入，其做法是可取的。但这种以增加政府财政收入、讲究功利为主要目的的做法，与传统的儒家"义理"学说背道而驰，特别是卢世荣以"裁抑权势"为方针，不能不与"权势"官员发生冲突，也不能不侵犯蒙、汉和色目地主、商人的经济利益，不可能不遭到他们的反对。

卢世荣清楚地看到了这一点，他在理财之初就向忽必烈说："臣之行事，多为人所怨，后必有谮臣者，臣实惧焉，请先言之。"

忽必烈回答说："疾足之犬，狐不爱焉，主人岂不爱之。汝之所行，朕自爱也，彼奸伪者则不爱耳。"大力支持卢世荣，并让丞相安童增其从人，加强防卫。

不久，卢世荣又向忽必烈奏告说："臣愚以为今日之事，如数万顷田，昔无田之者，草生其间。臣今创田之，已耕者有焉，未耕者有焉，或才播种，或既生苗，然不令人守之，为物蹂践，则可惜也。方今丞相安童，督臣所行，是守田者也。然不假之以力，则田者亦徒劳耳。守田者假之力矣。而天不雨，则亦终无成。所谓天雨者，陛下与臣添力是也。惟陛下怜臣。"

忽必烈回答说"朕知之矣"，仍然表示支持卢世荣。

时势发展，未出卢世荣所料，卢世荣受任理财不到十天，御史中丞崔彧就上书"劾奏卢世荣不可居相职"，请求忽必烈罢卢世荣之官。

可是当时忽必烈支持卢世荣，不仅没有罢卢世荣的官，反而倒罢了崔彧的官。

后来，监察御史陈天祥又上书弹劾卢世荣，说卢世荣"苛刻诛求，为国敛怨，将见民间凋耗，天下空虚。考其所行与所言者，已不相副：始言能令钞法如旧，弊今愈甚；始言能令百物自贱，今百物愈贵；始言课程增至三百万锭，不取于民，今追胁诸路，勒令如数虚认而已；始言令民快乐，今所为无非扰民之事。若不早为更张，待其自败，正犹蠹虽除而木已病矣"。

陈天祥上书之时，卢世荣主政不到四个月，由于天下积弊已深，不可能马上见效，况且，卢世荣所提出的理财措施还有好多没有施行，怎么能谈到收效呢？陈天祥所言确实有点儿吹毛求疵。

他们抱着"仁义"思想不放，提不出任何理财措施，而别人提出理财措施，他们又说这也不行，那也不对，似乎人人都在那儿空谈"仁义道德"而不去考虑增加国家收入倒是正确的了。

陈天祥上章弹劾卢世荣时，忽必烈尚在上都，立即命安童召集老臣、儒士和诸司官吏听取弹文，又驿召卢世荣和陈天祥同去上都辩论。

同时，御史中丞阿剌帖木儿、郭佑，侍御史白秃剌帖木儿，参政撒的迷失等人又查出卢世荣的罪状，上奏说："卢世荣不白丞相安童，支钞二十万锭。擅升六部为二品。效李璮令急递铺用红青白三色囊转行文

第七章　内争迭起皆裁定

227

字。"不与枢密院议，调三行省万二千人置济州，委漕运使陈柔为万户管领。以沙全代万户宁玉戍浙西吴江。用阿合马党人潘杰、冯珪为杭、鄂二行省参政，宣德为杭州宣慰，余分布中外者众。以钞虚，闭回易库，民间昏钞不可行……"

其实，这些"罪行"根本算不上罪行，顶多是卢世荣工作有点儿个别失误，可在当时却引起了轩然大波。于是，人们一哄而起，纷纷反对卢世荣。

短时间内就有这么多人反对卢世荣，恐怕与皇太子真金有关。卢世荣刚开始言理财时，真金即深以为非，曾说："财非天降，安得岁取赢乎。恐生民膏血，竭于此也。岂惟害民，实国之大蠹。"这位义理派的代表人物，应该是这次反对卢世荣的幕后指挥者。

忽必烈原来是大力支持卢世荣的，后来见众怒难犯，为了平息人们的愤怒之情，下令逮捕卢世荣入狱，命安童与各位老臣、儒士商议，卢世荣所行，当罢者罢之，当更者更之。

几月后，忽必烈问忽剌出："汝与卢世荣有何言？"忽剌出回答说："近汉人居中书省者，言世荣款伏，罪无遗者，狱已竟矣，犹日养之，徒费廪食。"于是，忽必烈下令杀死了卢世荣。

其实，卢世荣所行理财措施大有可取之处。他确实死得有些冤枉，卢世荣是朝廷中义理派同功利派斗争的牺牲品。

重蹈覆辙亦丧身

自阿合马被杀到卢世荣下台，看上去是汉人儒臣集团与阿合马党羽组成的色目官僚集团的相互倾轧和斗争，汉法派与回回法派（色目法派）之间的斗争。实际上，汉法派中有蒙古人和色目人，回回法派中也有汉人和蒙古人，因此上，也可以说是义理派与功利派的矛盾和斗争。

卢世荣下台，以真金为首的义理派官员又一次获得胜利，由真金荐用的御史中丞郭佑入居中书，义理派官员再一次占据主导地位。

这一派官员以真金为领袖，把所有的希望都寄托于真金一身，希望真金代表他们的利益主掌国家大权。

所以，他们在同卢世荣斗争胜利之后十分得意，开始积极筹划拥立真金继位。

其时，忽必烈已年近古稀，加之中年总有足疾，行动不便，宰相和大臣常常不得相见，只好向南必皇后奏事（真金之母察必皇后于1281年病死，弘吉利氏南必在1283年被立为后）。

江南行台监察御史就以此为借口，上章说忽必烈春秋已高，宜禅位于皇太子，并建言南必皇后不得干预外朝政事。江南行台欲逼迫忽必烈退位，其事非同小可，真金知道这个情况以后十分恐慌。

当时，御史台中的汉人御史全部空缺，担任都事的汉人尚文深感此奏关系重大，不敢上达，偷偷地压了下来。

反真金的阿合马党人答即古阿散闻听此事，就上言忽必烈说，海内钱谷，省、院、台内外监守，上上下下，皆有欺瞒，请求检查内外百司吏

忽必烈塑像

案，以理算"天下埋没钱粮"。

答即古阿散名义上请求理算积年钱谷，实际上是想查抄此份奏书，以倾陷真金。忽必烈不明真情，觉得理算积年钱谷甚有意义，当即批准，下令诸司，不得沮格。

于是，答即古阿散乘机查封御史台案卷，开始查抄此份奏书。尚文偷偷将此奏藏匿起来，答即古阿散查抄不到，便公开索要。

尚文偷偷请准于右丞相安童和御史大夫玉昔帖木儿，谎称没有此奏，拒不付予。答即古阿散无可奈何，只好向忽必烈明奏。忽必烈一听勃然大怒，命令大宗正薛彻干前往索取。真金非常害怕，不知道如何才好，安童与玉昔帖木儿也束手无策。

唯独尚文还保持冷静，他向玉昔帖木儿献策说：答即古阿散查抄此份奏章，"是欲上危太子，下陷大臣，流毒天下之民，其谋至奸也。"无论如何，我们也不能把此份奏章交出来。

实际上，答即古阿散是阿合马的余党，"赃罪狼籍"，随手撮拾，即可置其于死地，为今之计，"宜先发以夺其谋"。尚文建议玉昔帖木儿与丞相安童商议，共同面奏忽必烈，揭发答即古阿散等人的罪行，以攻为守，可以渡过这次危机。

玉昔帖木儿认为这是一条好计，急忙找到安童，抢先以答即古阿散的罪状入奏。忽必烈听后怒气未消，指着他们两人说，你们难道就没有罪吗？安童镇静地说："臣等无所逃罪，但此辈名载刑书，此举动摇人心，宜选重臣为之长，庶靖纷扰。"经再三劝说，忽必烈的怒气才稍稍消释。这时，又有人揭露答即古阿散收受贿赂等罪行，经调查，情况属实。于是，忽必烈将答即古阿散及其党人坐奸赃之罪处死。

一场风波虽然平息了，但真金经此一吓大病不起，于至元二十二年（1285）十二月，忧惧病死，年仅四十三岁。

真金一死，朝廷中汉法派（主要指义理派）势力大为削弱。色目（主要指功利派）势力有所回升。这时，朝廷财政还是入不敷出，亟待经理。

忽必烈有些束手无策，于是，又想任用桑哥帮助他理财，以解决朝廷的财政危机问题。

至元二十四年（1287）闰二月，忽必烈采纳麦术丁建议，重新设置尚书省，主持理财，以桑哥、铁木儿为尚书省平章政事，阿鲁浑撒里为尚书右丞，叶李为尚书左丞，马绍、忻都为尚书参知政事。其中，叶李为南人，马绍为北方汉人，其余主要是色目人。这是一个色目人占优势的班子。

同时，忽必烈又改中书六部为尚书六部，行中书省为行尚书省，桑哥主持的尚书省控制了朝中主要大权。

桑哥是畏兀儿人（也有人说他是土蕃人），原是国师胆巴的弟子，通晓诸国语言，通过胆巴的关系才得与忽必烈接近，并逐渐得到忽必烈的赏识。至元中，被任为总制院使。就是他推荐的。

史书记载，中书省曾令李留判卖油营利，桑哥毛遂自荐，要代替李留判去卖油。和礼霍孙不同意，说此事"非汝所宜为"，桑哥不服，以至于当堂相殴，并扬言："与其使汉人侵盗，曷若与僧寺及官府营利息乎？"和礼霍孙没有办法，只好以油万斤交给他去经营。

后来果然获利颇丰，得到一些人的赞扬，和礼霍孙也不得不说："我初不悟此也。"因此，更加得到忽必烈的信任。

至元二十四年（1287）十一月，忽必烈提拔桑哥为尚书省右丞相兼总制院使。

至元二十六年（1289）闰十月，忽必烈又将中书省保留的对任向的官吏颁发宣敕的权力也并归尚书省，中书省虽然照常设置，但已没有实际权力了。

桑哥所控制的尚书省掌握了朝廷的主要大权。

桑哥主政之后，为解决政府的财政亏空问题，大力度地推行他的理财措施。主要有以下几项：

第一，更改钞法。阿合马为解决政府的财政收入问题，大量印行中统

钞，并将各路钞库换到金银以及原来发行纸钞时的钞本银逐渐搬运京师，使民间钞无从兑换，成为无本虚钞，导致钞币贬值，物价飞涨，引起了社会动荡不安。

卢世荣理财想解决钞法问题，但因理财不到百天，钞轻物重的问题仍然没有解决，严重地影响了社会的稳定和政府的财政收入。

为了解决这一问题，桑哥建议更改钞法，得到忽必烈的批准。

至元二十四年（1287）三月，正式颁行新钞"至元宝钞"。至元宝钞分二贯至五文共十一等，每一贯折合中统钞五贯。桑哥发行新钞，是想用新钞代替中统钞，但为了保证社会稳定，允许中统钞和至元钞共同通行，而在通行过程中，通过兑换，一点儿一点儿将中统钞收回。

至元二十六年（1289），桑哥又上奏忽必烈说："初改至元钞，欲尽收中统钞，故令天下盐课以中统、至元钞相半输官。今中统钞尚未可急敛，宜令税赋并输至元钞，商贩有中统料钞，听易至元钞以行，然后中统钞可尽。"

但桑哥并没有收尽中统钞，终元一代，中统钞始终行用不废。桑哥在发行至元钞时，停止起运各路钞库库银，使钞值稳定了一段时间。至元钞的发行，南人叶李的贡献最大，其想法也是叶李最先提出来的，也是叶李设计的。

第二，理算钱谷。理算是阿合马理财时检查各地钱粮欺隐并追征积欠的一项措施，桑哥又重新拿过来推行。

至元二十五年（1288）九月，桑哥又奏请设置征理司，专门负责理算钱谷，诸司仓库，无不检核。又委派参知政事忻都、参议尚书省事阿散等十二人，理算江淮、江西、福建、四川、甘肃、安西等六省财赋，每省委派二人，颁给特别印章，并派兵士随从，以备保卫和使令。其余地区也先后派官理算，如湖广委派其亲信要束木等。

理算的范围很广，包括元朝建国以来历年所欠征的赋税。

桑哥清理中央和地方各机构的欺隐和积欠应该说是一种可行的措施，

但他把打击面搞得过宽，犯了扩大化的错误，致使一部分人无辜死亡。

第三，增收赋税。至元二十六年（1289），桑哥向忽必烈建议通过增收赋税的办法解决政府财政收入不够支出的问题。忽必烈表示同意。桑哥增收赋税，也把主要目光放在商业上，以增收商税为主。

在桑哥的策划下，腹里地区的商税增至二十万锭，江南地区商税增至二十五万锭。盐税由每引中统钞三十贯增加为一锭，茶税由每引五贯增加为十贯，酒醋税课，江南增额至十万锭，内地增至五万锭。只输半赋的协济户增收全赋。

此外，桑哥又在浙东、江东、江西、湖广、福建等地创设木棉提举司。每年征收木棉上万匹。又在江南等地调查户口，清理田税，以增加政府收入。

第四，限制对贵族的赏赐。元代对王公贵族的赏赐，耗费很大，是国家财政的一项沉重负担。桑哥希望对此有所限制，节约开支，来解决政府的入不敷出问题。

由于桑哥实行了以上一系列理财措施，多方筹划和搜刮，所以确实增加了政府的财政收入，一度补救了政府收入不够支出的问题。

从此，桑哥的声望大增。大都居民史吉等提出要为桑哥立碑颂德，忽必烈听说以后说，"民欲立则立之"，并将其事告诉桑哥，让他欢喜。后由翰林制文，题为《王公辅政之碑》，立于尚书省门前。

然而，桑哥控制朝廷大权以后，横行无忌，顺我者昌，逆我者亡，任意调动和任免中央和地方官员，"势焰熏天"，"中外为之不寒而凛"。

他为了获取钱财，不择手段，就连官爵也随意出卖，"则当刑者脱，求爵者得"，"上自朝廷，下至州县，纲纪大坏"。人人言利，鄙视仁义。为了获得私利，"在官者以掊刻相尚"，在民者以巧诈骗人为荣，社会秩序大为紊乱。

这种只言财利不言仁义的做法，遭到义理派的反对。尤其是桑哥的一些措施直接触犯了蒙汉豪商的利益，引起他们的强烈反对。因此，自

桑哥理财始，这些斗争就连绵不断，愈演愈烈。

还是在至元二十四年（1287）初置尚书省的时候，丞相安童就上奏忽必烈说：“臣力不能回天，乞不用桑哥，别相贤者，犹或不至虐民误国。”忽必烈不听，坚持用桑哥主掌尚书省。

刑部尚书不忽木，从小就在太子

江山楼阁图

真金的东宫，师事王恂，又从许衡学习儒学，受儒家“仁义”思想熏陶颇深，是拥护真金的汉法派中义理派官员，他反对桑哥只讲财利的做法。

在桑哥处死汉人杨居宽、郭佑时，他曾出面力争，因此桑哥对其极其仇视想方设法想降掉他，桑哥曾乘忽必烈去上都之机，唆使西域商人贿赂不忽木“美珠一箧”，以便借口惩处不忽木，哪知不忽木丝毫未收，桑哥妄图迫害不忽木的阴谋失败了。随后，桑哥又乘不忽木回家吃饭之机，诬“以不坐曹理务”，妄图严加惩处，后经全省官员跪地求情，方才得免。不忽木因此大病一场，桑哥便以不忽木患病为由，罢免了不忽木的官职。

御史中丞董文用亦反对桑哥，常常与其辩论，并密奏弹劾桑哥。桑哥知道以后，请求忽必烈治董文用之罪。忽必烈不同意，说“他是御史，职任所在，何罪之有”。

至元二十六年（1289），集贤学士、江南行台御史程钜夫入朝，上疏曰："臣闻天子之职，莫大于择相，宰相之职，莫大于进贤。苟不以进贤为急，而惟以殖货为心，非为上为德、为下为民之意也。今权奸用事，立尚书钩考钱谷，以剥割生民为务，所委任者，率皆贪饕邀利之人，江南盗贼窃发（指人民起义），良以此也。臣窃以为宜清尚书之政，损行省之权，罢言利之官，行恤民之事，于国为便。"

公开反对桑哥"殖货""邀利"。桑哥大怒，奏请忽必烈杀死程钜夫。

这时，忽必烈虽然信任桑哥，但头脑冷静，未按桑哥的意见随便杀人，保证了言路畅通。

中书右丞崔彧与中书平章政事麦术丁亦上奏揭发"桑哥当国四年，中外诸官，鲜有不以贿而得者。其昆弟故旧妻族，皆授要官美地，唯以欺蔽九重，朘削百姓为事"。

义理派与功利派的斗争日渐激烈。

至元二十八年（1291）年初，忽必烈去柳林狩猎，彻里在忽必烈面前"具陈桑哥奸贪误国害民状，词语激烈"。忽必烈听了心中不悦，说他"毁诋大臣"，命令左右打他的嘴巴。

彻里毫不畏惧，冒死进谏说："臣与桑哥无仇，所以力数其罪而不顾身者，正为国家计耳。苟畏圣怒而不复言，则奸臣何由而除，民害何由而息。"

忽必烈见彻里说得恳切，开始重视其言，于是三次遣人将出使在外的不忽木召来以问究竟，不忽木说彻里所言皆为实情，桑哥壅蔽聪明，紊乱政事，不杀桑哥，深为陛下担忧。反桑哥的官员也乘机纷纷上疏劾奏桑哥，很快形成墙倒众人推的局面。

于是，忽必烈命御史大夫玉昔帖木儿等台官勘验辩论，又召御史台和中书、尚书两省官辩论，在辩论中，众口一词，基本上是一边倒，尽管桑哥能言善辩，也无力招架。

其间，忽必烈曾向桑哥索要几颗珍珠。桑哥说"没有"。木八剌沙向

忽必烈揭发说，我曾亲眼看见"桑哥家中有一大堆珍珠和珍饰"。建议忽必烈把桑哥留在身边，而后至桑哥家中，拿来一对箱子，"打开箱子，其中有无与伦比的珍珠和贵重物品"。

桑哥见状，开始认罪。

于是，忽必烈下令将桑哥"下狱究问"，推倒大都民所立桑哥辅政碑，又派三百羽林军查抄其家，发现桑哥家收藏的珍宝有宫廷内藏库的一半之多。七月，忽必烈下令将桑哥斩首。接着，其党徒要束木、八吉、纳速剌丁灭里、忻都、王巨济等人也先后被处死。桑哥理财以彻底失败而告终。

第八章　驰骋扬威伐海外

钦察汗国终独立

成吉思汗划分四子封地时，长子术赤的封地位于额尔齐斯河以西、花剌子模以北，直至蒙古军马蹄所及之处。1235—1242年，窝阔台派遣术赤第二子拔都率领蒙古大军进行第二次西征，占领了乌拉尔河以西伏尔加河流域钦察、不里阿耳等部族，并且征服了斡罗思（俄罗斯）等地。

1242年夏，拔都得知窝阔台汗去世的消息，班师回国。

1243年初，拔都到达伏尔加河下游，以萨莱城（今阿斯特拉罕附近）为首都，正式建立了东起额尔齐斯河、西至多瑙河、南辖克里木半岛和北高加索的钦察汗国。

由于拔都所驻的穹帐使用金顶，故钦察汗国也称"金帐汗国"。

在钦察汗国境内生活着花剌子模人、不里阿耳人、莫尔多瓦人、阿速人、希腊人、俄罗斯人、钦察人、康里人、蒙古人等各族人。

忽必烈与阿里不哥争夺汗位期间，钦察汗国已经进入别儿哥（拔都之弟）统治时期，别儿哥表面上看似拥护阿里不哥，但实际上对阿里不哥与忽必烈的汗位之争并不染指，只是向双方派出使者进行劝和。随后，钦察汗国同伊利汗国为争夺高加索地区发生了战争，因为伊利汗国是忽必烈同母弟旭烈兀建立的，所以影响了钦察汗国与元朝的关系，钦察汗国开始对忽必烈有所戒备。

忽必烈为了打败阿里不哥及西北诸，表示承认钦察汗对其地区的统治权。

至元三年（1266），别儿哥去世，拔都之孙忙哥帖木儿即位，正式得到忽必烈册封。

海都叛乱，忽必烈为了联合钦察汗国一起打击海都，连续四次派遣铁连出使钦察汗国。

铁连是乃蛮人，曾任过拔都王傅，为术赤系家臣。

铁连到达钦察汗国，告以海都叛乱之事，请求忙哥帖木儿出兵夹击，忙哥帖木儿马上表示："祖宗有训，叛者人得诛之。如通好不从，举师以行天罚，我即外应掩袭，剿绝不难矣。"

后来，忙哥帖木儿虽曾一度出兵，但不久即与海都和好，与海都联合攻打察合台后王八剌，不久又与海都、八剌在答剌速河畔举行大聚会，划分了各自在中亚地区的势力范围，并支持八剌进攻伊利汗国。

至元十三年（1276），皇子那木罕和丞相安童率兵抵御海都，因为蒙哥之子昔里吉叛乱，皇子那木罕被劫送到与海都联盟的钦察汗国，拘押八年，直到至元二十一年（1284）脱脱蒙哥在位时，才将那木罕遣送还朝。

蒙古大草原

同时，脱脱蒙哥致书忽必烈，表示臣服。自此，钦察汗国与元廷的关系走上正常发展轨道。

忽必烈时期，虽然与钦察汗国的关系一波三折，但并没有影响双方的政治、经济、文化交流。

这一时期，钦察汗国的主要政治、经济制度和组织，皆是仿照大汗之廷规制的。在元朝通行的驿传制度也在钦察汗回生了根，忽必烈发行的纸钞亦开始在钦察汗国的大地上流通，火药和火器也先后传入钦察汗国，俄罗斯等武士都从蒙古人那里学会了铁火罐等使用火药引起燃烧和爆炸的新式火器。

不少元朝工匠被迁至钦察汗国，在那里从事武器制造、铜镜制造等工作。俄罗斯等贵族开始采用东方服饰，也穿起了皮靴、长衫，戴上了圆帽，扎起了腰带，配上了桦皮弓和蒙古弯刀等。钦察汗国的人们也普遍形成了饮茶的习惯，等等。内地的经济和文化对钦察汗国的影响较大。

钦察汗国的文化对元朝影响颇大。钦察、阿速、俄罗斯等族将士和工

蒙古包

匠大量入居元朝，忽必烈时期，曾有大量钦察人跟随忽必烈征伐大理和南宋，忽必烈曾将钦察人单独组建一军，并列入宿卫军。

至元二十三年（1286），特立钦察卫，有行军千户十九所，屯田三所，又曾调集一千五百一十二名卫士在清州等地屯田等。忽必烈也曾将阿速人组建的军队列为宿卫军，至元九年（1272），正式设立阿速拔都达鲁花赤，招集阿速正军三千多人，又选阿速揭只揭了温怯薛丹军七百人，随从忽必烈车驾，宿卫京城等。

忽必烈时期，服务于元廷的、属于钦察汗国地区的著名将领和大臣、科学家也很多，其中影响最大的有土土哈和不忽木等人。

土土哈是钦察人，班都察之子。拔都西征时，班都察投降蒙古，后来转到忽必烈帐下，从忽必烈征伐大理和南宋。

中统元年（1260），土土哈也与其父随从忽必烈征讨阿里不哥，并立了功，因而承袭父职为宿卫哈剌赤长。

至元十四年（1277），海都叛乱时，土土哈率钦察军千人随从伯颜北征，在追击脱脱木儿及昔里吉时，立有战功，得到大量赏赐。

后来，被提升为枢密副使兼钦察亲军卫都指挥使，得到自任族人为官属的特权。又在平定乃颜、哈丹叛乱和抵御海都等西北诸王叛乱斗争中立下汗马功劳，受到忽必烈赞扬。

不忽木出身于西域康里贵族家庭。"康里，即汉高车国也"。高车，也称丁零，魏晋以后称敕勒、铁勒等，南北朝时为突厥所并，隋时发展为回纥，在反抗突厥的斗争中不断发展壮大起来。

唐德宗时改称为回鹘，元朝时大部分发展为畏兀儿，其中一部为康里。

不忽木的祖父海蓝伯和父亲燕真均为成吉思汗所俘，燕真被赐给庄圣皇后（忽必烈母唆鲁禾帖尼）抚养，后来送给忽必烈为侍从。因此，不忽木得在忽必烈身边，并给事太子真金之东宫，从学于大儒王恂、许衡等，成为儒家思想的忠实信徒。

忽必烈晚年提拔其为中书平章政事，为忽必烈晚年的政治稳定做出了重要贡献。

钦察汗国地处欧亚北路交通要冲，欧洲商人和使节大多取道钦察汗国来元朝，他们走这条路尽管比较艰难，但很安全。

元人前往欧洲，也有一些人通过钦察汗国。其中有的商人先将货物运到钦察汗国，再转运到元朝；元朝商人也将货物运到钦察汗国，再转运到欧洲等地。

因此，钦察汗国的首都萨莱成为沟通东西的国际性都市，输入产品很多、且成为东西方交往之中转站。

钦察汗国在沟通欧亚交通，促进欧亚政治、经济和文化交流方面，做出了重要贡献。

旭烈兀统伊利汗

伊利汗国是忽必烈的三弟旭烈兀建立的。1252年，蒙哥汗派遣旭烈兀率领蒙古大军进行了第三次西征，在成吉思汗和窝阔台汗时期就用武力占领波斯大部分领土，旭烈兀又在此基础上统率"铁骑旋风"，一路所向披靡，攻陷报达（今伊拉克巴格达），灭掉黑衣大食（阿拉伯帝国阿拔斯王朝），之后，旭烈兀又分兵攻入叙利亚等地。

蒙哥死后，忽必烈与阿里不哥开始了汗位之争，忽必烈为取得旭烈兀等人的支持，派人告知旭烈兀道："各地区有叛乱，从质浑河（阿母河）岸到密昔儿（埃及）的大门，蒙古军队和大食人地区，应该由你掌管，你要尽心防守，以博取我们祖先的美名。"

正式答应将阿母河以西直至埃及边境的波斯地区的蒙古、大食等军民划归旭烈兀统治，于是旭烈兀正式建立了伊利汗国。

"伊利"是突厥语"从属"之意。旭烈兀以"伊利"为汗国名称，表示他愿意隶属于大汗忽必烈。确实，在所有的宗藩之国中，伊利汗国同元

朝的关系最为密切，在忽必烈与阿里不哥、北方诸王斗争中，伊利汗都始终站在忽必烈一边。

自终旭烈兀以后，伊利汗国的汗王即位，都必须接受元朝册命才能生效。

《史集》记载，旭烈兀以后，诸王和臣们都一致拥护旭烈兀的长子阿八哈继承汗位，阿八哈说："忽必烈罕是长房，怎能不经他的诏赐就登临汗位呢？"后来在诸王和大臣们的强烈拥戴下，阿八哈表示同意继承汗位，但要权摄国政，同时遣使向忽必烈报丧，请求忽必烈册命他为汗。

"在忽必烈合罕陛下的急使送来以他合罕名义颁发的玺书前，他端坐在椅子上治理国家"，始终不肯坐大汗之宝位。

直到至元七年（1270），忽必烈派来使者，"带来了赐给阿八哈汗的诏旨、王冠、礼物，让他继承自己的光荣的父亲成为伊朗地区的汗，沿着父祖的道路前进"，阿八哈才"第二次登上汗位"，正式举行即位大典，"照例举行了欢庆仪式"。不久，伊利汗接受元朝大汗册命，正式形成为制度。

忽必烈在册命伊利汗即位同时，又颁授给伊利汗印玺作为权力的象征，忽必烈相继赐给伊利汗的印玺有"辅国安民之宝"和"王府定国理民之宝"等。

现存1279年阿八哈汗颁发的一张敕令上，盖有汉字"辅国安民之宝"方印，即是忽必烈颁赐予阿八哈的汗印。

当时规定，在伊利汗颁发的诏敕、国书中，都必须把元朝大汗列在他的前面。

如至元二十六年（1289），伊利汗国阿鲁浑汗给法国国王菲力四世的国书中，开头便写"长生天气力里，大汗福荫里，阿鲁浑谕法朗国国王"。

伊利汗的铸币上，亦把元朝大汗之名列在旭烈兀之前，其上阿拉伯文曰"最大可汗、伊儿汗大旭烈兀"。

所有这一切，充分说明元朝与伊利汗国的关系是一种宗藩关系。

元朝同伊利汗国关系始终十分密切，官吏任用也往往互相交换。

比如，阿八哈汗曾经派遣伯颜入元廷奏事，忽必烈见伯颜体貌雄伟，奏事清楚机敏，极其欣赏，就留在自己的身边，后来任为灭宋统帅及丞相、枢密院长官等，成为忽必烈一朝十分显赫的人物之一。

忽必烈也曾派遣撒儿塔与奥都剌合蛮等出使伊利汗国，钩考他在伊利汗国的属民与分户应缴的财物。

至元二十年（1283），忽必烈又派遣丞相孛罗和拂林人爱薛出使伊利汗国，爱薛充当翻译。两人到达伊利汗国，见到阿鲁浑汗，深受阿鲁浑汗器重，阿鲁浑汗遂请准忽必烈，把孛罗留下作为自己的丞相。

从此以后，孛罗丞相定居伊利汗国，相继辅佐阿鲁浑、亦邻真朵儿只（海合都）、拜都、合赞、合儿班答（完者都）等人治国，为伊利汗国的发展作出了重要贡献。

忽必烈同伊利汗国交往非常频繁，促进了双方政治、经济和文化的交往与发展。元朝的政治、经济和文化制度对伊利汗国影响很大，其汗廷的组织与制度，差不多完全和蒙古汗廷相同，选汗的忽里台制度、汗的即位仪式等都沿袭蒙古制度，与元朝一模一样。

伊利汗国定都桃里寺（今伊朗阿塞拜疆大不里士），以蔑剌哈为陪都，亦仿效忽必烈实行冬夏两都巡幸制度。

此外，陵墓的禁地设置、后妃的守宫继位、宗王出镇与分封制度、四怯薛制度、达鲁花赤制度、驿传牌符制度、崇信佛教及对各种思想兼容并蓄政策、军户的份地采邑制度、斡脱制度以及风俗方面的妻后母、兄死妻嫂、饮金屑酒宣誓、萨满占卜等，都几乎与忽必烈时期的元朝如出一辙。

伊利汗国还将忽必烈所行钞法搬移过来，亦采用雕版印刷纸钞，发行全国。伊利汗国发行的纸钞完全仿照元朝至元钞，长方形，上面也有汉文"钞"字，四周纹饰照样刻印，不过多了阿拉伯文的颁发年份而已。

钞面价值从半个迪尔汉到十个第纳尔不等。这是在辽宋金元以外的世

蒙古军队

界上第一次发行纸钞，具有重要意义。

忽必烈还在将元朝政治、经济和文化传播到伊利汗国的同时，大量吸收了伊利汗国的科技和文化。在忽必烈出兵灭宋时，就曾遣使向阿八哈汗征用炮匠，阿八哈汗即遣回回炮手阿老瓦丁、亦思马因等赴元朝应命，将回回炮技术传入元朝。

伊利汗国的天文学有一定的成就，忽必烈让来自叙利亚西部操阿拉伯语的拂林人爱薛掌管西域星历和医药二司，开始将回回天文历算介绍到元朝。

随后，西域天文学家札马鲁丁根据回回天文学撰成《万年历》进献忽必烈。

后来，郭守敬创制《授时历》之时，其中大量吸收伊利汗国的天文学知识。

忽必烈在恒星观测方面开始编制星表，主要是学习撒马尔罕和马拉格天文台的经验而后才实行的。

郭守敬改革与设计的十三架天文仪器，在其数量上与马拉格天文台相仿，功用也大体相同，其中简仪特别有名，实际上是在学习马拉格天文台的黄赤道转换仪而后制成的，青出于蓝而胜于蓝，故称简仪。

伊利汗国的医药学也颇为有名，当时，大量传入元朝，为元朝医药学的发展输入了新鲜血液。

在忽必烈时期，有大量的伊利汗国境内的波斯、阿拉伯等各族人进入元做官、经商、行医和从事各种手工业等，还有不少汉族官员、文人、工匠和商人等留居伊利汗国，双方往来如同一家，经济文化交流发展到前所未有的程度，对促进双方政治、经济和文化的发展做出了重要贡献。

伊利汗国欧亚南路交通要冲，通过伊利汗国境内的传统的"丝绸之路"以及从波斯湾到泉州、广州的海路都十分活跃。

忽必烈曾经派遣扎木呵押失寒、崔杓持金十万两，通过伊利汗阿八哈市药于狮子国（今斯里兰卡）。又曾经颁给列班·扫马和马忽思二人铺马圣旨，允许他们赴耶路撒冷朝圣。列班·扫马通过伊利汗国出使罗马教廷和英法等国，加强了中国和西方各国的往来。

忽必烈通过伊利汗国，确实为中西的发展及其政治、经济和文化交流做出了不可磨灭的重大贡献。

两国联姻缔奇迹

高丽是918年由王建建立的政权，都城是开京（今朝鲜开城）。

高丽政权建立之后，相继灭掉新罗和百济，统一了朝鲜半岛。

当蒙古军队进入中原灭金取宋之时，高丽处于高宗王瞮统治时期。

元太祖十年（1215），成吉思汗率军攻占了金朝首都中都（今北京）。元太祖十一年（1216），一部分反蒙契丹武装逃到高丽，攻取江东城而据之。

元太祖十三年（1218），成吉思汗为消灭这支反蒙武装，派遣哈只吉、札剌等率领军队进入高丽，哈只吉请求高丽出粮出兵援助，于是蒙古和高丽联合镇压了这支反契丹武装。事后，哈只吉曾表示，愿意和高丽结

为兄弟之邦。

但是，成吉思汗不愿意高丽与他们平起平坐，令高丽为臣下之国，并派遣使者催督高丽向蒙古缴纳岁贡，因此，引起蒙古和高丽的连年战争。

当时的高丽不是蒙古的对手，高丽国王王㬚只好将世子（王储，太子）王倎派到蒙古做人质，以换取暂时和平。

中统元年（1260），忽必烈即位，正值高丽国王王㬚死亡。陕西宣抚使廉希宪向忽必烈建议说，高丽国王王㬚曾遣其世子王倎入觐以为人质，如今已经三年了。现在王㬚已死，如果乘机礼送王倎归国，帮助他继承王位，王倎"必怀德于我，是不烦兵而得一国也"。忽必烈听了觉得很有道理，于是决定改变以前对高丽的征讨政策，实行挟植驯顺国王的招抚政策。忽必烈盛礼款待王倎，派兵护送归国，帮助王倎继承了高丽国王之位，是为高丽元宗。

忽必烈扶植王倎（后改名王禃）即位以后，发布诏书，表示"解仇释憾，布德施恩"，答应王禃可以恢复高丽往日疆土，保证王氏家族安全等，但高丽必须"永为东藩"。王禃都高兴地答应了。从此，蒙古和高丽结束了几十年的战争，两国进入宗主和藩邦的和平相处时期。

王禃当上高丽国王以后，除自己亲自向忽必烈朝觐以外，还遣世子王愖（又名王贝春，后改名王昛）等人入元朝觐。

中统元年（1260）六月，王倎遣世子王愖以自己更名王禃之事奉表告知忽必烈，这是王愖第一次使元。

至元六年（1269）四月，王愖又一次入元朝觐。

六月，高丽权臣林衍由于不满意王禃附元，起兵逼迫王禃退位，改立王禃弟弟安庆公王淐为国王。

林衍害怕元朝不满意，谎称王禃病危，不得不传位给王淐，并上书元朝，企图骗取忽必烈批准。这时，王愖已离开元朝首都（今北京）返国，当王愖走到婆娑府（今辽宁丹东一带）时，听说国内发生政变，并了解到实情，立即返回元朝首都向忽必烈报告。

忽必烈听后大怒，立即派遣斡朵思不花、李谔等赴高丽了解情况，随后，敕令王愖率兵三千，与大将蒙哥都等人往征高丽，解决高丽政变问题。同时，忽必烈又派遣中宪大夫、兵部侍郎黑的等人持诏前往高丽，令王禃、王淐、林衍同时入朝"面陈情实，听其是非"，又遣头辇哥国王等率领大兵压境，如果三人不按时来朝，即用武力解决。

林衍心虚，不敢来朝，不得不废弃王淐，重新拥立王禃复位。林衍不久病死，其子侄和同党不是被处死，就是被流放，政变者受到了应有的惩罚。接着，忽必烈令忻都、史枢为凤州（黄海凤山道）等处经略使，领军五千屯田于金州；又令洪茶丘领民二千屯田，而以阿剌帖木儿为副经略司，总辖之，从政治、军事方面加强对高丽的控制。

忽必烈帮助王禃恢复了王位，王禃感激涕零，至元七年（1270）初，亲赴大都（今北京）拜见世祖皇帝忽必烈，表示感谢，同时上书中书省为世子王愖请婚，恳请世祖皇帝把公主嫁给自己的儿子。

忽必烈见高丽王请求和亲，有意通过这种政治联姻将高丽对元朝的依附关系进一步巩固下来。他没有拒绝，只是说通婚是件大事，不能因为来京办其他事而顺便求婚，显得很不郑重，如果确实想联姻的话，就请国王回国后再派使者专程前来求婚。

至元八年（1271）正月，王禃再次遣使向元朝上表请婚。七月，王禃又派王愖等二十八人入侍元朝。由于高丽一再请婚，忽必烈终于答应了这桩婚事。

这样，入侍元朝的高丽世子王愖就成了元王朝的未来驸马。王愖为了讨取忽必烈的欢心，主动改穿蒙古服装，学习蒙古族的一些风俗习惯等等。

王愖在元朝居住接近一年，至元九年（1272）初返回高丽。十二月，王愖再次入元。到至元十一年（1274）五月，忽必烈把自己的女儿忽都鲁揭里迷失（为阿速真妃子所生）嫁给王愖。两国通过和亲，关系更加密切了。

至元十一年（1274）六月，王愖在大都完婚不到一个月，王愖的父亲王禃就病死了。王禃在遗嘱中明确指出由王愖继位，在给元朝上奏的遗表中也说王愖"孝谨，可付后事"，请求元朝尽快批准王愖为高丽国王。七月，忽必烈下诏，正式册封王愖为高丽国王。

八月，王愖回到高丽，举行盛大典礼，正式即位，成为高丽史上的忠烈王。

忽必烈从以兵卫送王禃回国即位到将驸马王愖扶上高丽王的宝座，把元朝和高丽的关系推向一个新的阶段，可以说，忽必烈时期是元朝和高丽两国最为友好时期。

然而，忽必烈时期的两国友好却是不平等的，一个是宗主国，一个是臣下的藩国，忽必烈绝不允许一个藩国的国王与他平起平坐，因此，在政治经济以及风俗习惯等方面都做了不同规定。

高丽国王过去模仿中国帝王，自称曰"朕"，对下面的指示命令曰"宣旨"，国王宣布的减罪免罪令称"赦"，百官向国王的报告和建议也称"奏"。忽必烈认为高丽国王作为藩王不应该使用这些字眼，令其改正。

高丽国王只好唯命是从，把自称的"朕"改为"孤"，把对下的命令"宣旨"改为"王旨"，把减免罪恶行的"赦"改为"宥"，把百官向国王报告和建议的"奏"改为"呈"。

在政治经济方面，忽必烈虽然允许僚机构的高丽保留原有的政权机构和制度，但"遣使谕旨，凡省、院、台、部官名爵号，与朝廷相类者改正之"，高丽于是将政府官称改为金议府、密直司、监察司等。元朝又在高丽首都及其重要地区派驻达鲁花赤，用以监视高丽国王和各级官吏，干涉高丽军国大事。

后来，忽必烈为了进行远征日本的准备和军事部署，特设征东行中书省，以高丽国王为丞相，高丽成为元朝的一个特殊行省。

忽必烈规定，高丽必须向元朝送纳质子，赞助军役，输送粮饷，定期向元朝朝贡等。为此，忽必烈将驿站制度推广到高丽，极大方便了交通。

忽必烈规定，高丽必须使用元朝历法，每年都向高丽颁赐国历。因为高丽为臣下之国，所以，高丽国王在接见元朝诏使或达鲁花赤时，都是东西相对而坐，也就是通常所说的"分庭抗礼"。高丽国王与元朝大臣分庭抗礼，说明高丽国王已经降到与元朝大臣相等的地位。

后来，由于忠烈王王愖成了天子忽必烈的驸马，身价倍增，接见元朝诏使和达鲁花赤时，王湛坐北向南，元朝诏使和达鲁花赤则分列东西相向而坐，虽然改变了以前高丽国王的屈辱地位，但仍然不能和元朝皇帝等同。

驭马踏青图

忽必烈时期，元朝和高丽两国地位不平等，但双方建立了十分亲密和友好的关系，双方人员往来频繁，不少高丽人到元朝学习并在元朝做官，元朝也有不少人到高丽做官。高丽使节频繁入元朝觐，尤其是尚公主的忠烈王王愖，相继十一次入元朝觐，并且引经据典地说，"朝觐，诸侯享上之仪；归宁，女子事亲之礼"，要求与公主一起入元。这些使节入元朝觐，规模都相当大。这些使节入元时都带去大批礼物，凡是高丽有特点的

249

产品以及金银财宝等都应有尽有。元朝更是以天朝大国自居，每次都给予来使大量回赐。

实际上，每次使节往来都是一次重要的经济文化往来。这样，元朝与高丽的经济文化交流便呈现出空前繁荣的景象。

两国虽然语言不通，由于双方往来密切，思想文化日益接近。

汉字在高丽普遍通行，政府设有各级各类学校，以《资治通鉴》为课本，学习唐宋经验，实行科举，以儒学取士。

至元十七年（1280），高丽国王下令："今之儒士，唯习科举之文，未有精通经史者。其令通一经一史以上者，教育国子。"

在全国全面推行儒学教育。在高丽王王愖的倡导下，蒙古族的一些风俗习惯也在高丽渐渐流行。

同时，元人从高丽人身上也学到了很多东西，如高丽的音乐舞蹈，对元人影响很大。火熊皮、香樟木、金漆、蜃楼脂（鲸鱼油）等物品的输入，也丰富了元朝人民的物质文化生活。

忽必烈改变了原来对高丽的征伐政策，在高丽寻求忠实的代理人，并与之和亲，可谓是一种明智之举。这种和平友好政策与杀伐政策相比，应该是进步的。尤其是忽必烈与高丽和亲，对后世影响很大。

忽必烈以后，元朝皇帝多次把公主下嫁给高丽国王为妃。蒙古亲王乃至元朝皇帝，也有多人娶高丽女子为妃，至元朝后期，甚至有二位高丽女子成了元朝皇帝的皇后。忽必烈以后的两国关系，就是按照这种"甥舅之好"或"表兄弟之好"的姻亲关系向前发展着，成为元朝与高丽友好发展史上的一个奇迹。但也可以看出忽必烈与高丽的交往是不平等的，对高丽人民的剥削和蹂躏极其严重，这是由忽必烈剥削阶级的本质所决定的，应该予以揭露和批判。

舟师未返毁飓风

自成吉思汗以来，蒙古统治者就把拥有广大疆土，扩大统治范围看成是一种极其光荣而又高兴的事业，其时，蒙古统治者除了对中原用兵以外还把兵锋指向对西方各国，发动了大规模的征伐战争。

忽必烈即位以后不再西征，开始同欧洲各国进行和平交往，可是他并没有放弃对亚洲各国的征伐，他想成为整个亚洲的大皇帝，就是在这种思想驱使下忽必烈发动大兵对日本进行了大规模战争。

忽必烈征服高丽以后，也想同样办法去征服日本。

至元三年（1266），忽必烈以兵部侍郎黑的、礼部侍郎殷弘为国信使、副，配以虎符和金符，持国书出使日本。

忽必烈在国书中明确表示了与日本"通问结好"之意，没有明令日本称臣，但以高丽为例，暗寓其意，还威胁日本，不来通好，"以至用兵"。黑的与殷弘持书到达高丽，以高丽枢密院副使宋君斐、借礼部侍郎金赞为向导，前往日本，结果没有到达日本，中途而返。

至元五年（1268）九月，忽必烈再次命黑的、殷弘持书往通日本。二人到达日本对马岛，日本人轻蔑待之，拒不接纳，二人见此情景非常气愤，活捉了塔二郎、弥二郎两个日本人，取道高丽，然后回归本土。

忽必烈听说黑的、殷弘劫持两个日本人而回，觉得有失礼数，于是在至元六年（1269）六月命高丽金有成带着中书省牒文将其送还。

金有成至日本，日本人不但没有友好相待，还将金有成拘留于太宰府守护所。

金有成出使日本，长期查无音信，忽必烈便想遣使日本询问。恰逢这时高丽发生政变，权臣林衍废弃高丽国王王禃而另立其弟王淐。忽必烈只好暂缓遣使日本，着和全力解决高丽政变问题。

至元六年（1269）十二月，忽必烈处理完高丽政变，便命秘书监赵良弼持书出使日本。忽必烈在国书中又写道：

盖闻王者无外，高丽与朕既为一家，王国实为邻境，故尝驰信使修好，为疆场之吏抑而弗通。所获二人，敕有司慰抚，俾赍牒以还，遂复寂无所闻。继欲通问，属高丽权臣林衍构乱，坐是弗果。岂王（指日本国王）亦因此辍不遣使，或已遣而中路梗塞，皆不可知。不然，日本素号知礼之国，王之君臣宁肯漫为弗思之事乎。近已灭林衍，复旧王位，安集其民，特命少中大夫秘书监赵良弼充国信使，持书以往。如即发使与之偕来，亲仁善邻，国之美事。其或犹豫以至用兵，夫谁所乐为也，王其审图之。

忽必烈在国书中再三申明通好之意，对日本始终不遣使者以及拘留元使表示宽容。赵良弼接书在手，请问与日本国王相见之礼，大臣们七嘴八舌，但主旨意见则认为，元与日本上下之分未定，不必讲究礼数，忽必烈深表赞同，可以看出忽必烈也没有强令日本必须称臣的意思。

至元七年（1270）十二月，赵良弼正式启行，忽必烈诏谕高丽国王王禃，派人送至日本，期于必达，并以忽林失、王国昌、洪茶丘领兵护送至海上。

赵良弼到达日本，日本国王还是不予接见，只遣一个名叫弥四郎的日本人前往应付。

弥四郎将赵良弼带至太宰府西守护所，据守吏所言，从前日本被高丽所欺哄，屡言上国（指元朝）来伐，所以不接来使。岂期皇帝（指忽必烈）好生恶杀，多次遣使丽来，并未动怒。可惜我国王京，去此尚远，希望先遣人从奉使回报，他日再行通好。

实际上，守吏所言全是托词，日本国王拒不接见才是真意。无可奈何之际，赵良弼只好遣从行的书状官张铎带领太宰府所遣的伪称日使二十六人先行驰还大都通报。

忽必烈不明其意，以为日使声称受太宰府西守护所差遣是假，受日本国主差遣是真，事前没有通报，不期而至，恐是害怕元军进攻，前来刺探虚实。因此，不敢贸然接见，特召姚枢、许衡等人问以对策。

姚枢、许衡说"诚如圣算。彼（指日本）惧我加兵，故发此辈伺吾强弱耳。宜示之宽仁，且不宜听其入见"，建议忽必烈不要接见日使。其说与忽必烈所虑相合，忽必烈连连点头称善。

于是，元廷盛情款待日使，但皇帝不予接见，日使自觉没趣，即起程归国。赵良弼闻讯，也从日本赶回元朝。

不久，元朝又通过高丽几次通信日本，皆如石沉大海，无有回音。

至元十年（1273）六月，忽必烈又派赵良弼出使日本，日本国王仍然拒绝接见，赵良弼仅至太宰府而还。

忽必烈屡次遣使日本以求通好，皆不得要领而还，他觉得自己的尊严受到了污辱，下决心出征日本，想用武力迫使日本臣服。

至元十一年（1274），忽必烈命风州经略使忻都、高丽军民总管洪茶丘等以千料舟、拔都鲁轻疾舟、汲水小舟各三百艘运载蒙汉军队一万五千人；大举进攻日本。高丽金方庆等也率高丽军队参战。

元与高丽联军越过对马海峡，进攻对马岛，杀死日本将领允宗助国。又转攻壹岐岛，击杀日军千余人，日本将军经高也丧了命。

日本俊宇多天皇闻讯，惊恐万分，急忙征调藩属军兵十万余人出战。

两军相遇于博多（福冈），元军用火炮打败日军。元军虽然屡次获胜，但在日军的阻击和骚扰下，兵疲箭尽，不敢向纵深挺进，只好撤回。

十一月的一天晚间，元军登上战舰，准备返航，不巧遇到暴风雨袭击，战舰多半触礁沉没或坏损，军士"不还者无虑万三千五百余人"，只有很少一部分人得以生还。

忽必烈第一次征伐日本失败以后，仍想通过使节往来与日本通好。

至元十二年（1275）二月，忽必烈又遣礼部侍郎杜世忠、兵部侍郎何

文著、计议官撒都鲁丁等出使日本，由高丽人郎将徐赞及捎工上佐等三人导行。

四月，杜世忠等至长门室津，既而移至太宰府。

八月，太宰府遣人将杜世忠等护送至镰创建。

日本国王不接见元使，反而下令将杜世忠、何文著、撒都鲁丁及书状官董畏、高丽人徐赞等斩于龙口，并枭首示众。

至元十六年（1279），宋朝降将范文虎、夏贵又派遣周福、栾忠等人携带书信出使日本，也被日本人杀死。

至元十七年（1280），忽必烈听说所派使者杜世忠等人全被杀死，怒火中烧，马上喊来大将忻都和洪茶丘等人，让他们立即率领军队马上出发去攻打日本。廷臣劝了半天，忽必烈才稍稍息怒，没有马上出兵。

至元十八年（1281），忽必烈命令范文虎、忻都、洪茶丘等率军兵分二路第二次大举征伐日本。

一路由范文虎、李庭等率领新附军十万人，分乘海船三千多艘，自庆元、定海出发；另一支军队由忻都、洪茶丘率领蒙古、高丽和汉军四万

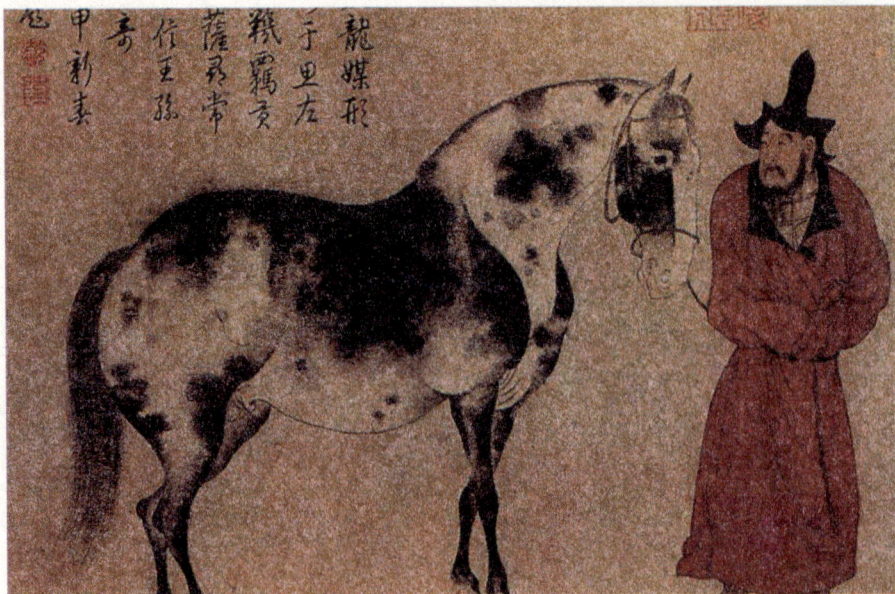

临李公麟人马图

人，分乘战舰九百艘，从高丽渡海进入日本。

忻都、洪茶丘所率东路军计划由对马岛攻入壹歧岛；范文虎所率江南军计划先取平户岛，平户岛周围皆水，宜于屯兵，然后转至壹歧岛，与忻都东路军相会，再合兵共进，一举打败日本。

两路大军出发之前，忽必烈特别谕之曰：

始因彼国使来，故朝廷亦遣使往，彼遂留我使不还，故使卿辈为此行。朕闻汉人言，取人家国，欲得百姓土地，若尽杀百姓，徒得地何用。又有一事，朕实忧之，恐卿辈不和耳。假若彼国人至，与卿辈有所议，当同心协谋，如出一口答之。

忽必烈所担心的问题有两个，一是军队滥杀问题；一是将领不和的问题，所以特加敕谕。结果，元军还是没有听忽必烈的话，这两个问题在第二次征伐日本时都相继发生了。

忻都和洪茶丘所率领的东路军受命之后，便按计划由日本对马岛攻入壹歧岛，杀死岛民三百多人，岛民纷纷逃匿山中，元军完全忘记了忽必烈的嘱咐，听到孩童啼哭，就入山中寻找而杀之，这种滥杀的做法激起了日本军民的强烈愤恨，他们自发组织起来抵抗元军，志贺岛初战，洪茶丘差一点儿被日军所俘，赖裨将王万户拼死相救，才幸免于难。

随后，元军进军宗像海，经将士们死力相搏，以大船打败日本小船，才扭转了前日败局。

范文虎所率江南军由于阿剌罕病逝以及与忻都军不太协调，希望与忻都军会于平户岛，因此未能按期赶至壹歧岛，直至忻都军进军宗像海，赶至次能、志贺二岛，两军才相会一处，同泊于两岛之上。

这时，日本诸道军队集结起来，开始全面反攻。面对日本来敌，是战是退，元朝与高丽联军内部意见产生分歧。高丽将领金方庆力主进攻，元朝将领坚决反对，最好只好按元将意见退舶鹰岛（五龙山，在今佐贺西北

伊万湾）。

同年八月一日，海面突然刮起大风，那车轮般的旋风，卷起巨浪，将船只高高举起，随着风浪旋转不停，大小船只互相撞击，沉没无数。

范文虎见状心惊胆战，急忙率领几个士兵，挑选坚好船只，丢下军队狼狈逃回。

这时，被遗弃的军队尚有十余万，群龙无首，他们便推举张百户为主帅，号称张总管。张总管率领士兵伐木做舟，准备驶还。

就在这时，日本兵舰突然杀出，元军仓促应战，哪里是日军的对手，刚一接战就败下阵来，死者不计其数，剩下的二三万人尽被日军俘虏而去。日军将蒙古、高丽和汉军俘虏全部杀死，而谓新附军为唐人，不杀，但全部变为日本人的奴隶。后来，仅仅逃还于阊、莫青、吴万五三人。

忽必烈第二次征伐日本，以蒙古历史上从未有过的大败而宣告结束。

忽必烈岂是服输之人，他不甘心失败，至元二十年（1283），又以阿塔海为征东行中书省丞相，发五卫军二万人，准备第三次征伐日本。

忽必烈责令江南各行省大造船只，地方官不管人民死活，按人户摊派造船数目和造船工料等。

一批批工匠被征发服役，时紧工迫，官吏动加捶楚，辛苦万状，唯以描述，激起人民的普遍不满。淮西宣慰使昂吉儿见状，上言民劳，请求暂停征伐日本之役。忽必烈没有同意，也没有执意出兵，征伐日本之事暂时拖了下来。

但后来，忽必烈仍不甘心，继续措置船粮军士，预定于至元二十三年（1286）三月，再发动第三次征日战争。就在这时，忽必烈发动的对安南战争遭到惨败，忽必烈为了对付安南，不能两道出师，遂下诏罢征日本。

忽必烈说："日本未尝相侵，今交犯边，宜置日本，专事交趾。"从此，元朝和日本走上了和平相处的道路。

忽必烈时期虽然发动了征伐日本的战争，一时间激化了两国矛盾，但双方的经济文化往来却始终没有间断。

当时，双方的佛教往来频繁，为两国的文化交流做出一定贡献。

中统元年（1260），兀庵普宁抵日，在日本作有《兀庵禅师语录》；至元六年（1269），大休正念抵达日本，编有《佛源禅师语录》；至元十六年（1279），旅日的无学祖元又给日本人留下了《佛光国师语录》等著作。

这些佛教徒都兼通儒学，他们在传播佛学的同时，也将儒学传播到日本各地。

日僧国尔辨园于宋端平二年（1235）入宋，淳祐元年（1241）以后返回日本，带回朱熹的《大学》《大学或问》《中庸或问》以及《论语精义》《孟子精义》《论语直解》《集注孟子》等大量儒学著作，宝祐五年（1257）在最明殿寺为幕府执政北条时赖开讲《大明录》，至元十二年（1275）又向龟山法皇介绍儒、佛、道三教旨趣，最后编订《三教典籍目录》，为传播汉文化做出了贡献。

其间，两国经济往来也互有沟通。

至元十四年（1277）"日本遣商人持金来易铜钱"。忽必烈许之，允许日商来华贸易。

至元十五年（1278），又"诏谕沿海官司通日本国人市舶"，鼓励人们与日本贸易。

至元十六年（1279），"日本商船四艘，篙师二千余人至庆元港口"，准备登岸贸易，哈剌歹查其商船非为间谍，上奏行省，允许其贸易，而后遣还。

至元二十九年（1292），有"日本舟至四明，求互市"，忽必烈以其"舟中甲仗皆具，恐有异图，诏立都元帅府，令哈剌带将之，以防海道"。

虽然接待日本商船如临大敌，但允许其往来贸易，对两国经济文化的发展还是有好处的。

忽必烈停止对日本用兵以后，两国关系渐渐趋于缓和，经济文化交流

进一步发展起来。

两征安南皆败北

安南原是唐朝安南都护府辖地，五代后晋之时才独立，建国号为瞿越、大越等。

北宋开宝八年（975），封其王为交趾郡王，南宋隆兴二年（1164）又改封为安南国王，此后便称其国为安南，亦称交趾，地处今越南北部。忽必烈即位前后，安南已进入陈氏统治时期。

元宪宗三年（1253），忽必烈就受任同大将兀良合台率领蒙古大军平定云南，云南平定以后，忽必烈率军北返，兀良合台留下征服其余不愿臣服者。

宪宗七年（1257），兀良合台经过同密准备后，想率军进攻安南，兀良合台事前先遣二位使者出使，令安南归降。

安南不从，将使者用破开的竹子绑缚身体，深入皮肤，投入狱中。兀良合台不见使者回报，于是驱动大军，攻破王都，安南国王陈日无逃窜海岛。

兀良合台从狱中找到二位使者，解其缚，一人已死。

兀良合台大怒，立誓要抓住陈日煚，灭亡安南。

但因为天气炎热，蒙军难以适应安南的气候，遂残破王都而返。

宪宗八年（1258），陈日无将王位传于长子陈光煚，陈光煚摄于蒙古大军威力，遣使向兀良合台贡献方物，以求缓和关系。

中统元年（1260），忽必烈即位以后，派遣孟甲和李文俊等人出使安南，令其称臣入贡。

孟甲等人到达安南，言明世祖忽必烈之意，陈光煚表示愿意称臣纳贡，派遣使者随孟甲等人来朝，请求三年一贡，忽必烈马上允准，并册封陈光煚为安南国王。

中统三年（1262），忽必烈命讷剌丁为安南国达鲁花赤，负责监控安

忽必烈广场

南并往来于元朝和安南之间。

至元四年（1267），忽必烈又下诏安南："谕以六事：一、君长亲朝；二、子弟入质；三、编民数；四、出军役；五、输纳税赋；六、仍置达鲁花赤统治之。"又诏封皇子忽哥赤为云南王，往镇大理、鄯阐、安南诸国，企图进一步控制安南。

陈光昺觉得这些条件过于苛刻，所以不予接受"每受天子（指元朝皇帝）诏令，但拱立不拜，与使者相见或燕（宴）席，位加于使者之上"。又上书请求罢黜元朝在安南国设置的达鲁花赤，随后又请免赴"中原拜献"等六事。忽必烈虽然很生气，但未马上用兵，仅仅派遣使者反复磋商而已。

至元十四年（1277），陈光昺死亡，其子陈日烜未请准元朝就自立为王了。

次年，忽必烈派遣礼部尚书柴椿等人由江陵经邕州直抵安南，谴责陈日烜不修六事及不请命而自立之罪，并要陈日烜入朝受命。陈日烜称，自己"生长深宫，不习乘骑，不谙风土，恐死于道路"，托故不朝，只遣使臣随同柴椿等人赴元报命。

至元十六（1279），枢密院臣上奏说："日烜朝，但遣使臣报命，饰

259

辞托故，延引岁时，巧佞虽多，终违诏旨，可进兵境上，遣官问罪"，请求出兵迫使陈日烜来朝。

这时，忽必烈比较沉着冷静，未允其请。又遣柴椿等人出使，再谕陈日烜来朝。

陈日烜仍然推托有病不来朝觐，仅遣其叔陈遗爱入元觐见忽必烈。忽必烈十分生气，于至元十八年（1281），设立安南宣慰司，以卜颜帖木儿为参知政事、行宣慰使都元帅以控制安南。随后，忽必烈又"诏以光昺既殁，其子日烜不请命而自立，遣使往召，又以疾为辞，止令其叔遗爱入觐，故立遗爱代为安南国王"。忽必烈要废黜陈日烜，另立陈遗爱，两国关系从此紧张起来。

至元二十年（1283），忽必烈准备远征占城（今越南中南部），他先遣使安南征兵征粮。陈日烜上表，谓安南自从其父"归顺天朝，三十年于兹，干戈示不复用，军卒毁为民丁"，已无兵员可供驱使；至于粮谷，也因国小民贫，"五谷所产不多"，"加以水旱，朝饱暮饥，食不暇给"，只能于钦洲界上永安州之地提供少量供应。

至元二十一年（1284），忽必烈封皇子脱欢为镇南王，令其领兵往攻占城。脱欢与大将李恒率领大军出发，请求假道安南，并向安南征粮饷以助军食。陈日烜以其从兄兴道王陈峻领兵迎于境上，婉言拒绝元军假道。脱欢顿时大怒，兵分六路大举进攻安南，于万劫江大败陈峻的部队，乘间绑缚木筏渡过富良江。

至元二十二年（1285）初，陈日烜闻听陈峻兵败，亲自率领十万大军来援，沿江布防兵船，树立木栅，见元军至岸，立即发炮大呼求战。因安南军队多年不谙战事，旋即便败下阵来，陈日烜慌忙率军退走，元军乘胜攻陷安南国都大罗城。陈日烜退守天长，再退长安。

这时，元朝太将唆都和唐兀䚡率领征伐占城的军队北返，同与脱欢的军队合为一处，军势大盛。

于是，脱欢令李恒、乌马儿和宽彻、忙古烜分别率领水、陆大军，分两路追击陈日烜。陈日烜不敌元军，屡次失败，最后退至安邦海口，丢弃舟楫甲仗，藏匿于山谷间，又遁入清化府。

元军虽然屡次获胜，但长期征战，帅老兵疲，又因暑雨疾病，战斗力减弱，再加上地形生疏，蒙古兵马无法施其骑兵长技，在安南军队不断集结的形势下，开始逐步失利。

脱欢见形势不妙，只好放弃京师北撤。

安南军队见元军撤退，乘机追袭。当元军撤至册江搭浮桥准备渡江之际，林间伏兵四起，箭发如雨，元军被这突如其来的袭击弄得晕头转向，不知往哪儿躲避才好，死伤无数，李恒也中毒箭身亡，脱欢在几位士兵的保护下，狼狈逃回恩明州。

当时，唆都大军与脱欢大军的营地相去二百余里，不知道脱欢北撤的消息，后来听说脱欢兵败，也率军北撤，于北撤途中在乾满江被歼。忽必烈第一次征伐安南，以大败而告结束。

忽必烈听到征南大军失败的消息恼羞成怒、大发雷霆，下诏取消原订的第三次征伐日本的计划，专力讨伐安南。

至元二十三年（1286），忽必烈诏谕安南官吏百姓，历数陈日烜拒绝来朝、戕害叔父陈遗爱及不纳达鲁花赤不颜铁木儿等罪恶，以陈益稷来投，特封为安南国王，赐予符印。陈日烜毫不理会，继续与元朝为敌。

至元二十四年（1287），忽必烈诏发江淮、江西、湖广三省蒙古汉军七万人，船五百艘，云南兵六千人，黎族兵一万五千人，第二次大规模征伐安南。

征南大军以皇子脱欢为总帅，兵分三路以进，脱欢与奥鲁赤率领东路军进攻女儿关等地，程鹏飞率领西路军进攻永平等地，乌马儿、樊楫由海路率舟师配合进攻。

又以海道运粮万户张文虎等人运粮十七万石以供军食。

元军气势汹汹杀向安南，初战连连告捷。

安南军见元军来势凶猛，有计划退却，诱敌深入。

元军顺利渡过寓良江，进迫安南京师大罗城，陈日烜于至元二十五年（1288）再次逃走入海。

同时，安南人民有计划坚壁清野，藏粮逃遁，以困元师。这时，张文虎所率的运粮船在绿水洋受到安南军阻击，所运粮米全部被沉于海，只好退还琼州。

元军长驱深入，粮饷得不到接济，再加上连日行军，疲劳过甚，天气转热，疾病发生，元军陷入进退两难的境地。

脱欢见处境险恶，士气低落，难以进兵，遂下令全师北撤。

这时，安南军已作好截击元军北归的准备。当樊楫等由水道先行退到白藤江时遭到安南军队袭击，全军覆灭。安南又在女儿关、丘急岭一线集结重兵三十万，连亘百余里。切断元军退路。

脱欢率军且战且退，死伤惨重，脱欢本人亦被毒箭伤了脚，勉强从单己县趋烜州，间道撤至思明州，历尽艰辛，辗转返回云南。忽必烈第二次征伐安南又失败了。

安南反击元朝虽然获得了胜利，但其毕竟是一个小国，陈日烜非常惧怕忽必烈的声威，为了缓和与元朝的关系，战后不久，陈日烜就派遣使者入元，归还俘虏，并进献金人以示自己赎罪之意。

忽必烈对两次征伐安南失败非常恼火，责命皇子脱欢改镇扬州，终身不许踏入朝中半步。

至元二十七年（1290），安南王陈日烜死。其子陈日燇也是在没得到元朝册命的情形下就登上了王位，忽必烈又于至元三十年（1293）命令刘国杰率领水路大军第三次征伐安南。战争刚刚开始，忽必烈就病死了。

成宗铁穆耳即位以后，为了缓和朝野的不满情绪，便下诏罢征安南。元朝和安南又走上了和平交往的道路。

征伐占城显神威

占城位于今越南南部一带，当时它是一个独立国。元朝大将唆都在扫荡宋朝残余势力期间，于至元十五年（1278）派遣使者进入占城，对其进行招抚。使者回来以后，禀告忽必烈说，占城有归附之意。

于是，忽必烈下诏颁给占城国王虎符，授予荣禄大夫，封为占城郡王。

至元十七年（1280），占城国王遣使奉表来元朝觐，正式向元朝称臣。

占城臣服以后，忽必烈命唆都在占城设立行省以加强对其统治。当时，占城国王慑于元朝威力，甘愿俯首称臣，可占城王子补的不服，不愿意受治于元朝。

就在占城国王正式向元朝称臣的那一年，元朝派遣何子志、皇甫杰出使暹国（泰国），派遣尤永贤、亚阑出使马八儿国，进行招抚。当元朝使者之船经过占城时，皆被占城王子补的所执。

忽必烈闻听自己派出的使者被执大为恼火，马上发江浙、福建、湖广兵五千，海船百艘，战船二千五百艘，由唆都率领，自广州航海，大举征伐占城。

忽必烈声称"老王无罪，逆命者乃其子与一蛮人耳。苟获此两人，当依曹彬故事，百姓不戮一人"。

占城听说元朝大军来攻，"兵治木城，四面约二十余里，起楼棚，立回回三梢炮百余座"，严阵以待，占城国王也亲率大军屯于木城之西，以为应援。

至元二十年（1283）正月，唆都指挥元朝大军三面进攻木城，占城兵虽然顽强抵抗，哪里是元军对手，木城很快被攻破，占城国王退保大州西

《大学章句》《论语 集注》

北的鸦候山，一面集结兵力，一面遣使诈降。

前来诈降的宝脱秃花声称"吾祖父、伯、叔，前皆为国王。至吾兄，今孛由补刺者吾（占城国王）杀而夺其位，斩我左右二大指。我实怨之。愿禽（擒）孛由补刺者吾、补的父子，及大拔撒机儿（占城大臣）以献。请给大元服色"，元军信以为真。

后来，居于占城的唐人曾延前来元营说，占城国王逃于大州西北的鸦候山，聚兵三千余，并招集他郡之兵，遣使安南、真腊、阇婆等国借兵，不日将与官军交战。

害怕唐人泄露其事，将尽杀之。因此，曾延等人才逃出来。

元军不相信曾延等人的话，将其交于宝脱秃花，宝脱秃花诬蔑曾延为占城奸细。元军又相信不疑，并随宝脱秃花进讨占城国王，宝脱秃花并非真降元军，而是占城的奸细，他诱使元军深入大州城西林地，突然不见，元军方知上当受骗。

这时，占城军兵蜂拥而出，截断元军归路，元军殊死战斗，方得突围而出，驻守待援。

忽必烈令皇子脱欢与李恒等率兵增援，并领导征伐占城之役。

脱欢等假道安南，安南不允，于是，脱欢等变征伐占城为征伐安南。征伐占城的唆都以接济困难，领兵撤还，与脱欢会合共伐安南，结果为安南所败。

唆都撤离占城以后，江淮行省派遣的援军由忽都虎率领到达占城，忽都虎见营舍烧尽，始知唆都大军已经撤回。

至元二十一年（1284）三月，忽都虎派遣百户陈奎招抚占城国王来降。占城军队虽然一度打败元军，但损失惨重，自知难与元军对抗，遂派遣王通事使元，表示愿意投降。

忽都虎见占城愿降很高兴，但仍按忽必烈的旨意，令占城国王父子奉表进献，占城国王表示来年派遣嫡子入朝。不久，占城国王令其孙奉表归款。占城再次臣服于元朝。

后来，忽必烈曾想再次出兵征伐占城，但没有施行，双方一直保持和平相处的关系。

进攻缅国大激战

在忽必烈即位前后，缅国（今缅甸）势力逐步强盛起来，缅王又联合建昌、金齿诸部，成为雄踞西南的一个比较强大的政权。

至元八年（1271），忽必烈派遣使者出使缅国，诏谕蒲甘王朝那罗梯诃波王归附纳贡，但没有结果。

至元十四年（1277），金齿千额总管阿禾归附元朝，缅王怀恨在心对其十分不满，于是兴兵进攻，金齿千额阿禾见缅王派兵来攻，自知难以拒敌，赶忙派快马告急于元朝。

忽必烈闻讯，立即派遣大理路蒙古千户忽都和大理路总管信苴日出兵增援。忽都与信苴日昼夜兼程，很快与缅军相遇于一条河边。

当时，缅军约有四五万人，战象八百，马万匹，而忽都和信苴日的军

队则只有七百人，力量相比之下，十分悬殊。缅军很快摆开阵势，乘马在前，接着便是象队，最后才是步兵。大象皆披铠甲，背负战楼，两旁夹大竹筒，竹筒内放置短枪数十，乘象者可以随意取出击刺。整个布阵严整雄伟，排列有序。

元军从来没有见过这样的象队，有些害怕。

忽都认真观察缅军象队，下令说："贼众我寡，当首先冲击大河北边的军队，等到河北军队一乱，乘势冲杀，可以败敌。"

于是，忽都将军队分成三队，他亲自率领二百八十一骑为一队，信苴日率领二百三十三骑傍河而阵为一队，脱罗脱孩率领一百八十七人依山进攻为一队。

当各队进入有利地形之后，忽都一声令下，与缅军冲杀起来。

元军善射，一排排箭支有计划地飞向象队，象队很快死伤过半，负伤者奔逃，散入林中，楼甲等一切战具尽毁。缅军狼狈败退。

信苴日率军追击三里多路，到达一寨门前，突然从南面涌出万余缅军，绕到元军背后，有形成前后夹击之危险。信苴日打马飞快返回忽都处，报告了这一消息，忽都认真分析了两军利弊，又把军人列为三阵，进至河岸，以骑兵快速出击，大败缅军，随后，乘胜追逐三十余里，连破十七寨。缅兵与象马自相蹂践，死者无数，装满三条大壕沟。

元军虽然受伤者较多，但死亡者极少，仅死了一个蒙古士兵。

随后，云南行省又派遣纳速剌丁率军三千八百四十余人征缅，兵至江头城，招降磨欲等三百余寨。

至元十七年（1280），纳速剌丁上奏说："缅国舆地形势都在我的眼中。原来奉旨，如果重庆诸郡平定。然后有事缅国。现在四川已经平定，请增加兵力征讨缅国。"忽必烈征求大臣们意见，皆谓缅国可伐。于是，忽必烈开始积极进行大规模征伐缅国的准备。

至元二十年（1283），忽必烈准备就绪，特命宗王相吾答儿、右丞太卜、参知政事也罕的斤等率领军队大举进攻缅国，相吾答儿派遣一军取道阿昔江，到达镇西阿禾江，顺流而下，主攻江头城，以切断缅军水路。

又遣一军从骠甸直驱其国，与另一支由罗碧甸进军的部队相会合，攻破江头城，接着又拔太公城。

元军进展顺利，建都及金齿十二部望风而降。缅王一看形势不好，遣使赴元营准备纳款请和，孟乃甸自衣头目裡塞则反对纳款，阻其道路，不准通行。缅王纳款请和之愿望落了空。

至元二十四年（1287），反对向元朝纳款请和的缅王庶子不速速古里囚系其父缅王，害死缅王嫡子三人，并杀死云南王所命朝官阿难答等。

忽必烈一听大怒，又以秃满带为都元帅、张万为副都元帅，辅助云南王也先帖木儿，再次进军缅国。云南王也先帖木儿与诸将报仇心切，中了缅军诱敌深入之计，进至蒲甘，为缅军伏兵偷袭，死亡七千余人。

缅军尽管小获胜利，但区区小国又怎敢长期与元朝大国为敌呢？于是乘机遣使向元朝谢罪纳款，表示愿意三年一贡。自此之后，缅国与元朝建立了朝贡关系，踏上了和平交往的道路。

南征爪哇中敌计

忽必烈即位以后，就不断派遣使者通好南海诸国，逐步同各国建立了友好往来关系。

在通好南海诸国时，忽必烈曾经派遣孟琪出使爪哇（爪哇国，古称阇婆或诃陵，元时改称爪哇），想让其臣服纳贡，但爪哇不愿意向元朝称臣，将孟琪刺面以后遣送归朝。

忽必烈见之大怒，他如何受得了这般侮辱，遂下决心用兵爪哇。

至元二十九年（1292），忽必烈命史弼、亦黑迷失、高兴等率领福建、江西、湖广三省兵二万，战船千艘，运载足支一年的口粮，大举征伐爪哇。

征伐爪哇大军带有"虎符十、金符四十、银符百、金衣段百端"，用

以奖赏作战有功人员。

亦黑迷失等人披挂整齐，向忽必烈辞行，忽必烈对他们说："卿等至爪哇，明告其国军民，朝廷初与爪哇通使往来交好，后刺诏使孟右丞之面，以此进讨。"

元军于十二月从泉州出发，远涉重洋，经万里石塘（东沙、中沙、西沙、南沙群岛）等地，至元三十年（1293）二月至爪哇杜并足，然后兵分两路以进，由史弼、孙参政率领都元帅那海、万户宁居仁等水军，从水路进军；由高兴、亦黑迷失率领都元帅郑镇国、万户脱欢等马步军，从陆路进军。两路大军约于入节涧相会。

这时，爪哇国王哈只葛达那加剌被邻国葛郎国王哈只葛当所杀，其婿土罕必阇耶为了复仇，率兵进攻葛郎国，不利。

罕必阇耶正在气恼之际，听说元军到来，便派遣使者出使元军，表示愿意归降，并奉献当地山川、户口及葛郎国地理等图籍，请求元军帮助攻打葛郎国。

元军兵不血刃，就使爪哇国投降了，于是元军马上答应了土罕必阇耶的请求，帮助爪哇兵打败了葛郎兵，一直追至葛郎国境，包围了葛郎的答哈城。葛郎国虽经力战，但仍然打不过元朝和爪哇的联军，万般无奈，只好出降。

葛郎国投降以后，土罕必阇耶借口回国准备贡品，趁机脱离元军，他带自己军队先行回国。其实，土罕必阇耶并不是真心投降元朝，只是迫于两面作战的不利形势，才假装投降元军，然后借助元军之力打败自己的仇敌。而当自己的仇敌被打败以后，土罕必阇耶又来对付元军。

他在归国途中号召士兵反元，设下埋伏乘元军不备，袭击元军归路。元军遭此突然袭击，还没有弄清楚是怎么回事，就被爪哇军队打败了。元军死伤惨重，难以再战，遂仓皇撤退，海行六十八日，回到泉州。

忽必烈听说征伐爪哇的军队失败而归，大失所望。处罚了史弼、亦黑迷失等人。曾想再次出兵征伐爪哇，但因年老体衰，终于没有出兵。

南海诸国尽招抚

元朝时期，南海地区分布许多国家，其中，主要有印度的马八儿、俱兰、须门那（孟买以北索帕拉）、僧急里（科达吉罗）、来来（古查提特），肯尼亚的马兰丹、那旺，苏门达腊的南无力（亚齐）、苏木都剌，马来西亚的丁呵儿（丁加奴）、急兰亦禈（吉兰丹）等。

其中，马八儿和俱兰影响最大。

两国分处在印度次大陆南部的东西两侧，马八儿在印度东海岸，临近孟加拉湾；俱兰在印度西海岸，面临阿拉伯海。

《元史·马八儿等国传》记载："海外诸蕃国，惟马八儿与俱兰足以纲领诸国，而俱兰又为马八儿后障，自泉州至其国约十万里。其国至阿不合大王（指伊利汗国）城，水陆得便风，约十五日可到，比余国最大。"

忽必烈即位以后，在遣使通好各国的同时，积极进行南海诸国的招抚

养正图卷

工作。

至元十五年（1278）八月，南宋基本灭亡，在此忽必烈形势下，开始实施招抚南海诸国的宏伟计划。

忽必烈以唆都行省事于泉州，负责"招谕南夷诸国"，特意诏告唆都和蒲寿庚等人说："诸蕃国列居东南岛屿者，皆有慕义之心，可因蕃舶诸人宣布朕意。诚能来朝，朕将宠礼之。其往来互市，各从所欲。"唆都等人奉玺书十通，招谕南海诸国。占城、马八儿等国俱奉表入贡，只有俱兰等国没有上表纳贡之举。

至元十六年（1279）十二月，为了招抚俱兰等国，忽必烈又派遣广东招讨司达鲁花赤杨庭璧出使俱兰。杨庭璧受任之后，乘船出海，于次年三月到达俱兰。俱兰国王必纳的见忽必烈遣使来招，喜忧参半，思虑再三，乃令其弟用回回字书写了回书，表示来年遣使入贡。

忽必烈见到俱兰回书，非常高兴，又任命哈撒儿海牙为俱兰国宣慰使，令其与杨庭璧再次出使俱兰。

至元十八年（1281），哈撒儿海牙和杨庭璧等人自泉州入海，中途遇风乏粮，于是改从马八儿借路而行。马八儿国宰相见元使来临，因说道："官人来此甚善，本国船到泉州时，官司亦尝慰劳，无以为报。今以何事至此？"杨庭璧等说明原因，表示希望通过马八儿，经陆路前往俱兰。马八儿宰相听说元使准备借路，乃托以不通为词。杨庭璧等人迷惑不解。后来才知道，当时马八儿与俱兰关系紧张，正在备战，因此不予借路。杨庭璧等人无奈，只好原路折回。

杨庭璧等人回国后向忽必烈汇报了情况，忽必烈又派杨庭璧率领使团第三次出使俱兰。因准备充分，故此次出使比较顺利，一行人于至元十九年（1282）二月到达俱兰，受到俱兰国王的优礼相待，表示愿意与元朝结好，正式向元朝称臣纳贡。

适逢也里可温兀咱儿撒里马及木速蛮主马合麻等也在俱兰，听说元使来到，"皆相率来告愿纳岁币，遣使入觐"。苏木达国也遣使通过俱兰向忽必烈臣服。其余小国听说俱兰向元朝纳款称藩，也表示愿意向元朝称臣，加强经济文化往来。于是，须门那、僧急里、南无力、马兰丹、那旺、丁呵儿、来来、急兰亦禋、苏木都剌等国都遣使入贡。此后，元朝同南海诸国的交往更加频繁了。

一十七载著奇书

忽必烈在东方先后发动了对日本、安南、占城、缅国、爪哇等国的战争，他的理想是统一东方，作一个整个东方的大皇帝。而对西方，但他知道隔着钦察和伊利汗国，已经没有办法征服其中任何一个国家，所以，元朝与西方各国采取了十分友好的态度，才能频繁同欧洲各国进行往来。忽必烈与欧洲各国友好往来，其中有一个举世瞩目的大事件，就是马可·波罗来中国。

马可·波罗，是意大利威尼斯人，著名的旅行家。他的父亲柯罗和叔父马菲奥，都是威尼斯巨商。还是在马可·波罗出生前不久，尼柯罗与其弟马菲奥就从威尼斯起程，他们要前往东方经商去了。

两人从君士坦丁堡渡黑海，经克里米亚半岛上的迷克克，之后辗转到了钦察汗国都城萨莱（今俄罗斯阿斯特拉罕附近），留住一年。

后来准备返国，恰逢钦察汗别儿哥与伊利汗旭烈兀发生战争，归路已不安全，他们索性东行，来到不花剌（今乌兹别克布哈拉），又在那里留居三年。后来遇到旭烈兀派往忽必烈处的使臣经过那里，便应邀与其一起东行。

约于至元二年（1265）到达上都（今内蒙古正蓝旗东闪电河北岸），忽必烈接见了他们，心里非常高兴，并询问了许多西方之事，"先询诸皇帝如何治理国土，如何断决狱讼，如何从事战争，如何处理庶务。复次询及诸国王宗王及其他男爵"。

"已而大汗详询关于故皇、教会及罗马诸事，并及拉丁人之一切风

俗。"忽必烈听了尼柯罗兄弟对西方的介绍以后，对方的奇闻逸事表示出了浓厚的兴趣，决定派遣使臣随同他们去西方观摩学习。同时，忽必烈还写了一封致罗马教皇的亲笔信，请求派遣一百名熟知基督教律、通晓七种艺术的教士到东方来，还要他们取回一些耶路撒冷圣墓长明灯的圣油。

途中，元使因病停留。尼柯罗兄弟持蒙古国书继续西行，至元六年（1269）到达地中海东岸阿克拉城（今海法北），适逢教皇死，新教皇未立，遂向教廷呈递了蒙古国书，而后回到威尼斯，尼柯罗第一次见到自己十五岁的儿子马可·波罗。

二年过去了，马可·波罗已经十七岁了，于是尼柯罗兄弟二人便携其元廷复命，他们先到阿克拉觐见新任教皇格雷戈里十世，教皇派两名教士随同他们东行。

随后，又到耶路撒冷取来圣油，与教皇派遣的教士尼古勒和吉岳木等正式踏上了东行的旅程。行至途中，两名教士畏难不前，将教皇致忽必烈

帕米尔高原

的书信和出使特许状委托给尼柯罗兄弟和马可·波罗以后，便折返而去。

于是，马可·波罗等三人取道伊利汗国境内，经过其都城桃里寺（今伊朗阿塞拜疆大不里士），至波斯湾口忽里模子，沿着古代"丝绸之路"，越过巴达哈伤高原和帕米尔高原，进入元朝辖境，跋山涉水，历尽艰险，终于在至元十二年（1275）来到上都，三人拜见了大元皇帝，向忽必烈复命。忽必烈非常高兴，热情地厚待他们，并让他们三人做了元朝的官吏。

三人之中，马可·波罗尤为出众，他聪明谨慎，擅长辞令，短时间内便学会了蒙古语言和骑射，颇得忽必烈的信任。马可·波罗除了在大都供职以外，还经常随从忽必烈巡幸上都，又多次受忽必烈委托巡视各地或出使占城、印度等地。

他到过陕西、四川、云南、河南、江浙等行省的许多地方，足迹遍于中国各地。从多次交往中，他知道他还曾奉忽必烈之命在扬州任职三年。

马可·波罗善解人意，忽必烈特别喜欢了解外地风土人情，每次出使或在外地任职回来，便将外地情况详细向忽必烈奏明。他这样做，让忽必烈很高兴，所以对其更加宠爱。就这样，马可·波罗在中国生活了十七年。

马可·波罗及其父、叔父长期居住中国，天长日久，滋生怀念故土之情，开始上书忽必烈，希望能恩准请求回国。

至元二十六年（1289），伊利汗阿鲁浑因元妃伯岳吾氏去世，派遣使者来元朝请求续娶其亡妻本部女子，忽必烈答应将伯岳吾氏贵族之女阔阔真嫁给伊利汗国阿鲁浑汗，并答应马可·波罗及其父、叔随同护送伊利汗妃阔阔真的使者回国。

当时，正值西北诸王叛乱，陆路很不安全，马可·波罗等人便随同送亲队伍，于至元二十八年（1291）由海路启程西行，在海上航行了两年多，历尽艰险，始到达波斯湾口的忽里模子。

这时，阿鲁浑汗已死，其弟亦邻真朵儿只（海合都）已经即位。

至元三十年（1293），马可·波罗和使者又奉亦邻真朵儿只之命，将阔阔真送到阿八哈耳，与阿鲁浑之子合赞成婚。

完成送亲任务以后，马可·波罗等三人从桃里寺动身回国，于元贞元年（1295）回到威尼斯。

1296年，马可·波罗参加威尼斯与热那亚的战争，在一次战斗中不幸被俘，他在狱中讲述了游历东方的见闻，引起热那亚人的极大兴趣。同狱的小说家鲁思梯切诺将他口述的内容笔录成游记一书，于1298年完成。

这部游记的最初版本是用中古时期法意混合语写成。后来人们争相传抄，相继被译成拉丁语、意大利各种方言和其他欧洲语言，由于涉及地域广，人员多，在传抄的过程中，原稿丢失已无从查找。现在流传下来的各种文抄本有一百四十多种。

1938年，摩勒和伯希和将英译本重新校订出版，题名为《马可·波罗寰宇记》，被认为是最好的本子。

其余译本或作《威尼斯市民马可·波罗的生活》《威尼斯人马可·波罗阁下关于东方各国奇事之书》《东方闻见录》《百万先生书》等，通常只称《马可·波罗行纪》。

中国先后出过四种汉文译本，以1954年冯承译《马可·波罗行纪》流通最广，影响最大。《马可·波罗行纪》共分四个部分，该书的第一部分描述马可·波罗东来之时所经过的一些国家，同时还详尽地记录了经过地方的风土人情和国家制度等；第二部分，记述了忽必烈时期的中国政事，描述了北京、西安、开封、南京、镇江、扬州、苏州、杭州、福州、泉州等名城的概况，特别对丰富的物产中国物产丰富和繁荣昌盛进行由衷的盛赞。

书中还介绍了中国驿站制度、常平仓制度和使用纸币、煤炭等，也记述了忽必烈同北方诸王的斗争以及阿合马等人理财、宫廷斗争的情况；第三部分，记载中国近邻的一些国家和地区的情况；第四部分，记述成吉思汗之后蒙古诸王汗国之间的战争和俄罗斯的概况。

马可·波罗关于中国的记述，包括忽必烈时期的事件、制度、地理、物产、风俗等等，基本上准确可信。当然，也有一些夸张的地方。

《马可·波罗行纪》向欧洲人展示了一个崭新的东方世界，被誉为"世界一大奇书"。特别是这部书对欧洲航海家和探险家来说真可谓是一部宝典，影响很大。哥伦布见到此书后，一直将其带在左右，他就是读了这部书以后，才知道东方有一个遍地都是黄灿灿的金子的地方——中国和日本。于是，哥伦布决心出海航行去寻找这个奇异的世界，结果在航行途中发现了新大陆。

马可·波罗对东方的介绍以及东西方经济文化交流的贡献举世公认，实际上，这一贡献是与忽必烈与西方中国友好交往，欢迎马可·波罗来华是分不开的。在某种意义上说，忽必烈比马可·波罗的贡献还要大。

第九章　齐家治国显大略

兼容百家重儒学

蒙古族族文化发展起步较慢，成吉思汗时期借用畏兀儿字母书写蒙古语言，创制了蒙古畏兀儿文字，可以供人们学习的文献太少了。

作为藩王的忽必烈虽然努力学会了畏兀儿蒙文，但仍然满足不了自己渴求知识的强烈愿望。

忽必烈开始向蒙古人以外的世界去探求更加广泛的知识。

刚开始初，忽必烈曾想了解传说中带有神秘色彩的佛法，他曾向海云禅师询问："佛法中有安天下之法否？"海云禅师建议他寻求安天下之法不要到佛法中去寻求。而要"求大贤硕儒，问以古今治乱兴亡之事"。

此后，忽必烈便开始到汉儒那儿寻求知识。他通过刘秉忠等人，招致了大量汉儒，每招致一位汉儒，都要让这位汉儒给自己讲授儒学文化知识。

通过汉儒，忽必烈发现汉文化高深莫测，博大精深，那里不仅有治国之方、为君之道、御人之术，也有为人之道、处世之方以及如阿处理家庭、邻里和社会关系的准则，等等。

可以说，举凡天上、地下和人间诸事，应有尽有。这种五彩缤纷的世界，忽必烈以前连听说都没有听说过。于是，他开始如饥似渴地学习。

忽必烈学习汉文化知识，主要内容是学习儒家经典。儒家思想主要讲修身、齐家、治国、平天下的道理，这些道理对忽必烈来说太重要了。

这样，忽必烈便让汉儒为他讲解儒家经典及历代治乱兴衰的历史经验和教训等，心甘情愿地当一名小学生。后来，忽必烈即位当了皇帝，也挤出时间听讲，并且持之以恒。

通过儒士介绍，忽必烈对《论语》《孟子》《大学》《中庸》《孝经》《尚书》《周易》《大学衍义》《春秋》《资治通鉴》等书都有所了解。汉文化书籍浩如烟海，忽必烈一时难以学完，为了便于掌握，忽必烈曾命商挺、姚枢、窦默、王鹗、杨果等人为他重新撰写了《五经要语》凡二十八类，作为读本。

中书左丞许衡，也曾"集唐虞以来嘉言善政，为书以进"。供忽必烈学习。为了吸取历史上治乱兴衰的经验和教训，忽必烈又令王磐、徐世隆、王鹗等人将金世宗时期的治国方略编成《大定治绩》一书，"以备乙夜之览"。

徐世隆将尧、舜、禹、汤为君之道德撰成书，由安藏译写以进。不忽木也曾书写《贞观政要》数十事，献给忽必烈。

忽必烈学习肯下功夫，他作为一个国王，日理万机，但一有闲暇就与身边大臣、儒士讨论历史上君主的为君之道和大臣们的为臣之道等，并令儒士为他讲解。

忽必烈常常将儒士请

秋舸清啸图

到自己的帐殿，"陈说古先帝王政治"，总是听得津津有味，忘记疲倦。忽必烈白天的时间十分有限，为了多学习一点儿知识，就利用晚间学习。

忽必烈在为藩王时，请王鹗等人"进讲《孝经》《书》《易》及齐家治国之道，古今事物之变，每夜分，乃罢"。即位以后，事务繁忙，更是学习到深夜，就是出征打仗，忽必烈也不因为军务繁忙而一时停止学习，比如，他率军征伐大理时，特命姚枢等人从行。

行军之余或是晚间姚枢为忽必烈讲解经书及古今治乱得失，姚枢曾经为忽必烈讲述了北宋太祖赵匡胤派遣曹彬攻取南唐不杀一人的事迹，第二天，忽必烈坐在马鞍上对姚枢说："你昨天晚上讲的曹彬不杀之事，我也能做到。"结果，忽必烈攻取大理，也没有滥杀。

忽必烈亲率大军平定阿里不哥叛乱时，也令贾居贞等人从行。一有闲暇，贾居贞等就为忽必烈讲说《资治通鉴》，"虽在军中，未尝废书"。赵璧用蒙古语译出《大学衍义》，经常在马背上为忽必烈讲解。这种废寝忘食的学习精神，在古代帝王当中是比较少见的。

因为忽必烈对学习历史上统治经验的重要意义有着充分的认识，学习十分努力，很快就掌握了历史上君主治理国家的事迹，其历史知识甚至于超过一般汉人。

比如，忽必烈招至赵孟頫以后，曾经问道："汝赵太祖孙耶？太宗孙耶？"赵孟頫回答道："臣太祖十一世孙。"忽必烈又问道："太祖行事，汝知之乎？"赵孟頫回答说不知。忽必烈接着说："太祖行事，多可取者，朕皆知之。"

许衡曾将上自唐虞，下讫辽金的历代帝王名谥、统系、岁年等编为课本教授国子学生，忽必烈曾经按其课本内容口试当时还是国子学学生的不忽木等。这些都可以说明，忽必烈并非是一般知道历史知识，而是相当精通。

忽必烈在学习汉文化知识时，主张理论联系实际，反对盲目乱学，他曾经说过，"汉人惟务课赋吟诗，将何用焉"，主张"通经书，学孔孟"，有益于治国。他所学的经书及历代统治经验，都是为他治国服务的。

因此，忽必烈在历代帝王之中，比较重视唐太宗、宋太祖和金世宗等人，在治国及为人行事等方面，有意仿效这几位名君。而对汉高祖刘邦，最初则不太在意，在焦养直讲到汉高祖时，忽必烈曾"诵所旧闻"。以其"起自侧微"而予以轻视，后经焦养直反复论辩，才逐步转变了对汉高祖的看法。

忽必烈勤奋好学，不但注重学习历史知识，也注重了解当时的社会实际，"欲见万里如在目睫，以决其几"。他曾经派遣贺胜等人"遍历吐蕃、云南、广海之地，往返观察。军旅所及，必得其情以归报"。马可·波罗出使各地以后，忽必烈也让他作以具体详细汇报，以便及时掌握全国各地情况。

因为忽必烈虚心好学，掌握了大量历史知识和现实情况，才能较好地将历史理论与现实实际结合起来，制定出比较切合实际的统治方针和政策，对于促进社会的稳定及发展，都起到了重要的作用。

知人善任选英才

在汉儒的帮助下以及自己亲身实践中，忽必烈十分清楚"人才乃治之本"和"天下治乱，系于用人"的道理，他非常相信成吉思汗说过的那句话"人主理天下，如右手持物，必资左手承之，然后能固"。因此，他特别重视选拔和任用帮助他治理天下的人才。

还是在身居藩邸的时候，忽必烈就认识到用人的重要性，他对唐太宗即位前在秦王府延揽了房玄龄、杜如晦、虞世南等一批人才，终于成就了一代盛唐伟业。忽必烈意欲仿效唐太宗，广泛招揽四方之士，为成就自己的一番帝业做好准备。因此，他思贤若渴，闻才即拜，不惜礼贤下士，广聘人才。

忽必烈见身披袈裟的刘秉忠足智多谋，很有学问，即把他留在自己的身边，后来令其还俗，为自己服务。

忽必烈听说赵璧有才，即遣使"召见，呼秀才而不名"。听说金朝进士李俊民是位贤才，便"以安车召之"。又听说金朝状元王鹗是人中之杰，即遣人召至漠北。至于"才器非常"的郝经、"有王佐略"的姚枢、以经术而知名的窦默、多才多艺的李冶、理学大师许衡、学优才赡的李昶、见识非凡的张德辉、金代文学泰斗元好问、聪明能干的张文谦等人，更是不能漏掉，千方百计地罗致而来。

正如李谦所描述的那样，忽必烈"始居潜邸，招集天下英俊，访问治道，一时贤士大夫，云令辐凑，争进所闻。迨中统至元之间，布列台阁，分任岳牧，蔚为一代名臣者不可胜纪"。

忽必烈即位以后，渴求贤士的精神仍然没有改变，他多次下诏征求人才，比如，至元十八年（1281），"诏求前代圣贤之后，儒医卜筮，通晓天文历数，并山林隐逸之士"。

至元二十八年（1291），"复诏求隐晦之士，俾有司具以名闻"，等等。

忽必烈闻听杨恭懿是位人才，不厌其烦，派人屡次诚心邀请，才请至京师，大有刘备三顾茅庐的味道。在忽必烈的倡导和真心真意求贤的感召下，其时，荐才、用才、惜才之风颇为盛行。

儒学和术数兼通的太子赞善王恂、很有大器的御史中丞程思廉、久著忠勤的户部尚书马亨、守正不阿的刑部尚书尚文、大科学家郭守敬、书画泰斗赵孟頫等人，都陆续被推荐入朝，并受到重用。

以往，人们在评论忽必烈用人时，常常认为忽必烈把人分为四等，实行民族歧视政策，用人极其不公。实际上，忽必烈用人并非完全区分民族和地域，只要有才和愿意为他服务者，他都加以利用。

比如，在他所任的著名人物之中，有蒙古族的伯颜、安童、完泽、哈喇哈孙、玉昔帖木儿等；有汉人刘秉忠、张文谦、董文炳、董文忠、董文用、史天泽、王文统、赵璧、张启元、商挺、杨果、李庭、郑制宜、汪惟和、贺惟一、范文虎、刘整、卢世荣等；有南人程钜夫、赵孟頫、叶李、留梦炎、王龙泽、余恁、万一鹗、张伯淳、孔洙、凌时中等；有色目人不忽木、廉希宪、赛典赤赡思丁、阿鲁浑萨理、阿合马、桑哥等；还有西夏世族高智耀、契丹宗室耶律铸、拂林人爱薛、西域造炮专家亦思马因和阿老瓦丁、尼泊尔建筑艺术家阿尼哥、意大利旅行家马可·波罗、西藏宗教领袖八思巴等。

在忽必烈任用南人程钜夫时，曾有人说"钜夫南人，且年少"，反对任用程钜夫。忽必烈一听大怒，说"汝未用南人，何以知南人不可用！自今省部台院，必参用南人"。

在任用赵孟頫时，也有人说赵孟頫是被元朝灭亡的南宋宗室，恐非与元人一心，不宜留在皇帝左右，忽必烈不听，照常任用。

忽必烈广泛任用五湖四海的各族人，说明忽必烈用人并非严格划分民族界限，而是看其是否有才及其对自己的忠心如何，只要符合这两条标准，他都大胆启用。

当然，也毋庸讳言，忽必烈把蒙古人放在首位，而把汉人和南人放在低于蒙古人的位置上，那是忽必烈害怕汉人和南人不能倾心辅佐他所致，事实上，忽必烈这种担心和畏惧也是必要的，完全可以理解。

忽必烈还能注意量才用人。刘秉忠曾经向他建议说："明君用人，如大臣用材，随其巨细长短，以施规矩绳墨。"忽必烈认为有道理，因此，特别注重利用人才的长处，以便分别发挥其作用。

比如，许衡等人深通儒家经典和历史上的治乱兴衰之理，但他们又有些流于空谈，不务实际，特别是对国家急需的理财问题一无所知，这样的人才就不是宰相之才，所以，当有人提出让许衡做宰相时，忽必烈不屑一顾。而让他去管理教育及备顾问，才是真正地发挥了许衡的长处。

忽必烈认为，宰相之才，需"明天道，察地理，尽人事，兼此三者，乃为称职"。他认为阿合马等人才可任宰相。

忽必烈传

阿合马等人善于理财，忽必烈就任用他们理财，以发挥其特长，这是正确的。但阿合马等人又有贪污受贿和大肆搜敛的短处，忽必烈未能及时加以限制，致使其理财失败。

以往，人们都认为忽必烈任用阿合马、卢世荣和桑哥是其失误，实际上，忽必烈也是量才使用。平心而论，阿合马、卢世荣和桑哥也确实是理财人才，忽必烈任用他们并没有错误，只是在使用过程中没有对其商人贪婪的一面加以限制而已，所以出现了难以弥补的损失。

忽必烈用人不搞绝对化，不因一时一事而随意废弃人才。阿合马理财时任用了大批人，其中有不少人是当世之才。阿合马被王著锤杀以后，其奸贪之事暴露，忽必烈对阿合马之党进行了惩处。

随后，卢世荣受任出来理财，卢世荣有意任用一些阿合马任用的人才，但害怕人们说他与阿合马同流合污，特上奏忽必烈说："天下能规运钱谷者，向日皆在阿合马之门，今籍录以为污滥，此岂可尽废。臣欲择其通才可用者，然惧有言臣用罪人。"

忽必烈很赞同阿合马所用之人"岂可尽废"的观点，同意任用阿合马时期的才能之士，回答说："何必言此，可用者用之"。桑哥理财失败以后，有人上书建议，斥退那些在桑哥得势时"为诗誉桑哥者"。忽必烈大为不悦，说"词臣何罪!使以誉桑哥为罪，则在廷诸臣，谁不誉之! 朕亦尝誉之矣"，坚持任用桑哥之党首恶

赵孟頫

分子以外的才能之士。

这种将阿合马、卢世荣、桑哥之党首从分开，不因一时一事而废弃人才的做法是正确的。无怪乎封建史家说忽必烈"度量弘广，知人善任"，忽必烈确实是一位具有政治家风度和雅量的伟大人物。

喜听忠言能纳谏

任何一位伟大英明的皇帝，仅靠一人的聪明和智慧，也难免有失误之处，因此，古人特别重视广开言路，把大臣进谏和皇帝纳谏看成是名君名臣的美德。忽必烈接触汉文化以后，也注重广开言路，集中众人的聪明才智，共同治理国家。他用历史上的名君为榜样，注意接受大臣们的建议和意见，成为历史上一个能纳谏的有名帝王。

忽必烈即位伊始，面临的是一个历经战乱、百废待兴的局面，一切都要从头做起。他急于思治，特召见张雄飞和江孝卿说："今任职者多非材，政事废弛，譬之大厦将倾，非良工不能扶，卿辈能任此乎？"江孝卿听了这话，摇摇头谢称"不敢当"。张雄飞则回答说："古有御史台，为天子耳目，凡政事得失，民间疾苦，皆得言；百官奸邪贪秽不职者，即纠劾之。如此，则纪纲举，天下治矣。"

忽必烈听后很高兴，马上创立御史台，以前丞相塔察儿为御史大夫、张雄飞为侍御史。忽必烈特意对他们说："卿等既为台官，职在直言，朕为汝君，苟所行未善，亦当极谏，况百官乎！汝宜知朕意。"

从此，忽必烈就将广开言路，纠正缺失的任务交给了御史台，以医治中书省、枢密院左右两手及谏阻皇帝缺失。继而，忽必烈又立诸道按察司及肃政廉访司等机构，以加强对地方的监察。

忽必烈曾经与李冶讨论历史和历史人物，忽必烈问李冶，魏徵何如？李冶回答说："魏徵忠言谠论，知无不言，以唐诤臣观之，徵为第一。"忽必烈又问："今之臣有如魏徵者乎？"李冶回答说："今以侧媚成风，

第九章　齐家治国显大略

283

欲求魏徵之贤，实难其人。"

李冶在明确指出，当时溜须拍马、阿谀逢迎成风，难以寻找像唐朝魏徵那样敢于犯颜直谏的人。窦默也曾向忽必烈指出："君有过举，臣当直言，都俞吁咈，古之所尚。今则不然，君曰可臣亦以为可，君曰否臣亦以为否，非善政也。"忽必烈看不惯这种阿谀逢迎之风，下决心予以扭转，真正打开言路，以便利国利民。

至元十四年（1277），王思廉为忽必烈讲读《资治通鉴》，讲了魏徵犯颜直谏的故事。王思廉说魏徵经常犯颜直谏，有一次，唐太宗很生气，回到后宫说，一定要杀掉魏徵。长孙皇后得知事情原委后，马上换上朝服向唐太宗进谏贺喜，说国有魏徵那样诤臣是皇帝之福，国家之福，只有皇帝虚心纳谏，大臣才敢犯颜直谏，这亦是皇帝英明的一种表现。唐太宗听了长孙皇后的话转怒为喜，与魏徵如初。忽必烈听了这个故事以后，让王思廉到皇后阁为后妃们讲演其说，也令大臣们都知道这个故事，目的就是要大臣们以魏徵为榜样，后妃们以长孙皇后为榜样，敢于进谏。他自己当然要以唐太宗为榜样，虚心纳谏。

有一次，忽必烈召见赵孟頫，问赵孟頫："叶李与留梦炎孰优？"赵孟頫回答说："梦炎，臣之父执，其人重厚，笃于自信，好谋而能断，有大臣器；叶李所读之书，臣皆读之，其所知所能，臣皆知之能之。"赵孟頫的意思是"梦炎优"。

忽必烈不以为然，说："梦炎在宋为状元，位至丞相，当贾似道遵误国罔上，梦炎依阿取容；叶李为布衣，乃伏阙上书，是贤于梦炎也。汝以梦炎父友，不敢斥言其非，可赋诗讥之。"忽必烈认为叶李贤于留梦炎，就是反对"依阿取容"之风，倡导广开言路、踊跃进谏之气。

为了扭转阿谀逢迎之风，忽必烈无处不表现出鼓励进谏的样子，而反对那些溜须拍马之人。某天，一位猎者不慎将忽必烈一鹘（猎鹰）丢失，忽必烈见丢了心爱的猎鹰非常生气。一位侍臣见状，从旁边大声说："宜加罪！"忽必烈对丢失猎鹰生气，而对别人的阿谀迎合更为生气，下令杖罚迎合的侍臣，而对丢失猎鹰的猎人则释而不问。

对那些敢于直言进谏的人，忽必烈都给予鼓励和表扬，比如，姚天福敢于"廷折权臣"，忽必烈很是欣赏，特赐名为"巴儿思"，"谓其不畏强悍，犹虎也"。

要扭转阿谀取媚之风，真正广开言路，光靠皇帝鼓励大臣们广泛进言是不够的，更为重要的是皇帝要有虚心纳谏的姿态。忽必烈在汉儒们的帮助下，逐步认识到了这一点。

忽必烈过饮马奶时，得了足疾，许国祯为忽必烈配制了草药，让他喝。忽必烈嫌"药味苦，却不服"。

许国祯劝道："古人有言，良药苦口利于病，忠言逆耳利于行。"忽必烈听了没有说什么，但还是没有服药。

后来，忽必烈足疾发作，再召许国祯诊视，忽必烈对许国祯说："不听汝言，果困斯疾。"许国祯回答说："良药苦口既知之矣，忠言逆耳愿留意焉。"劝忽必烈注意纳谏，忽必烈听后赠以七宝马鞍。

在这之后，忽必烈牢记"忠言逆耳"的话，对大臣们的进谏都能虚心接纳。

忽必烈受汉儒影响颇深，欲在宫廷中确立严密的等级礼仪秩序，曾对撒蛮说过："男女异路，古制也，况掖庭乎。礼不可不肃，汝其司之。"撒蛮受任之后，对宫廷人员按照"礼"的规定严格要求。有一次，近臣孛罗因受忽必烈之命匆匆出宫，行道失次。撒蛮"怨其违礼，执而囚之别室"。忽必烈等了好长时间，不见孛罗回来，询问原因，方知被囚，急令撒蛮释孛罗之罪。撒蛮遂进谏说："令自陛下出，陛下乃自违之，何以责臣下乎？"忽必烈听了这话深表赞许，说"卿言诚是也"。

还有一次，猎人亦不剌金狩猎时射兔，结果误中名驼，把名驼射死了，忽必烈一怒之下要杀死猎人。铁哥见状，进谏道："杀人偿畜，刑太重。"忽必烈猛然醒悟说："误耶，史官必书。"就把那个猎人放了。

伯撒王妃患了眼疾，一位医生用针灸治疗，因失误，把王妃的眼睛刺

瞎了。忽必烈大怒，要处死那位医生。许国祯听说后，进谏道："这位医生罪固当死，然原其情乃是恐怖失手所致。如果杀了他，以后谁还敢给王公贵族看病了？"忽必烈听了觉得许国祯说得对，特奖谕许国祯说："国祯之直，可做谏官。"

至元十四年（1277）七月，忽必烈巡幸上都，驻跸于察纳儿台之地，留守大都的耶律希亮赶来奏事，奏对完毕，董文忠询问大都近事。耶律希亮说："囹圄多囚耳"。

此时，忽必烈正倚枕而卧，听说大都监狱关了好多人，顿时从床上坐起，忙问原因。耶律希亮奏曰："近奉旨，汉人盗钞六文者杀，以是囚多。"忽必烈听了这话很是吃惊，忙问："谁传此圣旨？"中书省臣回答说："此旨实脱儿察所传。"

忽必烈就召来脱儿察询问原因。脱儿察奏曰："陛下在南坡时，以此旨语蒙古儿童。"忽必烈听了这话一下想起来了，说："前言戏耳，曷尝著为令式？"下令治了脱儿察乱传圣旨之罪。

耶律希亮奏道："令既出矣，已经在民间造成了影响，现在必须明其错误，以安民心。"忽必烈对耶律希亮的说法很赞同，立即派耶律希亮返回大都，谕旨中书省，明文收回先前所传圣旨。

元灭亡南宋之后，忽必烈为控制亡宋之人，意欲把江南宋朝宗室及豪族大姓迁移到北方。叶李听说后，进谏道："宋已归命，其民安于田里。今无故闻徙，必将疑惧，万一有奸人乘衅而起，非国之利也。"忽必烈听后立即消释了移民的打算。

至元二十一年（1284）春，右丞相和礼霍孙率百官奉玉册玉宝，为忽必烈上尊号曰"宪天述道仁文义武大光孝皇帝"，诸王百官朝贺，喜气洋洋。

忽必烈高兴之余想大赦天下。

张雄飞知道后就进谏说："古人言，无赦之国，其刑必平。故赦者，不平之政也。圣明在上，岂宜数赦！"忽必烈听了很高兴，赞誉张雄飞说："大猎而后见善射，集议而后知能言，汝所言者是，朕今从汝。"于是，只降轻刑之诏。

忽必烈要求臣下直言进谏，也能做到身体力行，勇于纳谏。有时大臣忤旨，他不接受进谏，但也不怪罪大臣，事情过后，仍加抚慰。比如，忽必烈准备征伐日本，王磐入谏曰："日本小夷，海道险远，胜之则不武，不胜则损威，臣以为勿伐便。"

忽必烈不听，而且还很生气。王磐见状很伤心，说："臣赤心为国，故敢以言，苟有他心，何为从叛乱之地，冒万死而来归乎？今臣年已八十，况无子嗣，他心欲何为耶？"

第二天，忽必烈消气以后，觉得自己昨日对王磐的态度很不好，就遣侍臣以温言抚慰，使无忧惧，又将内府珍玩碧玉宝枕赐予王磐。

又有一次，尚书参知政事何荣祖反对桑哥理算钱谷，多次在忽必烈面前请求罢之，忽必烈不从，他就进一步恳请，"至于忤旨不少屈"，最后僵到忽必烈下令，他也不在文书上签字。就是这样，忽必烈也没有惩罚何荣祖。后来，理算钱谷使人民深受其害，忽必烈又想起了何荣祖之言，下令停止理算。

忽必烈确实像他自己所说的那样："朕于廷臣有戆直忠言，未尝不悦

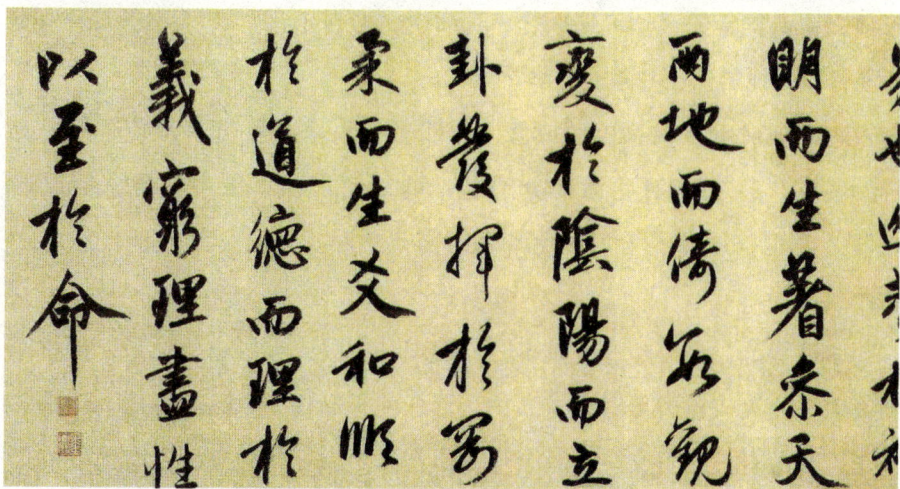

赵孟頫《褚遂良枯树赋》

而受之；违忤者，亦未尝加罪。盖欲养忠直，而退谀佞也"。直言者，均受到忽必烈的赞扬和重用。

在忽必烈的倡导下，阿谀逢迎之风有所改变，直言进谏的人越来越多了。

仁恕公正得人心

受儒家思想的影响，忽必烈逐渐形成了宽仁厚重的性格，与历史上那些性格暴躁、喜怒无常的皇帝相比，忽必烈的性格是比较温和的，他从不因喜悦和偏爱而赏赐一个无功者，也未曾因发怒乱杀一人。他对社会各个阶层的人物都具有一定的同情心，因此，特别在用刑上十分慎重。

忽必烈对管如德说："朕治天下，重人命，凡有罪者必令面对再四，果实也而后罪之，非如宋权奸擅权，书片纸数字即杀人也。汝但一心奉职，毋惧忌嫉之口。"

忽必烈是如此说的，也是如此做的。他在杀卢世荣和桑哥之前，都曾召集大臣和卢世荣、桑哥论辩，诸事落实之后，方才杀之。

桑哥当权，最受忽必烈爱幸之时，程钜夫曾上书弹劾桑哥，桑哥怒不可遏，羁留程钜夫，"奏请杀之，凡六奏，帝皆不许"。忽必烈未因为爱幸桑哥而按他的话去乱杀人。

忽必烈对宰臣说："朕或怒，有罪者使汝杀，汝勿杀，必迟回一二日乃复奏。"史家对此话十分感慨，谓"斯言也，虽古仁君，何以过之"。确实，忽必烈为了避免乱杀无辜，想尽了办法，其慎刑仁恕之例比比皆是。

李璮叛乱，忽必烈追究其事时，发现某些汉人曾同李璮往来，也意识到其中一些汉人极力反对蒙古人的统治，他控制住了自己的感情，只杀了与李璮叛乱有关的王文统，其余佯作不知，不做任何处理，没有把事情扩大化。

阿合马事件发生以后，他看到了其中汉人反对色目人以致反对蒙古统治的迹象，但他也没有把事情扩大，仅杀了王著、高和尚、张易等人，其余不加追究。

其后的卢世荣事件、桑哥事件，忽必烈处理得也很慎重，没有扩大化。就连南台御史上章请求忽必烈禅位于皇太子真金之事，忽必烈也未予深究。

实际上，忽必烈要弄清南台御史上章之事，不是很困难的，他不加深究就是不想把其事扩大，比较宽松地处理了似有发展成为政变的大事。

忽必烈在一些小事也体现出了慎刑的精神。比如，宋将刘整投降蒙元以后，宋朝荆湖制置使李庭芝为了离间刘整与蒙元的关系，特以金印牙符，授予刘整汉军都元帅、卢龙军节度使、晋封为燕郡王等官职。其书被永宁令得到，马上传送于朝，忽必烈令张易、姚枢了解其事。刘整亲自辨明于朝，说自己实在不知。忽必烈听了刘整的话，未加深究，仅让刘整复书李庭芝就算完事。忽必烈处理慎重得体，没有激起刘整之变，忠心耿耿地为元朝卖命。

某次，有位牧人盗割驼峰，忽必烈下令处死牧人。铁哥谏阻道："生割驼峰，实为残忍，但因此处死牧人，恐非陛下仁恕之心。"忽必烈听了，觉得铁哥说得对，用比较轻的刑罚处理了牧人。体现了忽必烈的轻刑和仁恕思想。

南宋灭亡之后，江南某些道观藏有宋朝皇帝画像，有位僧人与道士有矛盾，便将其事报告了朝廷。忽必烈初听其事，以为江南人民仍有造反之心，想处以重刑，但又有些犹豫，特以其事征求石天麟的意见，石天麟说："辽国灭亡以后，辽国皇帝和皇后的铜像在西京一直保存，至今仍然有之，未听说还有这方面的禁令。"忽必烈听后疑心顿释，对江南道观及人民保留宋朝皇帝画像等事一概不问。

忽必烈对朝廷中的大事和小事慎于用刑，主要基于儒家的仁恕思想，对人具有一定的同情心，就连对一般的老百姓也是这样，遇事处理得都比

较宽容。

比如，至元二年（1265），张弘范驻守大名（今河北大名），正值大水，许多村庄房舍皆被淹没，受灾的老百姓无力缴纳租税，张弘范遂自作主张，免除了老百姓的租税。

有人将其事上奏朝廷，忽必烈欲治其专擅之罪。张弘范请求入见，对忽必烈说："臣以为朝廷储小仓，不若储之大仓。"忽必烈听了这话，未明其意，问："何出此言？"张弘范回答道："今岁水潦不收，而必责民输，仓库虽实，而民死亡殆尽，明年租将安出？曷若活其民，使不致逃亡，则岁有恒收，非陛下大仓库乎！"

忽必烈听后觉得很有道理，说："知体，其勿问"。忽必烈赞同张弘范擅自免除民税的做法，体现了他的轻刑思想，也表现了忽必烈具有一些爱民、惜民之心。

节俭为上促兴邦

史家曾根据忽必烈相继任用阿合马、卢世荣和桑哥理财，对其提出异议，而批评他"嗜利"，实则不然，忽必烈注重理财是讲究功利之举，目的是让国家尽快富起来。忽必烈并没有把国家钱财据为己有，随意挥霍，而是时时从大局着眼，以节俭为上。

从元太祖成吉思汗以来，曾给予蒙古宗亲、大将、功臣以大量赏赐，忽必烈也未例外，也常赏赐功臣，被人们看成是一种浪费之举。

不过，忽必烈同窝阔台等大汗不同，他从未乱行赏赐，并且有一定节制。忽必烈并未滥加赏赐，所赏所赐者均为应该受赏受赐之人，起到了调动大臣将领积极性的作用。

忽必烈赏有劳而赐有功，但为了节约国家钱财，每次赏赐的数目都有一定限度，而不是无止境的随意乱赏。忽必烈治国能从节约的角度着眼，赏赐有一定节度，这对于节约国家钱财具有重要意义。

忽必烈在位期间也曾兴建土木工程，但他并未过分，主要是修建了两都。忽必烈修建两都务求豪华壮丽，在当时的情况下，对于宣扬国威、促进蒙古族的汉化都是必要的，并不是一种奢华之举，也不是一种不该花钱的浪费。

忽必烈在修建两都之时，曾经考虑到老百姓的承受能力，尽量不影响农业生产，在农闲时建造。

由于忽必烈注意到了老百姓的承受能力，尽量不误农时，所以，两都虽然修建的豪华壮丽，人们并没有感到负担过重，也未引起社会动荡。

尤其应该指出的是，忽必烈把两都修建的富丽堂皇，不是为了自己享受，而是作为国家的象征，从一开始就警惕自己贪图享受。他在大都即将修成之时，从漠北旧居移来青草一株，栽种于王宫丹墀之前，起名为"誓俭草"（或作"思俭草"），目的是让自己不忘"太祖创业艰难"，让"后世子孙知勤俭之节"。

忽必烈就是这样，以不忘祖先创业艰难之精神激励自己，始终保持艰苦奋斗的作风。至于忽必烈节俭到什么程度，根据时人及后人的部分记述，也可以看出一些蛛丝马迹。

时人王恽曾在奏书中说，忽必烈"临御以来，躬先俭素，思复淳风，如轻纨衣而贵绸缯，去金饰而朴鞍履。至衣服等物，销织镀呀之类，一切禁止"。

据说，忽必烈从不穿戴贵重华丽衣帽，衣服常常是补了又补。后来，忽必烈曾将自己穿过的衣服储于箱中，以教育子孙保持勤俭之节。史载，武宗曾与皇太后等设宴于大安阁，大安阁中有一"故箧"，不知何故，特问宦官李邦宁说："此何箧也？"李邦宁回答说："此世祖储裘带者。臣闻有圣训曰：'藏此以遗子孙，使见吾朴俭，可为华侈之戒。'"武宗听了大为感动，下令打开箱子观看，武宗见了世祖所用裘带，十分感叹地说："非卿言，朕安知之。"

当时，有位宗王在旁边，接着武宗的话茬儿说："世祖虽神圣，然

啬于财。"李邦宁听了不同意那位宗王所说的话，说道："不然。世祖一言，无不为后世法；一予夺，无不当功罪。且天下所入虽富，苟用不节，必致匮乏。自先朝以来，岁赋已不足用，又数会宗藩，资费无算，旦暮不给，必将横敛掊怨，岂美事耶。"武宗及皇太后听了深表赞同。

英宗也曾"御大安阁，见太祖、世祖遗衣皆以缣素木绵为之，重加补缀，嗟叹良久，谓侍臣曰：'祖宗创业艰难，服用节俭乃如此，朕焉敢顷刻忘之！'"据此，我们可以知道忽必烈的个人生活十分节俭，甚至达到了苛薄的程度。

忽必烈不仅自己生活检朴，对家人要求也十分严格。据史书记载，有一次，皇后察必曾于太府监支取缯帛表里各一，忽必烈知道以后，马上指责说："此军国所需，非私家物，后阿可得支？"察必皇后诚心接受批评，从此严格要求自己，勤俭自持。她率领宫中女工，执弓操弦，纺织丝绸，亲自裁制衣服。她还把宣徽院扔弃的羊皮捡回来，亲自动手缝成地毯。她见忽必烈戴着没有前檐的帽子，被太阳光刺激得眼花缭乱，便动手做了一顶有前檐的帽子，忽必烈戴上甚觉舒服，特下令推行全国。

皇后察必画像

察必皇后还亲自设计成一件前短后长，没有领袖的衣服，以方便骑马射箭。当时人见了，纷纷效仿，察必皇后所设计的衣服迅速风行全国。天子之重，后妃之荣，一缯之微，都不私用，实属罕见。皇后为天下之母，亲执女工，勤俭持家，历史上也很少见。忽必烈不仅对后妃要求严格，对子孙们的生活要求也很严格。有一次，太子真金有病，忽必烈前往探视，看到床上铺有织金卧褥，以为真金生活奢侈，十分生气地对真金妻子阔阔真说：我总以为你最贤淑，为什么奢华若此呢？阔阔真听后，十分惶恐，急忙跪下解释说："常时不曾敢用，今为太子病，恐有湿气，因用之。"说罢，立即撤去。忽必烈对家人要求如此严格，生活如此检仆，实属难能可贵。

忽必烈不仅对个人的小家要求严格，朴素如初，就是对整个国家的大家也是处处精打细算，从不浪费。

史载，英宗即位以后的第一个元夕，英宗有意庆贺一番，"欲于内庭张灯为鳌山"。参议中书省事张养浩听说其事以后，即上疏左丞相拜住进行劝谏，疏中说："世祖临御三十余年，每值元夕，闾阎之间，灯火亦禁；况阙庭之严，宫掖之邃，尤当戒慎。今灯山之构，臣以为所玩者小，所系者大；所乐者浅，所患者深。伏愿以崇俭虑远为法，以喜奢乐近为戒。"

拜住接到张养浩的上疏以后，立即袖其疏入谏英宗，英宗看了张养浩的上疏，最初大怒，即而转怒为喜，按照张养浩的建议，撤掉了张灯之令。

从张养浩的上疏中可以知道，世祖忽必烈为了节约，禁止搞张灯结彩等娱乐活动。

《元史》中还记载，忽必烈"敕宫烛毋彩绘"，又敕"鞍、靴、箭镞等物，自今不得以黄金为饰"。

至元二十九年（1292），"回回人忽不木思售大珠，帝以无用却之"。从这里可看出，忽必烈对各种不必要的浪费部是反对的。

总之，忽必烈的俭朴，为终元一代的皇帝和大臣奉为楷模，皇帝以忽必烈为榜样，大臣劝谏也举忽必烈的例子，均以忽必烈为法。其实，忽必烈的俭朴在历代帝王中也是极少见的，堪称历朝历代皇帝的楷模。

伉俪情深助治国

蒙古民族实行一夫多妻制，故此，忽必烈也拥有很多后妃。

忽必烈究竟有多少位后妃，因史书没有明确记载，已无从查考。但有一点是清楚的，忽必烈仍然沿袭旧制，在众多妃嫔之中确立四人为正妇，分别称为第一皇后、第二皇后、第三皇后、第四皇后，按照成吉思汗以来的制度。分处于四个斡耳朵（意为宫帐、后宫、宫室）。成吉思汗以来，于四部落中选拔皇后，故以四斡耳朵居之。

那时，四斡耳朵相距甚远，蒙古族又以游牧经济为主，经常游动，所以，大汗基本上按季节分驻于各斡耳朵中。忽必烈时期，已经从游牧经济转向定居的农业经济，因此，不需要按季分别驻于四斡耳朵，但四斡耳朵在形式上仍然保留下来，四斡耳朵的距离也不那么远了。

四斡耳朵之正妇，虽然都位列皇后，但地位不等，只有第一皇后所生之子才有继承皇位的权力，如果第一皇后无子，则帝位属于第二皇后之子，依此类推。

由于成吉思汗妻（忽必烈祖母）孛儿帖出自蒙古弘吉剌部，忽必烈的后妃也多在弘吉剌部选拔。从马可·波罗记载的资料可知弘吉剌部"其人甚美"，四皇后以外，忽必烈还要在弘吉剌部选拔大量妃嫔。

据说，每年大汗都要派遣使者到弘吉剌部选择美女。使者到达弘吉剌部以后，召集各家室女前来，逐一审视，检查其肤、发、面、眼、口、唇等部位是否与全身相称，然后用打分的办法定出等次，有得十六分、十七分、十八分或二十分者，只有获得二十分以上者，才会被选中，进入后宫。

进入后宫的美女在进献大汗之前，还要根据美丑等再选拔一次，以得分最高者三四十人为帝室侍女。每人各以宫中老妇一人审查，与其共寝一床，审视该女有无隐疾，肢体有无缺点，卧后有无鼾声，气息有无恶臭，身上是否毫无秽气，等等。

审查通过以后，分六人为一班，轮番侍奉大汗，每班侍奉大汗三日三夜，期满改由他班侍奉，如此轮班。周而复始。当一班在大汗室内服务时，另一班要在邻室服务，如果大汗欲从外间取物，如取饮食之类，则由大汗室内当班的妃嫔命邻室的妃嫔预备。

至于那些进入后宫、得分稍低、再次选拔被淘汰的美女，则与大汗的其他侍女同居于宫中，学习女工等事。如有某位贵族愿意娶其为妻，大汗则厚给妆奁以嫁之。

忽必烈虽然后妃甚多，但最宠爱者是第一皇后察必。察必出自弘吉剌部，人长得漂亮，聪明有智略，通情达理。不但帮助忽必烈统率后宫、料理家务，而且在政治上帮助忽必烈"鼎新革故"，立下了不可磨灭的功勋。

1259年，忽必烈奉蒙哥之命率兵进攻南宋鄂州，察必留守开平一带。蒙哥死在四川军中，留守漠北的阿里不哥加紧活动，图谋夺取汗位，他派遣阿兰答儿发兵漠北，进驻漠南。

当阿兰答儿进军至开平百余里时，察必得知了这一情况，立即遣使去责问阿兰答儿说："发兵大事，太祖皇帝曾孙真金在此，何故不令知之？"阿兰答儿支支吾吾，察必觉察其中有诈，经过了解，掌握了阿里不哥图谋夺取汗位的阴谋，马上派遣亲信大臣太丑台也若赶赴忽必烈军中报信，促使忽必烈下定决心北返，为忽必烈夺取汗位立了头功。

以游牧见长的蒙古族，最初不知道农业生产的重要，不重视农业生产，在忽必烈定都大都以后，四怯薛官仍然请求割取京师城外的一块土地作为牧场，忽必烈已经应允，臣僚正在画图呈进。

察必听说其事以后立即去见忽必烈，准备进谏。她看到汉人刘秉忠在场，巧妙地假装谴责刘秉忠说："你是汉人中知书达礼的人，你的话皇帝最喜欢听，现在有人请求把农田变为牧场，你为什么不谏？如果说我们初

入中原定都时，留下一块地牧马也就罢了，现在老百姓都已在农田上安居乐业，如果再把他们的农田夺下来，让他们流离失所，怎么可以呢？"忽必烈听了察必的话，立即收回了批准之令，保证了农业生产的正常发展。

至元十三年（1276），忽必烈灭亡南宋，虏获南宋幼主恭帝和谢、全太后等北归，为了庆祝胜利，忽必烈大摆筵宴，朝廷内外一片欢歌笑语，喜气洋洋，唯独皇后察必未露一点儿喜悦颜色。

忽必烈见皇后不太高兴十分纳闷，特问道："我现在已经平定了江南，从此以后，天下太平，再也不用打仗了，大家都欢乐异常，你为什么不高兴呢？"

察必急忙跪下说道："我听说自古以来没有千岁之国，今天南宋皇帝成了我们的阶下囚，但愿我们的子孙不要落到这步天地，那就万幸了。"

察必以"前事不忘后事之师"的道理，劝诫忽必烈不要被胜利冲昏头脑，认真治理国家，以保证帝位长久流传下去，子孙永享富贵。见识确非一般。忽必烈曾将南宋府库故物聚置殿廷之上，召唤察必观看，察必看后立即离去。

忽必烈不明其意，特遣宦官追问，想要什么。察必回答说："宋人储蓄此物是为了留给子孙，其子孙不能守，而归于我，我何忍取一物耶！"作为一位蒙古族妇女，在大家欢庆胜利之时，能考虑到国家的长远利益，说出上面一番话来，实在令人敬佩。

察必就是这样，事事以国家大局为重，处处从国家长远利益着想，不但帮助忽必烈治理国家，也把后宫和家庭治理得井井有条。她亲自带领宫中女工演练女红，亲自执弓操弦，纺织丝绸，缝制衣服，勤俭持家，成为忽必烈最为得力的贤内助。足见，忽必烈宠爱察必，不是把她看成玩物，而是看成政治和生活中的终身伴侣。

至元十八年（1281），察必死亡，忽必烈非常悲伤。接着纳南必为第一皇后。忽必烈与南必关系如何，史书少有记载。人们只知道忽必烈年老之时南必参与政事，为当时大臣和后人所不满。

治家有方严教子

忽必烈曾经说"孔子言三纲五常。人能自治，而后能治人；能齐家，而后能治国"，因此，忽必烈治家一直很严格。

忽必烈有十二个儿子，其中，察必皇后生有四个儿子，即长子朵儿只，早死；次子真金以次为长。1261年被封为燕王，1273年被立为皇太子；三子忙哥剌，1272年被封为安西王，镇守长安，1273年进封为秦王，1280年死；四子那木罕，1265年受封为北平王，1282年改封为北安王，先镇阿力麻里，后改镇漠北。忽鲁黑臣哈敦（哈敦，意为后妃）生子一人，名忽里带。朵儿别真哈敦生子二人，长子忽哥赤，1268年封为云南王，镇守云南，1271年死亡；二子奥鲁赤，一二六九年封为西平王，镇守吐蕃等地。许慎真哈敦生子二人，长子爱牙赤，曾镇守兀剌海；次子阔阔出，1284年封为宁远王，1307年晋封为宁王，曾镇守西北。不知何人所生的忽都鲁帖木儿，年仅二十岁就死了。巴牙兀真哈敦生子一人，名脱欢，1284年封为镇南王，初镇湖广，后改镇扬州。南必哈敦生子一人，《史集》谓不知名字，据《元史·南必皇后传》可知其名字为铁蔑赤。

《元史》卷一百零七《宗室世系表》说世祖忽必烈有十子，加上《南必皇后

秀野轩图卷

传》所记铁蔑赤，共为十一子，与《史集》所记相比较，少了忽鲁黑臣皇后所生忽里带一子。

《史集》与《元史》所记，均为忽必烈皇后所生，大约忽鲁黑臣皇后后来被废黜，所以《元史》未能计算在内。《多桑蒙古史》亦谓忽必烈十二子，《马可·波罗行纪》说忽必烈皇后生有"二十二"子，"二十二"当为"一十二"之误。

此外，《马可·波罗行纪》说忽必烈还有"二十五子"，为妃嫔所出。至于忽必烈到底有多少儿子已无从考证。

忽必烈对儿子们的教育和要求十分严格。早在身居藩邸时，忽必烈就挑选汉人儒士姚枢、窦默、李德辉、董文用、王恂、李谦等为诸子的教师，或充诸子伴读，让他们从小就接受儒家思想教育，逐步懂得做人的准则和治理国家的道理。真金等人学习十分刻苦，很快就成了儒学的忠实信徒。

忽必烈教育儿女们要有仁恕之心，不能随意勒索老百姓。据《史集》记载，忽必烈把哈喇章地区赐予六子忽哥赤作为营地。一次，忽哥赤从一个村庄额外多取了一些野禽，忽必烈知道其事以后十分生气，下令"责打了他七十棍，把他的臀部打得皮肉模糊"。此后，忽必烈的儿子们再也不敢依仗皇帝的势力随意勒索了。

忽必烈经常教育儿孙们不要沾染上恶习，要养成良好的生活习惯。据《史集》记载，忽必烈的孙子（真金之子）铁穆耳从小就喜欢喝酒，逐渐成了一个酒鬼。

忽必烈经常规劝和责备他，铁穆耳还是不改，以至忽必烈用棍子打过他三次，又派一些护卫盯着他，不给他酒喝。铁穆耳馋酒馋得要命，后来同一个自称擅长炼金术和魔法的不花刺人里咱混到一起，里咱是一个很不正派的人，经常和铁穆耳偷偷地饮酒。

里咱为了躲过卫士和暗探的监视，让铁穆耳到澡堂去洗澡，又让澡堂的管理人员"偷偷地用酒代替水灌到水道中，通过管子放进浴池内，他们便喝到了酒"。

后来，铁穆耳与里咱在澡堂偷偷喝酒的事被看守发现了。看守报告了忽必烈，忽必烈大怒，强行把铁穆耳和里咱分开，并派人暗中将里咱杀掉。在忽必烈的管教下铁穆耳的嗜酒恶习逐步得到了控制。后来，铁穆耳当了皇帝，想到忽必烈的教诲，彻底戒了酒。

忽必烈处处以国家大局为重，不让儿子们生活奢侈，也不把他们留在京师享清福，总是把他们派到国家最需要、最为艰苦的地方去，让他们为国效力。

比如，他让儿子那木罕和阔阔出率军去平定海都叛乱，当时，与海都作战，不但最为艰苦，也最为危险，随时都可能丧失生命。忽必烈并没有考虑到儿子的安危，让他们长期防守边疆，连续同海都作战，后因昔里吉叛乱，被俘送钦察汗国的忙哥帖木儿处。后来，虽然被释放，但受尽了折磨和痛苦的煎熬。

第六个儿子忽哥赤也被派到云南。当时，云南刚刚平定，人心不稳，抚定工作十分艰苦且危险。忽哥赤到达云南，与张立道一起，积极工作，取得不少成绩。

但云南三十七部都元帅宝合丁心怀异志，忌刻忽哥赤来云南称王，蓄谋加以杀害。一次，宝合丁诡称设宴招待忽哥赤。在酒中秘密下了毒药，贿赂上下，无使泄其事。

后来，张立道知道了这件事，立即前住求见，当时，忽哥赤正和宝合丁等人宴饮，守门人坚决不让张立道入内，张立道与之大声抗争。忽哥赤听到张立道的声音，使人召入。

张立道揭露了宝合丁的阴谋，并说酒中有毒。忽哥赤赶忙将手探入口中，欲使所饮酒食吐出来，然而，为时已晚，口腔中肌肉已经腐烂，当天晚上，忽哥赤就离开了人世。

忽必烈听说忽哥赤被害以后十分悲痛，仍然没有改变让皇子到最艰苦的地方去磨炼的做法。忽必烈发动征南之役，又让儿子脱欢率军去承担这

一既艰苦又危险的任务。脱欢虽然尽了力，但最终还是失败了，忽必烈大怒，责令其改镇扬州，终身不许入觐。

忽必烈又让七子奥鲁赤镇守吐蕃，也甚艰苦。此外，忽必烈又曾让真金"抚军称海"，让爱牙赤参加讨伐乃颜叛乱等。

从有关史料可看出，忽必烈除了将真金大部分时间留在自己身边以外，其余儿子大多没有留在繁华的京师，而是派到国家最需要的、最为艰苦的地方去。可以说，忽必烈为了国家的前途和发展，贡献了自己的全部亲人。这种不让自己的子孙在繁华的都市享清福、不让他们奢侈腐化的做法，十分难能可贵。正如他自己所说的那样，"能齐家，而后能治国"，忽必烈把国家治理得较好，是与他的"齐家"有着很大关系。

第十章 千秋功罪任评说

至元三十年（1293），忽必烈在繁重的内政和外交的操劳下体力不支，病倒了。

大臣们为他请来朝廷御医和各地名医，百般调治，仍然不见其好，相反越来越重。转至至元三十一年（1294）元旦，老百姓都欢欢喜喜过春节，可宫中却显得格外萧条，好像没有心思过春节似的，原因就是因为忽必烈的病情进一步恶化了。

忽必烈辛劳一生，每天都接见大臣，讨论国家大事，这时，开始不接见大臣了，规定，"非国人勋旧不得入卧内"，唯独不忽木例外，忽必烈不让他倾刻离开身边，每天帮助他吃药，病情稍好时则陪他聊天。

这期间，忽必烈大概想了许多许多。

忽必烈从即位那一年开始就宣布要"鼎新革故，务一万方"。确实，鼎新革故和务一万方就是忽必烈一生中做的两件大事，这两件大事，既有成功，也有遗憾。

从"鼎新革故"方面来看，忽必烈进入中原以后，毅然抛弃蒙古旧俗，悉心学习汉族文化，也吸收了不少色目文化，大胆进行社会改革，确立一套对蒙古人来说完全是一种全新的制度，有力地促进了经济文化的发展，应该说，这是忽必烈改革的成功之处。然而，忽必烈杂糅诸法，又引起了各法之间的矛盾和冲突。

忽必烈完全任用义理派帮助他管理国家，对全国的思想控制和社会的稳定确有好处，可义理派却不能帮助他解决政府的财政需求；完全利用功利派，确可帮助他解决政计的财政危机，但这些功利派人物在管理国家财

政时，常常把国家的钱财管到自己的腰包里去了，再加上加重对老百姓剥削，引起社会动荡，朝廷一直得不到安宁。

忽必烈意识到这一问题，本想在义理派和功利派之间走同一条新的路子来，然而，两派针锋相对，势同水火，没有办法创出新的路子，只好回复到仁义治国的道路上来。以仁义治国，确实有利于社会稳定，但国家财政亏空问题始终得不到解决，成了忽必烈十分挠头的问题。忽必烈本想继续探讨，以解决这个难题，但时间对他这位老人来说，已经不允许了，完全成了他的未竟之业。

从"务一万方"方面来看，忽必烈即位以后，就把"统一"当成了自己的奋斗目标，他运筹帷幄，不断调兵遣将，终于灭掉了南宋，抵制了北方诸王的进攻，实现了全国的大统一，这是他感到十分欣慰的事。

然而，忽必烈"务一万方"，并非是仅仅统一全中国，而是要统一整个亚洲，因此，他在灭宋以后，不断对日本、安南、占城、缅国、爪哇等国发动战争，也不断调兵遣将，试图平定北方诸王的叛乱，不让他们从中国分裂出去，这是对人。也正由于忽必烈的不断进攻，才基本上解决了北方诸王的叛乱问题，这是忽必烈的一大功绩。

但是，北方诸王的搔扰问题并没有最终解决，也成了忽必烈的未

汝钧釉双耳三足炉

竟之业。至于进攻日本、安南等国，最后都以失败而告终，忽必烈想统一整个亚洲成了泡影，不能不感到遗憾。然而，他哪里知道，发动统一的国内战争会得到人们的支持，而发动对国外各国的斗争，劳民伤财，人民纷纷反对，再加远隔海洋，元军不善于水上行军和作战，最后都失败了。

事实雄辩地说明，忽必烈要在东方称霸，其路不通，只有与各国友好交往，才是最佳选择。但是，当时的忽必烈却无法认识到这一点，躺在病床上还感到遗憾，把没有征服日本、安南等国当成了他的未竟之业。

就这样，忽必烈带着几分欣慰和几分惆怅，于至元三十一年（1294）正月二十二日午夜离开了人世。忽必烈在临死之前，特将一块白璧赠予不忽木，说："他日持此以见朕也。"忽必烈晚年对不忽木十分重视，充分反映了忽必烈又重新回到以仁治国的轨道上来。

忽必烈死后，遗体按照蒙古国礼，殡殓于萧墙之帐殿。二十四日早发灵，由健德门北去，葬于漠北起辇谷祖陵。

忽必烈生前将太子宝授给皇孙铁穆耳，说明忽必烈已经选择了皇位继承人，但按照蒙古国的规定，只有通过忽里台选举方能生效。于是，铁穆耳的长兄甘麻剌也出来争夺汗位。聪明能干的阔阔真利用甘麻剌患有口吃病的弱点，让铁穆耳和甘麻剌在忽里台上讲诵成吉思汗的必里克。由于铁穆耳口才极好，再加上伯颜、玉昔帖木儿、不忽木等人的支持，铁穆耳顺利登上汗位，是为成宗。

成宗铁穆耳即位以后，为忽必烈上尊谥为圣德神功文武皇帝，庙号世祖，蒙语尊称"薛禅（意为贤者）皇帝"。

自古英雄多盖棺论定，忽必烈死后，许多史学家对其众说纷纭，评说种种。

蒙古族是个兴起稍晚的民族，它没有汉族那样历史悠久，蒙古初兴之时，政治、经济、文化同汉族比较起来相对落后一些。忽必烈作为蒙古民族的一个代表人物，初入中原，接触到汉民族的先进文明，一切都觉新奇，于是下决心努力向先进学习。

于是，"思大有为于天下"的藩王忽必烈，在漠北藩邸就开始大量征召汉人儒士，受任管理漠南以后，创建"金莲川幕府"，虚心向汉族文人学习先进的汉文化及修身、齐家、治国、平天下的道理，成为当时汉化最深的一个藩王。

在吸收汉文化的基础上，忽必烈充分认识到学习先进文明、改革蒙古旧俗的重要性和迫切性，因此，他在即位的当年就表示要"鼎新革故"，至元元年（1264）在改元"至元"的诏书里再次宣布要"鼎新革故"。"鼎新革故"就是要建立新的，革除旧的。

在建立新的过程中，忽必烈认识到当时的汉族文明是最先进的文明，但其他各族也有值得学习的地方，应该学习各族的先进经验。

在革除旧的过程中，忽必烈认识到本民族的东西并非需要全部革除，只需要革除那些落后的东西，而保留那些带有本民族特色的东西，或者有些东西需要革除，但由于时间和条件的限制，不宜马上革除，这些东西也需要暂时保留。

基于上述认识，忽必烈在学习以汉族为主的各族文化中，建立起一套自己的全新的统治体系，为中华民族的发展做出了重要贡献。

在政治方面，忽必烈在学习汉族文化和其他各族文化的基础上，确立了一套对于蒙古来说完全是一种全新的政治体制和统治秩序。

他在中央设置了中书省，作为全国最高行政机构，最后完成了中国中央行政机构从三省制向一省制的转变。在地方设置行中书省，开创了我国地方省制之先。

这些行政机构的设置，对中原地区的汉法来说，也是一种革新和发展。

忽必烈改变了过去那种列土分封的旧法，削夺藩王权力，变贵族封地为赐田，使原来的分封贵族成了一般地主，有效地加强了中央集权。

忽必烈又制定了刑法，建立台阁，制定官员的管理和考核办法，加强了对官员的管理。他广开言路，注意对人才的选拔，严禁官吏贪污受贿，并要求官吏治有政绩，奖勤罚懒，有效地提高了工作效率，保证了当时的政治清明。

在经济方面，忽必烈确立了重农和重视工商业的政策，一改原来蒙古的游牧经济，积极发展农业经济。他设立劝农机构，以对农业生产的勤惰来考核地方官吏；禁止杀戮人口和掠民为奴；禁止以民田为牧地；禁止扰民和破坏禾稼桑枣；禁止屠杀马牛；劝诱百姓，开垦田土；大规模实行屯田；立都水监和河渠司发展水利；安集百姓，招诱逃亡；减免赋税和地租，为困难地区发放耕牛、农具、种子和衣食；注意总结农业生产经验，推广农业科学技术；建立村社组织，互助生产等。

基本上解决了蒙古贵族旧有的统治方式与中原地区较为先进的农业生产力之间的矛盾，适应了中原地区的农业发展。

其中，设立劝农机构、由政府组织人力编写农业科学著作以及边疆地区的开发等，都不是简单地适应中原汉法的问题，而是对汉法的创新和发展。极大地促进了农业生产的进步，出现了"户口增，田野辟"的景象。

在手工业生产中，忽必烈注意搜集工匠，将优秀工匠集中起来生产，有利于发挥他们的特长。

在商业生产中，忽必烈学习中亚西域人的经验，先后设立诸位斡脱总管府、斡脱所、斡脱总管府等机构，负责经商，又发行中统和至元宝钞，改革币制，促进了元朝的商业发展。

忽必烈在理财过程中，反对空谈仁义，重视功利，先后任川阿合马、卢世荣、桑哥等人理财，虽然存在一些问题，但对当时的经济发展来说，也不能说没有一点儿进步作用。

在思想文化方面，忽必烈实行了兼容并蓄政策，虽然主张以儒家思想为主，又注意吸收西方文化，允许佛教、道教、基督教、伊斯兰教、摩尼教、婆罗门教、犹太教等自由发展。

忽必烈大力倡导发展科技文化，促使元曲走向繁荣并发展到最高峰，成为中国文学史上的一朵美丽的、争奇斗艳的鲜花。忽必烈注重蒙古民族

文化的发展，不但设置蒙古国子学，发展蒙古民族教育，还令八思巴创制蒙古新字，使文化发展较晚的蒙古民族迅速赶上来。

在忽必烈的倡导下，科学研究也呈现出欣欣向荣的景象，郭守敬等人创制的天文仪器及《授时历》非常先进，在当时世界上独占鳌头。忽必烈令都实考察黄河河源。这在历中上也是第一次，具有十分重要的意义。

在军事制度方面，忽必烈在四怯薛轮番入卫的基础上确立了中央的宿卫制度，又将蒙古军、探马赤军、汉军、新附军等镇戍军布防四方，国家保有势力雄厚的常备军。

忽必烈所建立的军队，有骑兵、步兵、水兵、炮兵等，兵种齐全，兵役制度及军队指挥别具特色，实际上是在蒙古军事制度的基础上吸收了金宋的军事思想和制度而形成的一种混合制度。

特别是忽必烈在窝阔台以来建立驿站的基础上确立的军事通讯信制，在当时世界上最为先进。后来，驿站不仅用于军事，也成了全国各地以至中西交往的重要交通线，为各地政治、经济和文化的交流和发展也做出了重要贡献。

在"务一万方"方面，忽必烈即位以后，就把统一东方当成了自己的奋斗目标。他不失时机地发动了灭宋战争，统一了全国，确立了"北逾阴山，西极流沙，东尽辽左，南越海表"的疆域，奠定了中国多民族统一国家的疆域基础，结束了五代以来长达三百余年几个政权分立的割据状态。

在全国大统一的形势下，忽必烈加强了对西藏、云南、台湾、东北、西北和岭北等边疆地区的管辖，促进了内地和边疆地区的政治、经济和文化联系，促进了边疆地区的进一步开发和民族融合，在中华民族发展史上占有极其重要的地位。

忽必烈在统一全国的同时及其以后的一段时间里，又发动了对高丽、日本、安南、占城、缅国、爪哇等国的战争，忽必烈在当时虽然没有明确的国界观念，把对这些国家的战争看成是灭宋的继续和"务一万方"的一个步骤，但这些国家早已走上了独立发展的道路，再对他们用兵，无异带

忽必烈汗夏宫

有侵略性质。

忽必烈在对外用兵失败以后认识到了自己的错误，重新和这些国家建立正常的外交关系，与他们联姻，加强政治、经济和文化往来，有力地促进了中国同东亚、东南亚、南亚和东北亚各国的文化交流。忽必烈同西方各国始终维持和好关系，通过钦察汗国和伊利汗国大力加强中西的政治、经济和文化往来，马可·波罗来华成为轰动世界的盛事，对中西方人民的相互了解做出了极其重要的贡献。

忽必烈在治国期间，没有固守蒙古旧习，也没有走全盘汉化的道路，而是在学习各族文化的基础上，确立了以汉法为主体、同时吸收其他各族法、又保有一些本民族特色的统治制度和措施，这种不固守某一民族的文化、注意学习各族长处的做法，无疑是正确的。

然而，忽必烈在学习各族文化、保留本民族特色之时，也保留一些落后的东西，实行一些落后的政策，比如，保留分封采邑制、军事长官世袭制、各种生产领域的驱奴制以及四等人制、官僚体制中达鲁花赤制、刑法中的南北异制等。这些落后的政策，尤其是民族歧视政策，促使元朝的民

族矛盾以致整个社会矛盾愈益激化。

再加上当时各族中都有一些极力固守本民族文化的人，他们对忽必烈吸收各种文化中非本民族文化部分看不惯，并激烈地反对，因此，导致统治阶级内部的斗争频繁暴发。忽必烈有意调和各派，继续走吸取各法的道路，结果失败了。

为此，他晚年进行了反思，意识到在各种思想文化互相排斥的形势下，要想不偏不倚、全面吸收各族文化是不可能的，尤其是要想在"仁义派"和"功利派"之间走出一条中间道路来实在太难了，没有办法，忽必烈只好调整自己的统治政策，重新回复到"以仁治国"的道路上来，及时地缓和了当时的社会矛盾，保证了元朝统治的稳定。

从这里可看出，忽必烈在一生之中，有成绩亦存在不足，若将成绩和不足进行比较的话，毫无疑问，成绩占据主要地位。因此，忽必烈受到元代各朝以及中外史学家的普遍赞誉。

蒙元一代，始终把忽必烈作为好皇帝的楷模加以赞颂，后继皇帝皆以

忽必烈汗夏宫

忽必烈为法，遵循其确立的各项制度和政策，没有多大改变。

忽必烈死后，王构在其撰写的《世祖皇帝谥册文》中说："先皇帝膺箓受国，体元立统，早从藩邸。茂著徽称。为治之基有常，经国之略则远。役用众智，独断于衷；总揽万机，如指诸掌。内朝廷，外侯牧，等威迭降，罔不适中；先教化，后刑名，本末相循，亦皆有序。在御迨逾于三纪，推尊合冠于百王。若夫惠及困穷，恩加降附。慎终如始，每存好仁之心；保小以仁，特示包荒之量。护盛猷之鸿图，沛膏泽之醇醲。方其泰运渐亨，戡济多难，离纲复缀，混一四方。传檄而氛祲开，涣号而方维定。乾旋坤转不足以喻其机，雷历风飞不足以比其捷。至于嘉言博采，惟典谟训诰是师，诸艺毕延尽阴阳图纬之学，考音律以刱字画，参古今以制礼仪。振耀威灵，肃陈兵卫，白旄黄钺，时则亲巡，犀甲雕弧，止于不用，其圣弗可及已，神功茂以尚焉。"充分肯定了忽必烈的功绩。

王恽在其《大行皇帝挽辞》八首中，也曾歌颂忽必烈的功绩："论治方尧禹，求贤到钓耕。民区无二上，庙算有奇兵。万寓风烟静，中天日月明。小臣思颂德，终了是强名。"将忽必烈比喻成尧、舜、禹一样的贤君。

元成宗大德年间，王寿曾经上疏，也把忽必烈的前期统治比称如唐朝"贞观之盛"，他说："世祖初置中书省，以忽鲁不花、塔察儿、线真、安童、伯颜等为丞相，史天泽、刘秉忠、廉希宪、许衡、姚枢等，实左右之，当时称治比唐贞观之盛。"

仁宗对忽必烈十分崇拜，他曾经下诏说："惟我祖宗以神武定天下，世祖皇帝设官分职，征用儒雅，崇学校为育材之地，议科举为取士之方，规模宏远矣。"又曾对詹事曲出说："汝旧事吾，其与同僚协议，务遵法度，凡世祖所未尝行及典故所无者，慎勿行。"以忽必烈之法为法。

元顺帝也曾说"惟世祖皇帝，在位长久，天人协和，诸福咸至"，肯定了忽必烈的治绩，为了表示其"祖述之志"，特将年号改为忽必烈使用过的年号"至元"。

《元史》作者对忽必烈评价说："世祖度量弘广，知人善任使，信用儒术，用能以夏变夷，立经陈纪，所以为一代之制者，规模宏远矣。"强调忽必烈"以夏变夷"，用现在的话来说，就是用汉法改变和代替蒙古法。

实际上，忽必烈并没有完全用汉法代替蒙古法，而是吸取汉、色目等各族法，也保留一部分蒙古法，建立一种诸制并举的制度。忽必烈的这种思路应该说比全盘汉化要进步得多，只是在实施过程中出了问题，成了终生遗憾。

《元史》的作者还指出，"元初风气质实，与汉初相似。世祖始立各道劝农使，又用五事课守令，以劝农系其衔。故当是时，良吏班班可见"，"世称元之治以至元、大德为首"。认为忽必烈统治时期社会风气很正，可与汉初相比，也是一个重要的治世时代。

明初人叶子奇在他的《草木子》一书中记载："元朝自世祖混一之后，天下治平者六七十年，轻刑薄赋，兵革罕用，生者有养，死者有葬，行旅万里，宿泊如家，诚所谓盛也矣。"也把忽必烈统治时期看成是少有的盛世。

《新元史》的作者在评价忽必烈时写道："唐太宗承隋季之乱，魏徵劝以行王道，敦教化。"封德彝驳之曰："书生不知时务，听其虚论，必误国家。（唐）太宗黜德彝而用徵，卒致贞观之治。蒙古之兴，无异于匈奴、突厥，至世祖独崇儒向学，召姚枢、许衡、窦默等敷陈仁义道德之说，岂非所谓书生之虚论者哉。然践阼之后，混一南北，纪纲法度，灿然明备，致治之隆，庶几贞观。"

"由此言之，时无今古，治无夷夏，未有舍先王之道而能保世长民者也。至于日本之役，弃师十万，犹图再举，阿合马已败复用桑哥，以世祖之仁明而吝于改过如此，不能不为之叹息焉。"

《新元史》的作者也认为忽必烈的政绩可以同唐朝的"贞观之治"相比。但忽必烈认为这种治世的出现是由于施行"先王之道"，却不甚准确。历史不断前进，新的时代需要实行新的政策，总是抱着"先王之道"不放，是没有出息的。

《新元史》的作者又批评忽必烈任用阿合马和桑哥之误。实际上，忽必烈任用阿合马和桑哥理财并没有错，错只错在对阿合马、桑哥等人的贪污受贿及其过重地对老百姓搜刮没有及时限制并在制度方面进行规定和保证。至于《新元史》作者对其兴师日本的批评，也是正确的。

屠寄在《蒙兀儿史记》中对忽必烈的评价，基本上与《新元史》相同，他说："汗目有威棱，而度量弘广，知人善任，群下畏而怀之。虽生长漠北，中年分藩用兵，多在汉地，知非汉法不足治汉民，故即位后，引用儒臣，参决大政，诸所设施，一变祖父诸兄武断之风，渐开文明之治。惟志勤远略，平宋之后，不知息民，东兴日本之役，南起占城、交趾、缅甸、爪哇之师，北御海都、昔里吉、乃颜之乱，而又盛作宫室，造寺观，干戈土木，岁月不休，国用既匮，乃亟于理财，中间颇为阿合马、卢世荣、桑哥之徒所蔽，虽知其罪而正之，间阎受患已深矣。"

外国史籍和史家对忽必烈的评价更高。

马可·波罗认为忽必烈"其权较强于前此五君（指成吉思汗、贵由汗、钦察汗国的拔都汗、察合台汗国的阿剌忽汗、蒙哥汗，实际上，忽必

元上都遗址

烈之前应为成吉思汗、窝阔台汗、贵由汗、蒙哥汗四君），盖合此五人之权，尚不足与之抗衡。更有进者，虽将全世界之基督教同回教帝王联合，其力及其事业亦不及此忽必烈汗之大"。

马可·波罗又说，"世界之君主殆无有能及之者"，"为人类元祖阿聃以来迄于今日世上从来未见广有人民、土地、财货之强大君主"。

伊利汗国史学家瓦撒夫对忽必烈的评价比马可·波罗的称赞之词还要高，他说："自我国（伊利汗国）境达于蒙古帝国之中心，有福皇帝公道可汗驻在之处，路程相距虽有一年之远，其丰功伟业传之于外，致达于吾人所居之地。其制度法律，其智慧深沉锐敏，其判断贤明，其治绩之可惊羡，据可信的证人，如著名商贾、博学旅人之言，皆优出迄今所见的伟人之上。仅举其一种功业，一段才能例之，已足使历史中之诸名人黯淡无色。若罗马之诸恺撒，波斯之诸库萨和，支那之诸帝王，阿拉壁土之诸开勒，耶门之诸脱拔思，印度之诸罗门者，萨珊、不牙两朝之君主，塞勒柱克朝之诸算端，皆不足道也。"

认为罗马的恺撒以及包括中国帝王在内的以前的全部君王都不能与忽必烈相比。

马可·波罗和瓦撒夫两个人对忽必烈的评价，反映了当时西欧和中亚细亚人对忽必烈的崇敬，其中明显地带有过誉之词。

时人及其后来的中外史家对忽必烈的评价有些过分溢美，说明忽必烈在当时世界上以及后来的历史中的影响是极大的。忽必烈与历史上有名的帝王相比，无论从鼎新革故的政治魄力，在经济上的战略眼光，以及运筹帷幄的军事韬略，还有严于律己，以国家大事为重等方面，都是非常出色的。

虽然忽必烈本身也存在着一些缺点和不足，但他是一个当之无愧的伟大人物，在中国历史上占有崇高的地位。

元朝职官简表

官　职	备　注
万　户	设四个，分领所属居民，任命木华黎为左翼万户长，管辖东边包括兴安岭方面的各千户；博乐术为后翼万户长，管辖西边直至阿尔泰山方面的各千户；纳牙阿为军中军万户长；豁儿赤为林木中百姓的万户长。元代承袭，成为军制，中枢及外路均设万户，子孙世袭，设万户府统千户所，置万户一员
千　户	成吉思汗将全蒙古国的部众划分九十五个千户，任命开国功臣八十八人为千户长，分管这些千户。为世袭军职。元时设千户所，隶属万户，置千户，领百户
百　户	世袭军职，置长官，隶属千户所
十　户	隶属百户
宣慰使	元代始置，掌军长事务，在行省之下，为行省郡县间的联络机关，多设于少数民族地区
安抚使	元代仅设于西北少数民族地区，掌管军长事务
判　官	分设于各路总管府，散府及州，掌文书事务
社　长	元代至元七年(1270)置，元时乡里每五十家编为一社，择年高，晓农事的汉族地主当社友，管理行政事务
总　管	元代中央和地方设各种名目的"都总管府"或"总管府"，负责守护行宫及皇帝游猎事务的"尚供总管府"，即设有"总管"等官

忽必烈重臣表

刘秉忠	邢州刑台人,1242年随禅宗海云法师北上觐见忽必烈,留侍于漠北,刘秉忠学贯儒、佛、道三教,特别是"通晓音律,精算数,善推步,仰观占候,六壬遁甲,《易经》象数,《皇极邵氏》之书,靡不周知"。刘秉忠不仅"学术通神,机算若龟筮",还娴熟治国之术,与忽必烈"情好日密,话必夜阑,如鱼得水,如虎在山",刘秉忠在忽必烈的藩府旧臣中占有重要位置
张文谦	邢州沙河(今河北沙县)人,与刘秉忠自幼同窗,"年相若,志相得",早年受刘秉忠影响,"洞究术学"。后来,又与许衡交结,潜心义理之学。他被忽必烈"擢置侍从之列",日渐信任
窦默	广平肥乡人(今河北肥县)人,初业医,又学伊洛理性之书,一度隐于大名,与姚枢、许衡朝暮讲习。窦默是理学家中最早进入忽必烈藩邸的。曾奉命教授太子真命,姚枢、许衡皆由他推荐
姚枢	营州柳城(今辽宁朝阳)人,曾从赵复处理程朱二子性理之书,潜心研读,遂成北方理学领袖之一。1250年北谒忽必烈,上治国平天下及救时弊之八目三十条,"本末兼该,细大不遗"。姚枢所言洞究事实,也比较注重这位蒙古宗王的认同接受程度。忽必烈奇其才识,"动必见询",视姚为藩邸的主要谋臣
王鹗	开州东明(今山东明县)人,金正大状元。1244年召赴漠北藩邸,忽必烈对他格外优待,每每赐座,呼状元而不名。他曾给忽必烈讲齐家治国平天下之道常常到深夜。忽必烈颇为所论感动,说:"我今虽未能即行,安知他日不能行之耶!"王鹗"以文章魁海内",一时学者翕然成师尊之
郝径	泽州陵川(今山西陵川县)人,金朝亡后,侨居保定,充世侯张柔家塾教授。郝径虽然"上溯洙四,下迨伊洛诸书,经史子集,靡不洞究",但又强调"不学无用学,不读非圣书""不为利益拘""不作章句儒",立志"务为有用之学","以复兴斯文,道济天下为己任。应召藩邸后,郝径任重要谋臣,为忽必烈出过许多良策,有许多为忽必烈采纳和施用"
赵璧	云中怀仁(今山西怀仁县)人。1242年,即被忽必烈召至漠北驻地,是忽必烈最亲近的汉人侍从之一。忽必烈称赵璧为秀才,颇善于草拟表章檄文,教授蒙古生学习儒书,是一位经邦理政的精敏儒吏

元朝世袭表

(1)太祖铁木真(成吉思汗)
(1206–1227)

(2)太宗窝阔台
(1229–1241)

(3)定宗贵由
(1246–1250)

乃马真氏称制
(1241–1246)

拖雷监国
(1227–1229)

(4)宪宗蒙哥
(1251–1259)

(5)世祖忽必烈
(1260–1294)

真金

甘麻剌

(10)泰定帝也孙铁木儿
(1324–1327)

(11)天顺帝阿剌吉八
(1328)

答剌麻八剌

(7)武宗海山
(1308–1311)

(6)成宗铁穆耳
(1295–1307)

(8)仁宗爱育黎拔力八达
(1312–1320)

(9)英宗硕德八剌
(1321–1323)

(12)明宗和世瓎
(1329)

(14)宁宗懿璘质班
(1332)

(13)文宗图贴睦尔
(1330–1332)

(15)顺帝妥懽帖睦尔
(1333–1369)

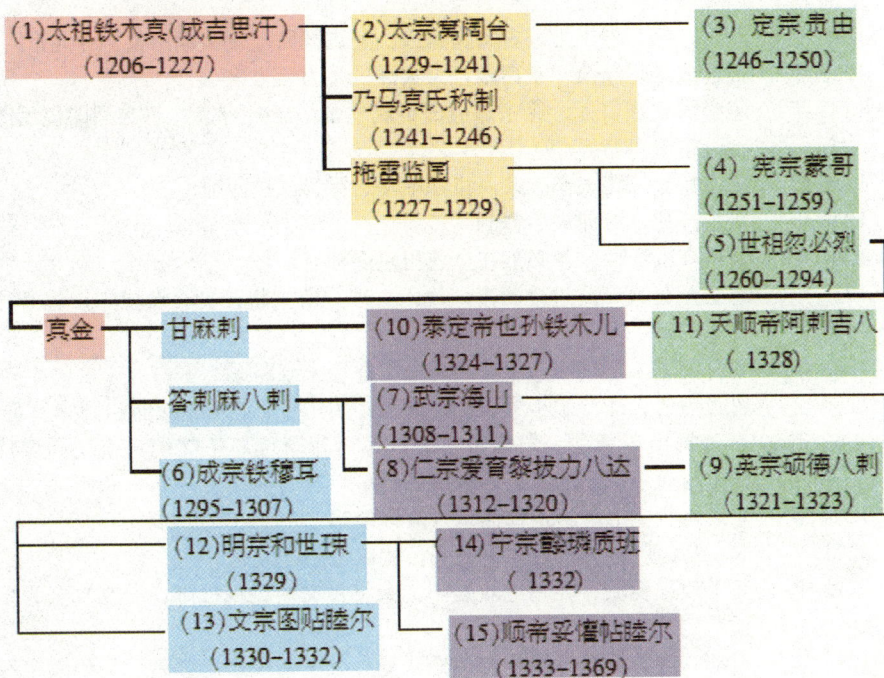

忽必烈子嗣表

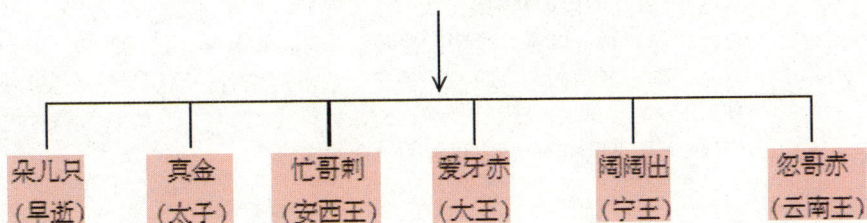

朵儿只
(早逝)

真金
(太子)

忙哥剌
(安西王)

爱牙赤
(大王)

阔阔出
(宁王)

忽哥赤
(云南王)

忽必烈大事年表

1215 年　八月，忽必烈生于蒙古黄金家族。蒙古军队攻下金朝中都（今北京）

1229 年　推选成吉思汗第三子窝阔台为大汗，是为元太宗

1233 年　忽必烈父拖雷死。宪宗追谥曰英武皇帝，庙号睿宗。忽必烈即位后改谥景这襄皇帝

1235 年　蒙古兵分三路大举攻宋。拔都率军进行第二次西征

1248 年　贵由汗死，海迷失后称制

1251 年　蒙哥夺取汗位。忽必烈在金莲川建立幕府

1253 年　忽必烈分兵三路进攻云南，攻入大理，留大将兀良合台戍守，忽必烈率军班师

1258 年　蒙哥统军大举攻宋。忽必烈受命指挥攻宋东路军

1260 年　忽必烈为大汗。定年号中统，蒙古始用年号。忽必烈自将讨阿里不哥

1262 年　李璮据山东叛乱。发诸蒙古、汉军讨伐李璮。王文统与李璮同谋伏诛。封皇子真金为燕王，领中书省事

1264 年　立诸路行中书省。定都燕京，改称中都

1271 年　取《易经》"大哉乾元"之义，建国号曰"大元"

1273 年　元军攻破樊城。元军进攻襄阳，宋将吕文焕以城投降。册立真金为皇太子

1274 年　大都宫阙告成，世祖始御正殿，受皇太子诸王百官朝贺。命伯颜率军南伐，下诏问罪于宋。元征日本败还

1275 年　文天祥在赣州起兵勤王。马可·波罗来上都，谒见世祖

1276 年　南宋灭亡。宋文天祥开府南剑州，号召各地起兵抗元

1287 年　大发水陆军分道攻安南

1291 年　禁蒙古人往回回地为商贾。诛桑哥

1292 年　马可·波罗离中国，从海道西还

1293 年　立行大司农司。以皇太子宝授皇孙铁穆耳，镇和林，总兵北边

1294 年　忽必烈崩于紫檀殿，在位三十五年。后葬起辇谷，从诸帝陵。皇孙铁穆耳即位，是为成宗。为忽必烈上尊谥曰："圣德神功文武皇帝"，庙号"世祖"，蒙古语尊称"薛禅皇帝"